Studienkreis Dr. Pärli

Istaufnahme und automatisierte Datenverarbeitung

Betriebswirtschaftliche Beiträge
zur Organisation und Automation

Schriftenreihe des

 Betriebswirtschaftliches Institut für Organisation
und Automation an der Universität zu Köln

Herausgeber: Professor Dr. Erwin Grochla, Universität zu Köln

Band 15

Studienkreis Dr. Pärli

Istaufnahme
und
automatisierte Datenverarbeitung

(Die Istaufnahme eines Datenverarbeitungsproblems als Teil der
organisatorischen Vorarbeiten im Hinblick auf die Verwendung
automatisierter Datenverarbeitungsverfahren)

Ergebnisse eines Studienkreises des Betriebswirtschaftlichen Instituts
für Organisation und Automation
an der Universität zu Köln

Springer Fachmedien Wiesbaden GmbH

ISBN 978-3-409-31212-7   ISBN 978-3-663-15727-4 (eBook)
DOI 10.1007/978-3-663-15727-4

Geleitwort

Das Arbeitsergebnis des Studienkreises Dr. Pärli wurde zunächst in Form eines internen Arbeitsberichtes den Mitgliedern des Fördervereins des Betriebswirtschaftlichen Instituts für Organisation und Automation an der Universität zu Köln (BIFOA) zur Verfügung gestellt. Die sich daraus ergebende Diskussion zeigte, daß die Probleme der Istaufnahme bei automatisierter Datenverarbeitung (ADV) nach wie vor in Wissenschaft und Praxis von hoher Aktualität sind, so daß mir nunmehr — nicht zuletzt aufgrund zahlreicher Anfragen aus der Wirtschaftspraxis — eine Publikation in der Instituts-Schriftenreihe sinnvoll erscheint. Damit werden die Ergebnisse einem größeren Interessentenkreis zugänglich und können insbesondere mittleren und kleineren Unternehmungen und Einheiten der öffentlichen Verwaltung, die aufgrund des vielfältigen Angebots unterschiedlicher Computergrößen ebenfalls in den Kreis der Anwender von Anlagen der automatisierten Datenverarbeitung gerückt sind, als Orientierungshilfe dienen.

In der vorliegenden Arbeit werden die Erfahrungen von Wirtschaftspraktikern aus Großunternehmungen verschiedener Branchen sowie der öffentlichen Verwaltung systematisiert und auf ihre Allgemeingültigkeit untersucht. Es handelt sich um Erfahrungen, die aus Unternehmungen stammen, die sich aufgrund ihres Geschäftsumfanges schon frühzeitig zum Einsatz von ADV-Anlagen entschließen mußten und die teilweise — entsprechend den Stufen der technischen und organisatorischen Entwicklung — mit den Istaufnahmeproblemen unterschiedlichster Art konfrontiert wurden.

Das Hauptanliegen der Schrift besteht nicht in einer rein theoretischen Durchdringung des Problemkreises „Istaufnahme und Automatisierte Datenverarbeitung", sondern in einer praxisbezogenen Aufbereitung und Systematisierung empirischen Wissens auf diesem Gebiet. Dies wird auch durch die Erhebung zum Ausdruck gebracht, die der Studienkreis bei Mitgliedsfirmen des Fördervereins des BIFOA mittels einer Fragebogenaktion durchgeführt hat. Die Ergebnisse dieser Erhebung bilden eine wichtige Ergänzung zu den vom Studienkreis zusammengestellten Arbeitsergebnissen.

Die neuerdings in Wirtschaft und Verwaltung immer stärker geforderte und in Vorbereitung befindliche Gestaltung von computergestützten Informationssystemen bedarf, nachdem in vielen Unternehmungen auf der operationalen Ebene Computer bereits erfolgreich eingesetzt werden, der Erfassung und Analyse des Informationsbedarfs für Planungs- und Entscheidungsträger in der Unternehmung. Die Istaufnahme bei ADV — in einer differenzierten Form, wie sie der Studienkreis betrachtet — kann eine geeignete Basis für eine derartige Analyse-Tätigkeit und für darauf aufbauende Gestaltungshandlungen bilden.

Ich danke dem Studienkreis, insbesondere dem Vorsitzenden, Herrn Dr. Hans Pärli, und dem Studienkreisassistenten, Herrn Dipl.-Volksw. Hans G. Klaus, für die geleistete Arbeit. Besonderer Dank gilt auch Herrn Dipl.-Volksw. Wolf Eicken, der sich zusammen mit Herrn Klaus der redaktionellen Arbeit angenommen hat.

In der Erwartung, daß diese Schrift für alle diejenigen in Wirtschaft und Verwaltung eine nützliche Lektüre sein wird, die sich auf eine organisatorische Tätigkeit im Bereich der automatisierten Datenverarbeitung vorbereiten oder mit ihr laufend konfrontiert werden, wünsche ich ihr eine gute Aufnahme.

Erwin Grochla

Vorwort

Die vorliegende Studie möchte die Probleme aufgreifen und einer Lösung näherbringen, vor die sich eine Vielzahl von Unternehmungen und öffentlichen Verwaltungen in zunehmendem Maße gestellt sieht, wenn die Abwicklung des Datenverarbeitungsprozesses zweckmäßig erfaßt und dargestellt werden soll, um daraus möglichst schnell die richtigen Folgerungen hinsichtlich seiner Automatisierung ziehen zu können. Die Studie ist somit auf den Personenkreis ausgerichtet, der direkt oder indirekt in der Praxis mit der erstmaligen Planung oder der Umstellung eines automatisierten Datenverarbeitungssystems (ADV-Systems) in Berührung kommt oder kommen wird.

Gedacht ist hierbei im einzelnen einmal an die Führungskräfte, die den Auftrag zu einer Istaufnahme erteilen. Diese Instanzen sollen in der Studie eine Anleitung zur genauen Auftragserteilung finden. Es soll gezeigt werden, daß ein intuitives Vorgehen besser durch eine systematische und methodische Analyse und durch eine rationale Planung, Durchführung und Kontrolle der Istaufnahmetätigkeit ersetzt wird. Die Führungskräfte müssen ihr Augenmerk darauf richten, daß die Phasen der Istaufnahme konsequent durchlaufen und die geeigneten Fachleute eingesetzt werden. Je vertrauter die Führung, insbesondere die Geschäftsleitung, mit den Problemen einer Istaufnahme ist, um so größer wird das Verständnis und die Unterstützung für die Arbeit der Untersuchungsgruppe sein, die den Einsatz von automatischen Datenverarbeitungsanlagen (ADV-Anlagen) vorzubereiten hat.

Für den Kreis der mit der Durchführung der Untersuchung betrauten Organisatoren soll diese Arbeit zum anderen ein Diskussionsbeitrag sein, in dem ihnen bekannte Probleme bei der Istaufnahme erörtert und Lösungsmöglichkeiten, die sich in der Praxis bewährt haben, vorgeschlagen werden.

Schließlich wendet sich die Studie an diejenigen, auf deren Mithilfe die Organisatoren bei einer Istaufnahme angewiesen sind. Es handelt sich also um den Personenkreis, dessen Tätigkeit Gegenstand der Istaufnahme ist. Die Studie will Verständnis für die Notwendigkeit einer solchen Untersuchung wecken, die im Zusammenhang mit der Vorbereitung der Umstellung der Datenverarbeitung erforderlich ist. Gerade von der Einstellung und Mithilfe dieses Personenkreises hängt oft der Erfolg der Untersuchung wesentlich ab.

Daneben hat die Studie jedoch ein nicht minder wichtiges Anliegen, indem sie mit der Diskussion dieses Spezialproblems einen Beitrag zur Organisa-

tionsliteratur liefern will. Somit bietet sie gleichzeitig den Studierenden an
den Hochschulen die Gelegenheit, sich frühzeitig mit einem aktuellen organisatorischen Spezialgebiet vertraut zu machen.

Die Verfasser sind sich bewußt gewesen, daß es auf Grund dieser Anliegen
darauf ankam, eine Synthese in Inhalt und Darstellung der Studie zu gewinnen, indem der Charakter eines Lehrbuches, das zwangsläufig Grund-
satzfragen und begriffliche Klärungen mit einem gewissen Abstraktionsgrad
enthalten muß, gewahrt und gleichzeitig dem Praktiker ein nützliches Konzept zur Erledigung seiner täglichen Arbeit geboten wird. Zu diesem Zweck
wurden zahlreiche Beispiele und schaubildliche Darstellungen in den Text
eingearbeitet. Außerdem sind die einzelnen Kapitel so gestaltet, daß sie weitgehend unabhängig von den übrigen gelesen werden können.

Ein weiteres Bestreben war, durch eine entsprechende Systematisierung die
Erfahrungen in der Praxis bei der Durchführung von Istaufnahmen vor der
Einführung und bei der Umstellung von automatisierten Datenverarbeitungs-
verfahren zusammenzufassen. Eine derartige Übersicht kommt vor allem
dem Praktiker entgegen, dem bei der täglichen Arbeitsfülle häufig keine
Zeit für eine derartige Systematisierung verbleibt.

Um die im Einzelfall gemachten Erfahrungen auf ihre generelle Anwendbarkeit hin überprüfen zu können und um zu allgemeingültigen Erkenntnissen und Regeln zu gelangen, wurde das Problem der Istaufnahme in
einem Gremium von Datenverarbeitungs-Fachleuten diskutiert. Das vorliegende Ergebnis stellt somit eine Gemeinschaftsarbeit des Betriebswirtschaftlichen Instituts für Organisation und Automation an der Universität zu Köln
und eines Studienkreises von Fachleuten auf dem Gebiet der automatisierten
Datenverarbeitung dar. Dieser Studienkreis setzt sich aus Fachleuten zusammen, die in der Industrie, im Handel, im Bankgewerbe und in der öffentlichen Verwaltung tätig sind. Auf diese Weise war eine gewisse Gewähr dafür gegeben, daß eine breite Basis für die Aussagen des Studienkreises geschaffen wurde und die Besonderheiten der verschiedenen Wirtschaftszweige
analysiert und zu allgemeingültigen Vorgehensweisen ausgewertet werden
konnten.

Die vorliegende Arbeit ist das Ergebnis von zwanzig Sitzungen dieses
Studienkreises sowie zahlreicher Redaktionsbesprechungen im Verlauf von
mehr als zwei Jahren.

Die Teilnehmer des Studienkreises

Inhaltsverzeichnis

Verzeichnis der Abbildungen

Verzeichnis der Tabellen

A. Grundlegung

I. Beweggründe für die Wahl des Themas

Nachdem auf dem Gebiet der Technik, insbesondere im Bereich der industriellen Fertigung, ein hoher Automationsgrad erreicht ist, wird allgemein versucht, auch den Prozeß der Datenverarbeitung im Büro- und Verwaltungsbereich automatisiert abzuwickeln. Dabei stehen in Fachkreisen schon längst nicht mehr die technischen Probleme der Konstruktion und der Dimensionierung geeigneter Datenverarbeitungsanlagen im Vordergrund. Vielmehr sind es die vorzunehmenden Anpassungen, und die Überprüfung des bestehenden organisatorischen Gefüges, die im Mittelpunkt des Interesses stehen.

In diesem Sinne ist auch die Arbeit dieses Studienkreises als ein Beitrag zu der Diskussion gedacht, die vielfach in Wissenschaft und Praxis über die Probleme des wirtschaftlichen Einsatzes der auf dem Markt befindlichen ADV-Anlagen im Gange ist.

1. Die zunehmende Automatisierung im Büro- und Verwaltungsbereich

Die gegenwärtig angebotenen ADV-Anlagen haben einen hohen technischen Reifegrad erreicht. Sie sind dabei in ihrer Leistungsfähigkeit und Ausstattung sehr unterschiedlich und können somit den zahlreichen differenzierten Datenverarbeitungsproblemen in den Unternehmungen der einzelnen Wirtschaftszweige und in der Verwaltung angepaßt werden.

Mit dem zunehmenden Einsatz von ADV-Anlagen stellt man eine wechselseitige Beeinflussung zwischen der Technik der ADV-Anlagen und den Datenverarbeitungsaufgaben, wie sie in den Unternehmungen und in der öffentlichen Verwaltung bewältigt werden, fest. Auf der einen Seite wurde die ADV-Anlage vervollkommnet. Es wurden wirtschaftlichere Speicher für die Zentraleinheit geschaffen. Außerdem wurden die Ein- und Ausgabemöglichkeiten, die lange Zeit auf Lochkarten und Klarschriftlisten beschränkt waren, durch zusätzliche maschinenlesbare Datenträger und externe Speicher erweitert. Die Übersetzung der menschlichen Ausdrucksweise in eine für die Maschine verständliche Sprache wurde durch die Schaffung von problemorientierten Programmiersprachen wesentlich vereinfacht und so eine bessere Kommunikationsmöglichkeit zwischen Mensch und Maschine erreicht. Die Hardware und insbesondere die Software der heute auf dem Markt befindlichen ADV-Anlagen bieten dem Organisator ein breites Spektrum an Möglichkeiten für einen rationellen Einsatz zur Lösung von Daten ·

verarbeitungsaufgaben. Dadurch, daß jedoch nicht nur ADV-Anlagen mit immer größerer Leistungsfähigkeit entwickelt wurden, sondern auch wirtschaftliche Kleincomputer für spezielle, insbesondere für Klein- und Mittelbetriebe typische Aufgabenstellungen angeboten werden, wird ein immer größerer Kreis von Unternehmungen mit den Problemen der Automatisierung im Verwaltungsbereich konfrontiert. Diese Entwicklung wird noch verstärkt durch die Möglichkeiten der Datenverarbeitung außer Haus in Service-Büros oder in Gemeinschaftsrechenzentren bzw. durch den Anschluß von Unternehmungen an Time-Sharing-Systeme.

Auf der anderen Seite, nämlich aus der Sicht des Organisators in der Unternehmung, wächst die Erfahrung im Umgang mit Datenverarbeitungsanlagen, so daß sie für eine immer größere Anzahl und für immer kompliziertere Datenverarbeitungsprobleme eingesetzt werden können. Nachdem anfänglich nur Routineaufgaben — und diese nur aus wenigen Teilbereichen der Unternehmung — maschinell verarbeitet wurden, steht heute eine Integration der arbeitsteiligen Tätigkeiten zu programmierbaren Arbeitsabläufen im Vordergrund[1]).

2. Die Bedeutung der Einführungs- und Umstellungsarbeiten beim Einsatz automatischer Datenverarbeitungsanlagen

Unter Berücksichtigung der aufgezeigten Entwicklung besteht in Anbetracht der hohen Kostenbelastung häufig die Gefahr, daß ADV-Anlagen unwirtschaftlich eingesetzt und gewünschte Rationalisierungseffekte nicht erreicht werden.

Der Entschluß, eine ADV-Anlage einzusetzen, sollte daher von der Unternehmung als eine bedeutsame Investitionsentscheidung erkannt werden. Vielfach handelt es sich um Millionenprojekte, die eine ebenso sorgfältige Vorbereitung und Wirtschaftlichkeitsbetrachtung erfordern, wie sie auch bei anderen Investitionen in der Unternehmung angestellt werden. Dabei dürfen nicht nur die Kosten für den reinen Maschinenteil eines ADV-Systems betrachtet werden (Hardware), sondern es sind auch die vielfach noch höher anzusetzenden Kosten für Software und Personal in Ansatz zu bringen. Dieser Aufwand setzt, soll er wirtschaftlich vertretbar sein, die Umgestaltung der gesamten Abwicklung der Datenverarbeitung voraus, was in den meisten Fällen einen tiefen Eingriff in die herkömmliche Organisation der Unternehmung oder der Behörde bedeutet[2]). (Vgl. Abb. 1)

Der wirtschaftliche Einsatz von ADV-Anlagen bedingt, wie kein anderes Sachmittel zuvor, die Ablösung der bisherigen Organisation in der Verwal-

---

[1]) Vgl. Grochla, Erwin: Automation und Organisation. Die technische Entwicklung und ihre betriebswirtschaftlich-organisatorischen Konsequenzen. Wiesbaden 1966, S. 89.

[2]) Vgl. Gregory, Robert H.; van Horn, Richard L.: Automatic Data-Processing Systems. Belmont 1962, S. 390 f.

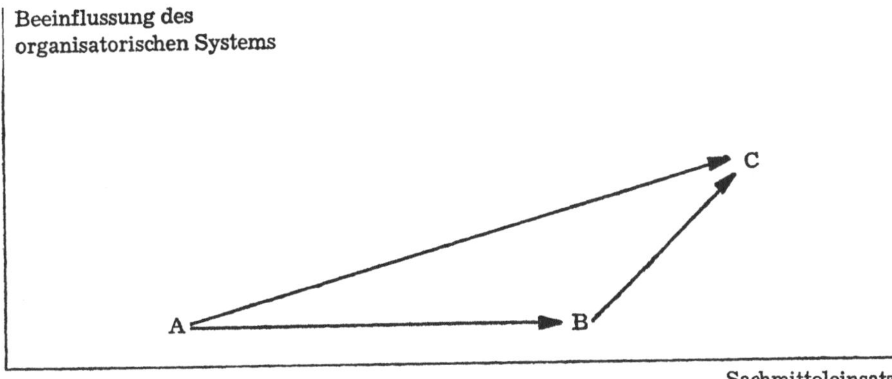

A: Derzeitiges DV-System (konventionell)

B: Derzeitiges System mit verändertem Sachmitteleinsatz (ADVA)

C: Neu zu entwickelndes DV-System mit verändertem Sachmitteleinsatz
(ADVA)

Abb. 1

tung durch ein integriertes System der Datenverarbeitung. Die Voraussetzung für eine derartige Veränderung aber bilden umfassende Umstellungsarbeiten, die beim Kennenlernen der tatsächlichen Datenverarbeitungsaufgaben und der Informationsbedürfnisse des Verwaltungsbereichs ansetzen müssen. Eine Vielzahl von Firmen hat also bereits praktische Erfahrungen bei der Umstellung von einer konventionellen Organisation auf eine Datenverarbeitung mit Hilfe von ADV-Anlagen sammeln können. In den meisten Fällen ergeben sich jedoch auch für diese Unternehmungen und Verwaltungen neue und vielfach differenziertere Probleme, wenn aufgrund neuer technischer Möglichkeiten oder wegen einer gewandelten Aufgabenstellung in qualitativer und quantitativer Hinsicht abermalige Umstellungen der Organisation vorgenommen werden müssen.

Es unterliegt demnach keinem Zweifel, daß es zur Vorbereitung einer Entscheidung für oder gegen eine Investition, wie sie ein ADV-System darstellt, und für die damit verbundenen Umstellungsprobleme eines eingehenden Studiums der vorhandenen betrieblichen Organisation (Istaufnahme) bedarf, mit dem Unternehmungen und Behörden aller Art konfrontiert werden[3]).

Zudem bedingt gerade die vielfach angestrebte Integration der Datenverarbeitung einen Blick für die Zusammenhänge und Abhängigkeitsverhält-

---

[3]) Nicht nur bei einer Umorganisation, sondern auch vor der Gründung einer Unternehmung oder eines Verwaltungsbereichs bedarf es einer Istaufnahme. Gegenstand einer solchen Istaufnahme sind dann vornehmlich die Erfassung und Analyse der für die Erfüllung des Betriebszieles von außen her angebotenen Faktoren und Bedingungen.

nisse bezüglich der Datenstruktur und des Datenflusses in der Unternehmung. Erst aus der Kenntnis des Istzustandes der betreffenden Organisation und der Bestimmung ihrer Bedürfnisse und Besonderheiten läßt sich dann eine Entscheidung darüber ableiten, inwieweit Teilbereiche oder die Gesamtunternehmung eine Umstellung auf ADV-Anlagen gestatten. Denn nicht jeder Bereich, der von der Sache und von der Leistungsfähigkeit der Anlagen her automationsfähig[4]) sein mag, ist, wirtschaftlich gesehen, gleichzeitig automationswürdig.

Der Studienkreis ist bemüht zu zeigen, wie notwendig und sinnvoll eine derartige Istaufnahme vor einer Einführung von ADV-Anlagen ist, um der Unternehmungsleitung zu einer richtigen Entscheidung darüber zu verhelfen, ob ein solches Vorhaben überhaupt mit Aussicht auf wirtschaftlichen Erfolg in Angriff genommen werden kann. Ist diese Entscheidung grundsätzlich zugunsten einer Umstellung gefallen, wird erst recht die Bedeutung einer genauen Kenntnis des Istzustandes sichtbar, wenn sie eine verläßliche Neugestaltung und die Beurteilung und Auswahl des angemessenen technischen Verfahrens abzugeben hat.

In der Technik (z. B. im Brückenbau) ist eine Istaufnahme selbstverständlich und unumstritten. Der Grund dafür liegt vor allem darin, daß die dort vorgefundenen Verhältnisse weitaus transparenter und exakter meßbar sind als im Verwaltungsbereich einer Unternehmung. Hier werden keine materiellen Güter produziert, sondern Daten manipuliert, deren Verarbeitungsweise weit schwieriger zu kontrollieren ist. Im Bereich der Fertigung ist man mit der rationalen Durchdringung der vorhandenen Arbeitsmethoden (z. B. Refa-Arbeitsstudien) bereits weiter fortgeschritten als im Bereich der Verwaltung, von dem es lange Zeit hieß, daß er einer Automatisierung nicht zugänglich sei.

Die Arbeit des Studienkreises ist daher als ein Versuch anzusehen, auch auf diesem Sektor mit rationalen Methoden und gezielten Verfahren die Tätigkeiten zu durchleuchten und dadurch eine Anpassung der Organisation an die technischen Möglichkeiten zu erreichen. Es sollen daher die in der Praxis auftretenden Probleme bei einer Istaufnahme vor Einführung einer automatisierten Datenverarbeitung und vor Umstellungsvorhaben dargelegt und solche Methoden und Vorgehensweisen zusammengestellt und erläutert werden, die sich in der Praxis als sinnvoll und zweckmäßig erwiesen haben, um aussagefähige Untersuchungsergebnisse über die vorhandene Organisation zu gewinnen.

(Siehe dazu auch Kramer, Rolf: Grundlagen einer systematischen Planung der Büroarbeit. In: Bürowirtschaftliche Forschung, hrsg. von Erich Kosiol, Berlin 1961, S. 152.)

[4]) „Automationsfähig ist jede Arbeit, bei der die benötigten Daten erfaßt und geordnet, die Regeln zu deren Verarbeitung festgestellt und die gewünschten Ergebnisse klar bezeichnet werden können."

Weide, Egon: Automatische Datenverarbeitung im Betrieb. Baden-Baden 1964, S. 21.

II. Abgrenzung der Themenstellung

1. Automatisierte Datenverarbeitung

Eine automatisierte Datenverarbeitung, bei der die gesamte Datenerfassung, Datenverarbeitung und -auswertung vollständig maschinell, ohne menschliche Eingriffe, abgewickelt wird, ist schwer vorstellbar und unter anderem aus Gründen der Wirtschaftlichkeit nicht zu verwirklichen[5]. Der Tatbestand der automatisierten Datenverarbeitung ist daher eher so zu verstehen, daß alle Datenverarbeitungsaufgaben in einer Unternehmung oder öffentlichen Verwaltung mit den Organisationsmitteln abgewickelt werden, die bei einem höchstmöglichen Grad an Automation ein Höchstmaß an Wirtschaftlichkeit bieten. Aufgrund der Verschiedenartigkeit der Datenverarbeitungsaufgaben können daher in der Unternehmung die unterschiedlichsten Sachmittel nebeneinander zum Einsatz gelangen. Von automatisierter Datenverarbeitung ist dann zu sprechen, wenn zur Beschleunigung des Datenflusses, zur Leitung und Steuerung der Datenverarbeitung und zur richtigen Übertragung in irgendeiner Form ADV-Anlagen eingesetzt werden[6]. Die Verschiedenartigkeit der Datenverarbeitungsprobleme der einzelnen Unternehmung und die Auswahlmöglichkeit unter verschiedenen Konfigurationen von ADV-Anlagen führen im Einzelfall zur Realisierung eines bestimmten automatisierten Datenverarbeitungsverfahrens.

Bereits zu einer Zeit, in der im Fertigungsbereich große Teile des Verarbeitungsprozesses automatisiert waren und ständig menschliche Arbeitskraft durch maschinelle Arbeit ersetzt wurde, war der Bereich der Datenverarbeitung noch in einem Stadium der Mechanisierung stehengeblieben. Dabei ist die automatisierte Datenverarbeitung nicht unbedingt auf den Verwaltungsbereich beschränkt. Vielmehr sind auch im Produktionssektor einer Unternehmung Daten zu übertragen und zu verarbeiten (z. B. bei der Steuerung von Werkzeugmaschinen durch Rückkoppelung[7]).

Die Entwicklung in Richtung auf eine Automatisierung auch in der Verwaltung kann durch mehrere Phasen gekennzeichnet werden. Dabei ist zu beachten, daß die im folgenden genannten Sachmittel im Grunde in jeder Verwaltung nebeneinander ihre organisatorische Existenzberechtigung besitzen.

Wenn man von der Phase ausgeht, in der die Datenverarbeitung im wesentlichen ohne den Einsatz von maschinellen Hilfsmitteln vom Menschen als Aufgabenträger vorgenommen wurde, gelangt man zu einer weiteren Stufe, in der auch im Bürobereich maschinelle Hilfsmittel zur Erleichterung der

---

[5] Vgl. Vieweg, Rolf: Lochkartentechnik und elektronische Datenverarbeitung. Eine Einführung in Arbeitsweise und Organisation. Berlin 1967, S. 22 u. 23.

[6] Vgl. Billeter, Ernst P.: Der praktische Einsatz elektronischer Rechenautomaten. Einführung in die Programmierung und den betriebswirtschaftlichen Einsatz elektronischer Rechenautomaten. Wien 1964, S. 119.

[7] Vgl. Billeter, Ernst P.: Der praktische Einsatz elektronischer Rechenautomaten . . ., a. a. O., S. 119.

2*

Arbeit des Menschen eingesetzt wurden. Von einem Ersatz menschlicher Arbeitskraft kann jedoch nur insoweit gesprochen werden, als einzelne Funktionen (z. B. Rechnen, Schreiben) von Maschinen (Rechenmaschinen, Schreibmaschinen) übernommen werden, ohne daß die steuernde und kontrollierende Tätigkeit des Menschen an Bedeutung verliert. Eine Automatisierung der Datenverarbeitung dagegen ist erst dann erreicht, wenn der Datenverarbeitungsprozeß oder zumindest einzelne Arbeitsabläufe vollständig auf Maschinen übertragen werden. Diese Möglichkeit setzt einmal einen Stand der Technik voraus, der es erlaubt, die bishereige steuernde und kontrollierende Tätigkeit des Menschen zu übernehmen. Zum anderen müssen diese Maschinen so wirtschaftlich hergestellt werden können, daß sie für einen praktischen Einsatz in Frage kommen.

Die für eine automatisierte Abwicklung der Datenverarbeitung geeignete Maschine ist die speicherprogrammierte elektronische Rechenanlage, die zunächst für militärische und wissenschaftliche Zwecke entwickelt wurde. Diese Anlagen waren zunächst in ihrer Ausstattung nicht auf kommerzielle Probleme, sondern auf technisch-wissenschaftliche Aufgabenstellungen zugeschnitten und zu Beginn der Entwicklung noch Einzelfertigungen, so daß der Preis für diese Anlagen aufgrund der hohen Herstellungs- und Entwicklungskosten in keinem wirtschaftlichen Verhältnis zu den Einsatzmöglichkeiten in den Unternehmungen stand.

Lange Zeit erwies sich daher nur die konventionelle Lochkartentechnik für den Einsatz in den Unternehmungen als vorteilhaft. Lochkartenmaschinen ermöglichen nur in beschränktem Maße eine Automatisierung der Datenverarbeitung. Sie erlauben allerdings die automatische Abwicklung einzelner Funktionen, wie Sortieren, Mischen, Rechnen, während die verbindende Tätigkeit zwischen den einzelnen Funktionen, die Steuerung und Kontrolle eines in sich geschlossenen komplexen Arbeitsgebietes, weiterhin dem Menschen vorbehalten bleibt. Dadurch, daß man mit der Lochkartentechnik auf elektromechanischer Basis in der Lage ist, massenhaft anfallende Daten in bedeutend kürzerer Zeit als auf manuellem Wege nach den verschiedensten Gesichtspunkten auszuwerten und zu verarbeiten, wird eine wesentlich höhermechanisierte Stufe im Vergleich zu den bis dahin ausschließlich eingesetzten mechanischen Schreib-, Buchungs- und Rechenmaschinen erreicht. Außerdem verwendet die Lochkartentechnik im Ansatz bereits das Prinzip der Programmsteuerung, das auch die Grundlage für die Konstruktion und Funktionsweise elektronischer Rechenanlagen bildet. Zum anderen besitzen diese Anlagen bereits ein Rechen- und Vergleichswerk und damit die Möglichkeit, Steuerungsdaten zu speichern. Als Kommunikationsmittel (gleichzeitig als Speichermedium) zwischen dem Menschen und den verschiedenen Lochkartenaggregaten dient die Lochkarte. Die vom Menschen erfaßten Daten werden verschlüsselt, durch Ablochen maschinell lesbar gemacht und mit Hilfe eines festverdrahteten oder gesteckten Programms maschinell verarbeitet (Tabelliermaschine).

Da der Kommunikation mit dem Menschen, der Geschwindigkeit und Variabilität der Ein- und Ausgabe und der Verarbeitung bei den Lochkartenaggregaten verhältnismäßig enge Grenzen gesetzt sind, werden sie schließlich auch auf kommerziellem Gebiet von den weit schneller arbeitenden ADV-Anlagen abgelöst, die die Abwicklung komplizierter Datenverarbeitungsprozesse selbsttätig aufgrund eingegebener Programme über eine elektronische Programmsteuerung übernehmen können[8]). An die Stelle des Menschen, der die Maschine bisher lenkte, treten nun die automatischen Steuerungsorgane, die nach Maßgabe des vorgegebenen Ablaufplans die Lenkungsfunktionen ausüben, so daß sich der gesamte Arbeitsablauf in der Maschine nunmehr völlig selbständig vollzieht[9]).

Die technische Ausstattung der ADV-Anlagen wurde und wird immer weiter verbessert, so daß sich immer mehr und immer vielgestaltigere Kommunikationsmöglichkeiten mit dem Menschen und mit anderen Aggregaten ergeben, wodurch einer Automatisierung des Datenverarbeitungsprozesses von der Technik her in der Regel keine Hindernisse entgegenstehen.

2. Organisatorische Vorarbeiten

Der Einsatz von Maschinen, die dem Menschen die Steuerung und Kontrolle des Datenverarbeitungsprozesses über weite Strecken abnehmen können und lediglich Bedienungsfunktionen erfordern, macht eine weitgehende Umgestaltung der bisherigen Organisation notwendig. „Während die konventionellen Lochkartenmaschinen die Lösung von Teilproblemen in der Unternehmung erlaubten, ohne wesentliche Eingriffe in die häufig mangelhafte Organisation vornehmen zu müssen, fordern die automatischen Datenverarbeitungsanlagen zu ihrem wirtschaftlichen Einsatz meist eine organisatorische Umgestaltung des Betriebes, um eine integrierte Datenverarbeitung zu ermöglichen."[10]) Auch Hoffmann sagt hierzu: „Jede Organisation ist mehr oder weniger da, gewachsen und in vielen Fällen ein Kompromiß zwischen dem, was man haben möchte, und dem, was aufgrund der personellen, organisatorischen bzw. organisationstechnischen (Hilfsmittel) Möglichkeiten praktisch durchführbar ist. Dazu kommt, daß sich im Laufe der Zeit aus den verschiedensten Gründen Ungeschicklichkeiten in die Organisation einge-

---

[8]) „Die konventionellen Verfahren der Datenverarbeitung besitzen demgegenüber keine universelle Programmsteuerung, d. h. ein Organ, das selbständig alle logistischen Operationen durchführen kann. Ihnen allen ist vielmehr gemeinsam, daß sie bestimmte mathematische Prinzipien in der Form mechanischer oder elektromechanischer Funktionen auf den Datenverarbeitungsprozeß übertragen."

(Diemer, Andreas: Das Wesen der automatisierten elektronischen Datenverarbeitung. Berlin 1962, S. 16).

[9]) Vgl. Diemer, Andreas: Das Wesen der automatisierten elektronischen Datenverarbeitung. Berlin 1962, S. 13.

[10]) Kalscheuer, Hans D.: Integrierte Datenverarbeitungssysteme für die Unternehmensführung. Berlin 1967, S. 27/28.

schlichen haben."[11]) Damit wird die Ausgangssituation erkennbar, in der sich zahlreiche Unternehmungen befinden, wenn sie den Einsatz von ADV-Anlagen erwägen. Gerade in dieser Situation wird deutlich, wie wichtig organisatorische Vorarbeiten genommen werden müssen. Denn je mehr das Sachmittel aufgrund seiner technischen Ausstattung in der Lage ist, den Menschen als Aufgabenträger bezüglich des Datenverarbeitungsprozesses zu ersetzen, um so mehr ist es auch erforderlich, entsprechende organisatorische Voraussetzungen für den Einsatz des Sachmittels zu schaffen. Während beim Menschen als Aufgabenträger auf seine physischen und physiologischen Eigenschaften Rücksicht genommen werden muß, muß in den Fällen, in denen die ADV-Anlage zum Aufgabenträger werden kann, die Organisation mit den technischen Eigenschaften dieses Sachmittels abgestimmt werden[12]).

In diesem Sinne bedarf der Einsatz der charakterisierten ADV-Anlagen u. a. folgender Voraussetzungen, die gegeben sein müssen oder die der Organisator schaffen muß:

„(1) Die Anwendung muß sich auf Informationsverarbeitung[13]) beziehen.

(2) Das Ziel der Datenverarbeitung muß genau bekannt sein.

(3) Das Wesen und die Form der verfügbaren und zu verarbeitenden Informationen müssen genau bekannt sein.

(4) Der Weg, auf dem man von der vorhandenen Information auf das Ergebnis der Datenverarbeitung kommt, muß so weit erfaßt sein, daß er durch eine ähnliche Anzahl aufeinanderfolgender logischer Schritte eindeutig beschrieben werden kann."[14])

Gegenüber einer konventionellen Organisation verlangt der Einsatz von automatischen Datenverarbeitungsanlagen fast immer eine abweichende Gruppierung des betrieblichen Datenmaterials, eine ausgeprägtere Dokumentation des betrieblichen Geschehens und eine einwandfrei logische und rationale Planung der Arbeitsabläufe zu programmierbaren Prozessen. Das bedeutet, daß die für einen bestimmten Verarbeitungszweck notwendige Datenmanipulation sich auf ein Mindestmaß zu beschränken hat, um die teueren Kapazitäten der automatischen Anlagen nicht unnötig zu belasten. Es bietet sich die Möglichkeit einer „Integrierung bisher diskontinuierlicher Vorgänge der Produktion oder Datenverarbeitung zu einem kontinuierlichen Gesamtprozeß" an[15]). Eine derartige integrierte Datenverarbeitung setzt nicht notwendig das Vorhandensein von bestimmten maschinellen Hilfsmitteln zur

---

[11]) Hoffmann, Friedrich: Die Einsatzplanung elektronischer Rechenanlagen in der Industrie. München 1961, S. 100.

[12]) Vgl. Grochla, Erwin: Der Einfluß der Automatisierung auf die Unternehmungsorganisation. Zeitschrift für Betriebswirtschaft, 36. Jg. 1966, S. 272.

[13]) Der Studienkreis verwendet für seine Studie die Begriffe Information und Datum synonym.

[14]) Chapin, Ned: Einführung in die elektronische Datenverarbeitung. Aus dem Amerikanischen übersetzt von R. Leitner. Wien - München 1962, S. 25.

[15]) Müller, Heinrich: Die elektronische digitale Rechenmaschine und Grundlagen ihrer Anwendbarkeit. Berlin 1959, S. 18.

Informationsverarbeitung, -sammlung und -weiterleitung oder Anwendung neuer mathematisch-statistischer Verfahren voraus[16]). In der Praxis wurde sie jedoch erst durch den Einsatz von automatischen Datenverarbeitungsanlagen einer Verwirklichung näher gebracht. Gerade im Hinblick auf eine solche Integrationsabsicht muß die Interdependenz in den einzelnen Teilgebieten des Datenverarbeitungsprozesses und im Gesamtprojekt stärker als bisher durchleuchtet werden, um aus einer genauen Kenntnis dieser Zusammenhänge neue organisatorische Verfahren zu erschließen, die dem Einsatz der automatischen Datenverarbeitungsanlagen im Verwaltungsbereich zu einem wirtschaftlichen Erfolg verhelfen.

3. Istaufnahme eines Datenverarbeitungsproblems

Die Istaufnahme stellt die erste Phase der Überlegungen und Maßnahmen dar, die vor der Einführung oder Umstellung eines automatisierten Datenverarbeitungssystems durchzuführen sind. Neben der Istaufnahme gehören zu den Vorbereitungsarbeiten insbesondere die Auswertung des bisherigen und die Planung eines neuen Datenverarbeitungssystems, die Programmierung von Arbeitsabläufen, das Einholen von Angeboten und damit die Vorbereitung der Auswahl der späteren Anlagen, die Auswahl von Personal, die Beschaffung von Räumen und die Umstellung der Arbeitsgebiete[17]). Von all diesen Problemen wird in der vorliegenden Studie lediglich auf die Istaufnahme eingegangen. Sie ist allen anderen Vorbereitungsarbeiten vorgelagert. Dadurch hängen von der Qualität und Gründlichkeit ihrer Ergebnisse die Qualität und der Erfolg der nachgelagerten Vorbereitungsarbeiten entscheidend ab.

Der Studienkreis engt seine Ausführungen bewußt auf die Istaufnahme eines *Datenverarbeitungsproblems* ein, und zwar im Hinblick auf die Verwendung automatisierter Datenverarbeitungsverfahren. Das bedeutet, daß die im folgenden gezeigten Vorgehensweisen eben in der Regel nur für Untersuchungen aus einer derartigen Perspektive Geltung haben können. Istaufnahmen für andere Zwecke können ganz andere Untersuchungsmethoden rechtfertigen. So werden bei einer Istaufnahme zur Vorbereitung einer Entscheidung bzgl. der Einführung eines Großraumbüros oder bei einer Analyse des Personalbestandes als Grundlage für die Personalplanung oder bei der Bestandsaufnahme eines Revisors für seinen Prüfungsbericht ganz andere Erfahrungen erforderlich sein und andere Maßstäbe und Verfahren bei der Untersuchung angelegt werden müssen.

Der Studienkreis ist daher während seiner Arbeit zu der Überzeugung gelangt, daß sämtliche Überlegungen im Rahmen einer Istaufnahme nicht iso-

---

[16]) Vgl. Müller, Heinrich: Die elektronische digitale Rechenmaschine und Grundlagen ihrer Anwendbarkeit. Berlin 1959, S. 18.

[17]) Vgl. Grochla, Erwin: Möglichkeiten einer Steigerung der Wirtschaftlichkeit im Büro, in: Bürowirtschaftliche Forschung, hrsg. von Erich Kosiol, Berlin 1961, S. 53.

liert, sondern im Hinblick auf eine bestimmte *Zielsetzung* zu beurteilen sind. Um alle Zweifel in dieser Frage auszuräumen, ist darum auch diese Zielsetzung im Thema der Arbeit des Studienkreises zum Ausdruck gebracht worden. Eine generelle Ausarbeitung über das Thema „Istaufnahme" wiederum würde so starke Abstrahierungen erfordern, daß der Wert einer solchen Ausarbeitung für die Praxis in Frage gestellt wäre.

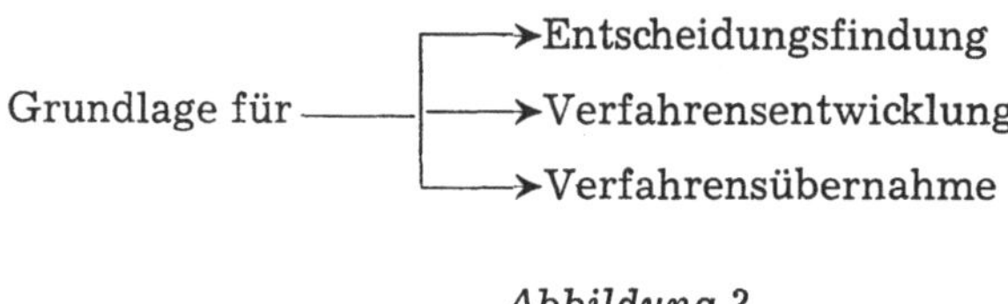

Abbildung 2

Mögliche Aufgabenstellungen für die Istaufnahme

Die Istaufnahme soll zunächst die Entscheidungsgrundlage dafür sein, ob es sinnvoll ist, die aufgestellte Zielsetzung (d. h. die Verwendung von automatischen Datenverarbeitungsanlagen) anzustreben. Ist die Entscheidung zugunsten eines solchen neuen Sachmittels gefallen, muß die Istaufnahme zu einer Arbeitsunterlage für die anzustrebende Entwicklung der neuen Organisationsform vertieft werden (Verfahrensentwicklung).

Die ursprünglich nur in Form einer sehr vagen Wunschvorstellung bei den Aufnehmenden vorhandene Zielvorstellung ist nun zu konkretisieren. Mit fortschreitender Istaufnahmetätigkeit, d. h. mit wachsender Kenntnis der betrieblichen Organisation, erfolgt eine permanente Anpassung der Lösungsvorstellung an die Realitäten der aufgenommenen Tatbestände. Selbstverständlich ist es durchaus möglich, daß im Zuge dieses iterativen Vorgehens festgestellt wird, daß eine Umstellung auf ein anderes Datenverarbeitungsverfahren nicht sinnvoll ist. In solch einem Fall muß dann die Istaufnahmetätigkeit rechtzeitig abgebrochen werden, um Unwirtschaftlichkeiten zu vermeiden. Um nicht gegen das Prinzip der Wirtschaftlichkeit zu verstoßen, wird man außerdem in vielen Fällen zu der Erkenntnis kommen, daß nur Teile der Bürotätigkeit mit ADV-Anlagen abgewickelt werden sollten oder daß zwar keine automatischen Datenverarbeitungsanlagen, aber andere maschinelle Verfahren für die Aufgabenerfüllung in Frage kommen. Schließlich kann sich die in Aussicht genommene Umstellung nicht auf einen veränderten Sachmitteleinsatz, sondern nur auf eine veränderte organisatorische Regelung bezüglich des Zusammenwirkens von Mensch, Sachmittel und Datenfluß beziehen.

Bei einem solchen iterativen Vorgehen, d. h. wenn Zug um Zug mit dem besseren Kennenlernen der betrieblichen Organisation, mit dem genauen Studium des Datenverarbeitungsproblems, die gedachte Sollvorstellung immer besser an die angetroffenen Realitäten angeglichen wird[18]), entsteht für die Aufnahme in der Praxis manche Schwierigkeit. Alle für die Erfassung des Datenverarbeitungsproblems relevanten Faktoren müssen möglichst vollständig erkannt und in einer der späteren Planung einer Sollkonzeption adäquaten Weise aufbereitet werden. Das wird sicherlich nur in begrenztem Maße möglich sein, da erst nach Vorliegen der Istaufnahme-Ergebnisse mit der Erarbeitung einer konkreten Sollkonzeption begonnen werden kann. Je besser es gelingt, schon bei der Istaufnahme die für die spätere Planung dieser Konzeption erforderliche Systematik vorwegzunehmen und nur die später tatsächlich benötigten Daten zu erfassen, um so geringer wird die Redundanz sein (Mehrfacherfassung von Daten) und die gesamte Vorarbeit für die Umstellung beschleunigt werden können. Es muß andererseits aber vermieden werden, sich bereits einseitig und u. U. voreilig auf eine bestimmte Sollkonzeption festzulegen, da man sich noch im Stadium der Erfassung und Analyse befindet. Hierzu müssen, wie bereits betont, erst die gesamten Aufnahmeergebnisse abgewartet werden. Daneben bedarf es einer gewissen Distanz vom Istzustand, um hier zu neuen, organisatorisch verbesserten Lösungen zu kommen. Zwischen der Ausrichtung auf eine einzige Sollvorstellung und einer unvoreingenommenen Erfassung des Untersuchungsobjekts, die alle späteren organisatorischen Lösungsmöglichkeiten offenläßt, ist ein sinnvoller Kompromiß zu finden.

Schließlich kann der Istaufnahme noch eine weitere Aufgabenstellung zukommen: Für den Fall der Verfahrensübernahme für Teilaufgaben (z. B. Standardprogramme) oder für die Gesamtorganisation (z. B. das organisatorische Konzept einer branchengleichen Unternehmung) muß eine Istaufnahme Informationen darüber liefern, ob derartige Lösungsvorstellungen der eigenen Unternehmung entsprechen.

Eine Istaufnahme kann unter den verschiedensten Aspekten durchgeführt werden. Dies zeigt sich auch bei den in der Literatur vertretenen Umschreibungen des Begriffs „Istaufnahme". So bezeichnen Jordt-Gscheidle[19]) die Istaufnahme im Rahmen einer allgemeinen Organisationsstudie als eine Untersuchung, die alle Einzelheiten einer bestehenden organisatorischen Regelung und die Bedingungen und Voraussetzungen für eine Neugestaltung ermittelt. Von Kosiol wird die Analyse der Aufgaben in der Unternehmung (Datenanalyse) als ein „empirisches Verfahren der Bestandsaufnahme" zur Sammlung und Ordnung der einzelnen Teilaufgaben definiert[20]). Blau[21]) richtet dagegen, ebenso wie der Studienkreis, die Istaufnahme speziell auf

---

[18]) Vgl. Grochla, Erwin: Anwendungssystem für die automatisierte Datenverarbeitung. Die Lücke in Forschung und Ausbildung in der Bundesrepublik Deutschland, in: Zeitschrift für Organisation, Okt. 1968, S. 245.

[19]) Vgl. Jordt, Andreas; Gscheidle, Kurt: Fernkurs für Organisation, Lehrbrief 1. Wiesbaden o. J., S. 43.

[20]) Kosiol, Erich: Organisation der Unternehmung. Wiesbaden 1962, S. 46.

[21]) Vgl. Blau, Helmut: Die Planung von EDV-Anlagen. 1. Teil: Die Istzustandsaufnahme, in: Bürotechnik und Automation, Heft 11, 1964, S. 348.

die Vorbereitung des Einsatzes von ADV-Anlagen aus. In diesem Sinne besteht die Istaufnahme im wesentlichen aus einer Tätigkeitsanalyse und einer Problemanalyse. Erstere beinhaltet die vollständige Aufzählung und Gliederung der Tätigkeiten, etwa bis zur Ebene des Sachbearbeiters, die in einem Untersuchungsbereich anfallen. Die Problemanalyse befaßt sich dagegen mit der Analyse des Datenmaterials und den praktizierten Regeln, den logischen Schritten und Parametern für dessen Bearbeitung im Sinne einer gegebenen Aufgabenstellung[22]).

Eine Definition, die der Ansicht des Studienkreises weitgehend entgegenkommt, bezeichnet als Inhalt der Istaufnahme „diejenigen Eigenschaften und Merkmale des Einsatzgebietes und seiner Umgebung in einheitlicher und übersichtlicher, textlicher und graphischer Form fixiert, die die weitere organisatorische Einsatzvorbereitung und das zukünftige Organisationssystem beeinflussen können"[23]).

Mit einem eigenen Vorschlag möchte sich der Studienkreis eng an die soeben zitierte Fassung anlehnen und die Istaufnahme mit der *quantitativen und qualitativen Erfassung eines potentiellen Einsatzgebietes und seiner Umgebung* beschreiben. Auf diese Weise erhält man eine Definition für die Istaufnahme, welche auf die mit der Istaufnahme verbundene Zielsetzung, nämlich die Einführung automatisierter Datenverarbeitungsverfahren, zugeschnitten ist. Aus der Definition läßt sich weiter ersehen, daß neben den *qualitativen* Problemen, z. B. dem Kennenlernen der Organisation des Arbeitsflusses durch eine Problemanalyse, ebenso die Erfassung der Daten*mengen* und des mengenmäßigen Verhältnisses der Datengruppen zueinander von Bedeutung ist. Unter „*Einsatzgebiet*" kann je nach dem Umfang der Untersuchung ein Teilbereich einer Unternehmung oder die Gesamtorganisation eines Konzerns usw. verstanden werden. Weiter geht aus der Definition hervor, daß nicht nur das Einsatzgebiet selbst, sondern auch seine *Umgebung* in die Untersuchung einbezogen werden muß[24]). Eine Analyse dieser Umgebung mit ihren Einflüssen auf das Untersuchungsobjekt wird ausführlich in Kapitel B. I. „Gegenstand der Istaufnahme" vorgenommen.

In den USA hat die automationsgerechte Istaufnahme unter den Begriffen „systems analysis"[25]), „systems investigation" und „systems study" in der Literatur Eingang gefunden.

Gregory and Van Horn definieren systems analysis als „an orderly study of the detailed procedures for collecting, organizing, and evaluating informa-

---

[22]) Detaillierte praktische Beispiele für Problemanalysen finden sich bei Blau, H.; Hofmann, K. P.: Planung, Auswahl, Einsatzvorbereitung einer EDV-Anlage. Nürnberg 1966, S. 33 ff.

[23]) Rechentechnik - Datenverarbeitung. Verlag: Die Wirtschaft, Berlin 1967, 4. Jg., Heft 4, S. 43.

[24]) Vgl. Grochla, Erwin: Anwendungssystem für die automatisierte Datenverarbeitung. Die Lücke in Forschung und Ausbildung in der Bundesrepublik Deutschland, in: Zeitschrift für Organisation, Okt. 1968, S. 245.

[25]) Vgl. Laden, H. N.; Gildersleeve, T. R.: System Design for Computer Applications. New York - London 1963, S. 4 und S. 228 ff.

tion within an organization, with the objective of improving control of the operations of the organization[26])." Aufgabe der Istaufnahme ist es demnach, ein bestehendes Datenverarbeitungssystem in seine Bestandteile zu zerlegen, während für die Entwicklung eines neuen DV-Systems alte und *neue* Elemente miteinander verknüpft werden. Diese pragmatische Sicht kennzeichnet auch die Darlegung der meisten anderen amerikanischen Autoren[27]). Eine Ausnahme bildet allerdings z. B. Haberstroh, der in „systems analysis" primär die Bildung eines Datenverarbeitungsmodells sieht und die Informationsbedürfnisse eines Systems mit Hilfe der Erkenntnisse der Systemtheorie bestimmt[28]).

III. Aufbau und Inhalt der Studie

Bei seiner Studie zum Thema „Istaufnahme" kommt es dem Studienkreis darauf an, einige grundlegende Gedanken besonders herauszustellen, da sie den Aufbau der gesamten Arbeit mitbestimmen:

(1) Die Istaufnahme kann nicht zweckfrei durchgeführt werden, sondern muß sich an einer bestimmten Zielvorstellung orientieren. Im Falle des Studienkreises sind die Überlegungen im Zusammenhang mit der Istaufnahme auf den Einsatz automatisierter Datenverarbeitungsverfahren ausgerichtet.

(2) Unter diesem Aspekt können die Ergebnisse der Istaufnahme Grundlage für die Entscheidung sein, ob eine Umstellung von den gegenwärtig eingesetzten Sachmitteln auf ein in der Größenordnung bekanntes automatisiertes Datenverarbeitungssystem erfolgen soll. Ist diese Entscheidung gefallen, werden Istaufnahme-Ergebnisse als Unterlage für die Entwicklung des neuen Datenverarbeitungsverfahrens benötigt. Diese beiden Aufgabenstellungen sind bei der Istaufnahme zu unterscheiden, da sie unterschiedliche Vorgehensweisen bedingen und eine Verlagerung der Schwerpunkte bei der Analyse und Darstellung bewirken können. Eine weitere Aufgabenstellung ergibt sich für die Istaufnahme, wenn bereits ausgereifte Sollkonzeptionen einer anderen Unternehmung oder eine Standardlösung anhand der Erfassung der betriebsindividuellen Verhältnisse auf ihre Verifizierbarkeit überprüft bzw. eine derartige Rahmenlösung mit den unternehmungsspezifischen Datenkonstellationen auszufüllen ist.

---

[26]) Gregory, Robert H.; van Horn, Richard L.: Automatic Data-Processing Systems. Belmont 1962, S. 378.

[27]) Vgl. Canning, Richard G.: Electronic Data Processing for Business and Industry. New York - London 1956, S. 134 ff., und Trail, J. R.: Analysing the Desirability of Acquiring on Electronic Computer. In: The Internal Auditor, (New York) 1963, Nr. 1, S. 37 ff.

[28]) Vgl. Haberstroh, Chadwick, J.: Organization Design and Systems Analysis. In: Handbook of Organizations, Chicago 1965, S. 1171 ff."

(3) Das Vorgehen bei der Untersuchung wird dadurch bestimmt, daß die
    Aufnehmenden bereits eine ungefähre Wunschvorstellung vom später
    einzuführenden Datenverarbeitungsverfahren haben, das mit zunehmen-
    der Kenntnis der Organisation den Realitäten angeglichen wird.

(4) Die Istaufnahmetätigkeit beginnt mit der Erhebung. Die auf diese Weise
    erfaßte Unternehmungsstruktur und die entsprechenden Abläufe müssen
    in geeigneter Form dargestellt werden (Dokumentation). Daran schließt
    sich eine Analyse[29]) dieser erfaßten und dargestellten Tatbestände an.
    In der Praxis lassen sich allerdings diese Phasen häufig nicht getrennt
    und chronologisch aufeinanderfolgend erkennen, vielmehr stellt man
    ein wechselseitiges Ineinandergreifen fest.

Die Arbeit des Studienkreises ist in drei Hauptkapitel B., C. und D. unter-
teilt, wobei in einem einleitenden Kapitel A. die Grundlagen für die späteren
Ausführungen gelegt und die notwendigen Abgrenzungen vorgenommen
werden.

Abschließend werden in einem Kapitel E. die wesentlichen Erkenntnisse aus
der Studie zusammengefaßt und die Verbindungen zwischen der Istaufnahme
und der anschließenden Systemplanung angedeutet.

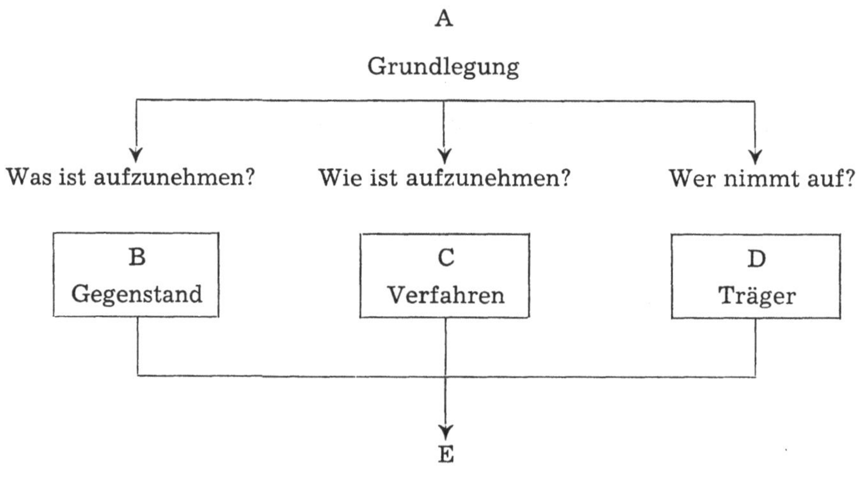

Abbildung 3

Beziehung zur Systemplanung

---

[29]) Vgl. Acker, Heinrich B.: Organisationsanalyse. Verfahren und Techniken praktischer Organisationsarbeit. Baden-Baden 1963, S. 10 u. 11 (nach Acker besteht die Analyse in der Entwicklung einer Ideallösung und dem Vergleich dieser Ideallösung mit dem festgestellten
Istzustand). Eine ähnliche Auffassung vertritt auch der Studienkreis (vgl. Kapitel E). Da
diese Analyse jedoch nicht mehr Bestandteil der Istaufnahme ist, sondern als selbständige
Zwischenstufe zwischen Istaufnahme und Systemplanung angesehen werden muß, wird sie
in der vorliegenden Studie nicht ausdrücklich behandelt.

Mit der nachstehenden Zusammenfassung des Inhalts der Kapitel über Gegenstand, Verfahren und Träger der Istaufnahme soll insbesondere dem eiligen Leser auf engem Raum eine Übersicht über die behandelte Problematik geboten werden.

1. Gegenstand der Istaufnahme

Gegenstand der Istaufnahme sind nach Meinung des Studienkreises nicht einfach und allein die zu untersuchenden Arbeitsabläufe. Vielmehr ergibt sich der Istzustand aus

(1)   der mit der Istaufnahme verbundenen Aufgabenstellung,

(2)   der Beschaffenheit des Untersuchungsobjekts,

(3)   der voraussichtlichen Entwicklung und den Veränderungen des Untersuchungsobjekts,

(4)   den bisher von der Organisation nicht berücksichtigten Informationsbedürfnissen.

In diesem Sinne wird im ersten Hauptkapitel zunächst gezeigt, daß im Zusammenhang mit der Einführung von ADV-Anlagen die herkömmliche Vorstellung von der Istaufnahme und vom Istzustand einer Unternehmung revisionsbedürftig ist. Daran schließt sich eine Bestimmung des Gegenstandes der Istaufnahme in bezug auf seinen Umfang an. Dieser kann zunächst aus den untersuchungsabhängigen Faktoren abgeleitet werden, d. h. aus Faktoren, die aufgrund der Aufgabenstellung, also von dem mit der Istaufnahme verbundenen Auftrag her, gegeben sind (z. B. ein geforderter Integrationsgrad). Desgleichen wirken objektabhängige Faktoren ein. Schließlich sind bezüglich des Charakters des Gegenstandes der Istaufnahme noch die Einflüsse übergeordneter unternehmerischer Entscheidungen zu berücksichtigen. Denn häufig wird durch derartige Entscheidungen der Gegenstand der Aufnahmetätigkeit eingeengt oder erweitert, ohne daß der Istaufnehmer auf diese Tatsache einen Einfluß ausüben könnte.

In einem weiteren Abschnitt wird die Aufbaustruktur der Unternehmung nach verschiedenen Gesichtspunkten analysiert. Faktoren wie Standort, Raumverhältnisse und Personal müssen in ihrem Bestand und in ihrer Qualität erfaßt werden.

Den Schwerpunkt dieses Kapitels bildet die Untersuchung der Strukturen und Eigenschaften der Daten und ihrer Verarbeitung in der Unternehmung.

Auf eine derartige Erfassung dieser Daten ist bei einer Istaufnahme vor Einführung oder Umstellung von automatisierten Datenverarbeitungsverfahren das Hauptgewicht zu legen. Ein gesonderter Abschnitt enthält eine Charakteristik der in der Unternehmung erfaßten und verarbeiteten Daten, die Kennzeichnung ihrer Entstehung und ihres Verbleibs, sowie eine nach

Datenarten gegliederte Übersicht. Die Daten selbst werden auf ganz unterschiedliche Weise mit Hilfe der verschiedensten Datenträger dargestellt.

Aufgrund der Istaufnahme-Ergebnisse sollten später die richtigen Sachmittel für die Datenverarbeitung ausgewählt werden können. Daher ist es unerläßlich, bei der Istaufnahme genaue Angaben über den Umfang der Daten, die Datenmenge und ihren zeitlichen Anfall zu sammeln.

Daneben kommt es insbesondere darauf an, darzustellen, wie zum Zeitpunkt der Aufnahme der Datenverarbeitungsprozeß in der Unternehmung abgewickelt wird. Es sind die einzelnen Stufen der Datenbehandlung von der Datenerfassung über die Datentransformation und den Datentransport bis zur Verarbeitung in ihrem Zusammenhang nach dieser Phaseneinteilung zu untersuchen. Es ist zu analysieren, inwieweit zeitliche und räumliche Bedingungen, die vom Aufgabengebiet her zu erfüllen sind, auf den Zyklus, die Richtung und Stärke des Datenflusses einwirken, weil sich hieraus grundlegende Erfordernisse für eine spätere Automatisierung des Aufgabengebietes ableiten lassen.

Ausgehend von den Einflußfaktoren, die auf das Datenverarbeitungsproblem einwirken, wird also in diesem Kapitel „Gegenstand der Istaufnahme" eine Übersicht über die einzelnen Komponenten gegeben, aus denen sich der Gegenstand der Untersuchung zusammensetzt. Dabei wird besonderer Nachdruck auf eine genaue Analyse der Daten und ihrer Zusammenhänge gelegt.

2. Verfahren der Istaufnahme

Im zweiten Hauptkapitel beschäftigt sich die Studie mit dem Vorgehen bei der Istaufnahme, so, wie es sich aus der Sicht des Studienkreises in der Praxis am besten bewährt hat. Ausgegangen wird von einer Planungsphase, die von einer angemessenen Information und psychologischen Vorbereitung der Mitarbeiter in der Unternehmung begleitet wird. Daran schließt sich die Durchführung der Aufnahme an, bei der unterschiedliche Erhebungsmethoden angewandt werden können. Es kann kein allgemeingültiges Rezept dafür gegeben werden, welche Methoden im Einzelfall in der Praxis anzuwenden sind. Es wird jedoch versucht, einige Kriterien für den Einsatz der Methoden in der Praxis anzugeben und die Vor- und Nachteile der jeweiligen Methoden herauszustellen. Neben der Erhebung gehört nach Meinung des Studienkreises die Dokumentation als wesentlicher Teil zur Durchführung einer Istaufnahme. Nur wenn die erfaßten Tatbestände aufbereitet und nach einheitlichen Gesichtspunkten schriftlich oder graphisch festgehalten werden, sind die Istaufnahme-Ergebnisse so übersichtlich und transparent, daß aus ihnen Änderungsvorschläge für automatisierte Datenverarbeitungsverfahren abgeleitet werden können.

Die letzte Phase bei der Istaufnahmetätigkeit bildet die Kontrolle der erfaßten und dokumentierten Istaufnahme-Ergebnisse. Insbesondere bei kom-

plexen Datenverarbeitungsproblemen, bei denen eine Vielzahl von Istaufnehmern und anderen Betroffenen in die Aufnahmetätigkeit eingeschaltet
sind, müssen immer wieder Kontrollmaßnahmen gewährleisten, daß die Istaufnahme-Ergebnisse nicht verfälscht werden und eine Gewähr für ihre
Vollständigkeit gegeben ist.

3. Träger der Istaufnahme

Dieses dritte Hauptkapitel der Ausarbeitung des Studienkreises befaßt sich
mit dem Personenkreis, der in der Unternehmung auf irgendeine Weise von
der Istaufnahme betroffen wird. Dabei ist hervorzuheben, daß der Studienkreis in der Regel eine wirkungsvolle Aufnahmetätigkeit nur durch ein gut
ausgewähltes Team gewährleistet sieht. Dementsprechend werden in dem
Kapitel die Probleme der Teambildung, die sich bei der Zusammenstellung
eines Istaufnahmeteams ergeben, besonders nachdrücklich behandelt. Es
wird untersucht, welche Anforderungen an die Mitarbeiter gestellt werden,
die für ein solches Team in Frage kommen, und welche Möglichkeiten sich
für die Unternehmung bieten, die notwendigen Fachkräfte zu beschaffen.

B. Gegenstand der Istaufnahme

In der vorliegenden Untersuchung zum Thema der „Istaufnahme eines Datenverarbeitungsproblems" stehen naturgemäß die Fragen der Vorgehensweise und der Erhebungs- und Darstellungstechnik im Vordergrund. Dementsprechend werden dazu auch im Kapitel C. „Verfahren der Istaufnahme" ausführliche und konkrete Aussagen getroffen. Der Gegenstand einer Istaufnahme — das also, was aufgenommen wird bzw. werden soll — scheint dagegen von vornherein klar zu sein und keiner besonderen Diskussion zu bedürfen. Da es hier ausdrücklich um die Istaufnahme eines *Datenverarbeitungsproblems* geht, sind es die Daten und der Datenfluß, die den Gegenstand einer Istaufnahme bilden. Die Daten und ihre Zusammenhänge sind jedoch nur vor dem Hintergrund der Unternehmungsaufgaben und ihrer Zusammenhänge sowie der Aufgabenträgerstruktur und einiger weiterer Strukturelemente der Unternehmung zu verstehen und zu analysieren.

Der „Gegenstand der Istaufnahme" ist allerdings nicht ganz so unproblematisch, wie es solche ersten, allgemeinen Überlegungen erscheinen lassen. Nach Auffassung des Studienkreises sind es insbesondere zwei Gesichtspunkte, die einer problemlosen Auffassung des „Gegenstandes der Istaufnahme" entgegenstehen. Der erste besagt, daß die herkömmliche Vorstellung vom „Ist" als dem nur „Bestehendem" aufgegeben werden muß. Mit diesem Fragenkomplex befaßt sich Abschnitt I. „Erweiterung der herkömmlichen Vorstellung vom Istzustand" dieses Kapitels. Als zweiter einschlägiger, sehr wichtiger Punkt wird in Abschnitt II. „Bestimmungsfaktoren für den Umfang der Istaufnahme" der Sachverhalt diskutiert, daß der Gegenstand der Istaufnahme in Abhängigkeit von verschiedenen Faktoren ganz verschieden aufgefaßt werden und dimensioniert sein kann, wobei der erste dieser Faktoren, wie bereits im vorhergehenden Kapitel gezeigt wurde, die Zielsetzung selbst ist, die mit der Istaufnahme verbunden ist.

Um Mißverständnissen vorzubeugen, sei an dieser Stelle noch einmal klar hervorgehoben, daß in den Abschnitten I. und II. über die grundsätzliche Problematik des Begriffs „Gegenstand der Istaufnahme" diskutiert wird. Dabei wird herausgearbeitet, daß „Gegenstand der Istaufnahme" ein relativer Begriff ist, dessen spezifische Ausprägung von den jeweiligen Voraussetzungen und Bedingungen des Einzelfalles abhängt. Die Ausführungen in den Abschnitten I. und II. dienen somit dazu, den Leser in die Lage zu versetzen, das in den Abschnitten III. und IV. Gesagte je nach den konkreten Verhältnissen, die er irgendwo antreffen mag, richtig einzuordnen und zu gewichten.

I. Erweiterung der herkömmlichen Vorstellung vom Istzustand

Nach Meinung des Studienkreises gibt es eine Reihe von Gründen, die zu dem Schluß führen, daß es — im hier betrachteten Zusammenhang — nicht genügt, die Organisation einer Unternehmung (bzw. eines Teils davon) in ihrem *gegenwärtigen* Aufbau und Ablauf zu untersuchen. Diese Auffassung leitet sich aus der Zielsetzung ab, die mit der Istaufnahme im hier betrachteten Sinne verbunden ist. Deren Ergebnisse sollen die Grundlage für die Art und die Auslegung des einzurichtenden Datenverarbeitungssystems und die sich darin vollziehenden Datenverarbeitungsabläufe sein. Würde man nur den augenblicklichen Zustand aufnehmen, d. h. sich auf die Informationen beschränken, die den derzeitigen Datenverarbeitungsprozeß kennzeichnen, dann wäre letztlich der wirtschaftliche Einsatz eines ADV-Systems in Frage gestellt. Denn es würde dann nur die bisherige Organisationsform mit anderen Sachmitteln ausgestattet werden, wenn derartige Istaufnahme-Ergebnisse zur Grundlage genommen würden. (Man findet hier sicherlich mit einen Ansatz dafür, warum in der Vergangenheit — und zum Teil auch heute noch — so viele ADV-Systeme nicht zufriedenstellend arbeiten.) Man weiß schließlich heute, daß eine Istaufnahme gerade die Voraussetzungen für ein Überdenken der bisherigen Organisationsform schaffen soll, losgelöst von den bestehenden Abläufen und ausgerichtet auf die spezifischen Anforderungen und Möglichkeiten der automatisierten Datenverarbeitung.

Die herkömmliche (wenn auch heute schon oft als unzweckmäßig erkannte und bezeichnete) Auffassung vom „Istzustand" als dem nur „Bestehenden" muß daher durch zusätzliche Gesichtspunkte erweitert werden, die im folgenden zu erörtern sind.

1. Berücksichtigung externer Gegebenheiten

Jede Unternehmung ist in vielschichtiger und mannigfacher Weise in ihre Umwelt eingebettet. Sie sieht sich mit einer Vielzahl sowohl beschränkender als auch fördernder Einflüsse konfrontiert. Sie ist nicht nur ein Produkt ihrer eigenen Tätigkeit, sondern auch ihrer Umwelt, die gleichzeitig die Voraussetzung für ihre Existenz darstellt. Hier können z. B. die Marktverhältnisse genannt werden, der Stand der Technik, die Gesetzgebung, Zahlungsgewohnheiten der Kunden usw., alles Erscheinungen, die in irgendeiner Form die Datenverarbeitung der Unternehmung beeinflussen.

Bei der praktischen Durchführung der Istaufnahme eines Datenverarbeitungsproblems erscheint es nicht zweckmäßig, eine grundsätzliche und systematische Betrachtung dieser genannten Wechselbeziehungen zwischen der Unternehmung und ihrer Umwelt anzustellen, um daraus diejenigen Faktoren abzuleiten, die für die zu untersuchenden Unternehmungsaufgaben von Belang sind. Vielmehr wird umgekehrt bei der Erfassung vieler Faktoren, die sich innerhalb der Unternehmung als relevant erweisen, die Frage zu stellen sein, ob es in Ergänzung hierzu weitere gibt, die sich aus den

Beziehungen zur Umwelt ergeben. Wenn z. B. die Lohn- und Gehaltsabrechnung Gegenstand der Untersuchung ist, wird nicht systematisch und umfassend die gesamte Steuergesetzgebung zu analysieren sein, sondern nur die einschlägigen Bestimmungen des Einkommensteuerrechts. Eine allgemeingültige, praktisch verwertbare Regel hinsichtlich der hierfür gültigen Auswahlkriterien wird sich allerdings kaum finden lassen. Der wirtschaftliche Einsatz von ADV-Anlagen bedingt, daß mit ihrer Hilfe nicht nur Teilaufgaben, wie z. B. die Lohnabrechnung, abgewickelt werden, sondern daß immer mehr Aufgaben zu Aufgabenkomplexen verknüpft werden und daß ein System von programmierten Abläufen der ADV-Anlage zugeführt wird. Dies kann im Extremfall bedeuten, daß es für die Istaufnahme durchaus sinnvoll ist, systematisch alle Umwelteinflüsse, die die Unternehmung betreffen, festzuhalten.

Ein solches Vorgehen kann schon dann angebracht sein, wenn der Istaufnahme von vornherein die Aufgabe gestellt ist, sich mit den Beziehungen der Unternehmung zu ihrer Umwelt zu befassen. Im Zusammenhang mit Datenverarbeitungsproblemen kann das z. B. im Rahmen von Untersuchungen über Möglichkeiten einer zwischenbetrieblichen Integration der Fall sein. Hierbei kann man sich selbstverständlich nicht darauf beschränken, nur von Fall zu Fall die Frage nach von außen wirkenden Einflüssen zu stellen, vielmehr müssen dann die externen Gegebenheiten im Sinne der Zielsetzung grundsätzlich, systematisch und vollständig als Gegenstand der Istaufnahme erfaßt werden.

Das Studium der Marktverhältnisse als externe Gegebenheit wurde bereits als Beispiel genannt. Dabei ist in der Regel an die Marktstruktur zu denken, die die Art und die Menge der Produktion und das „absatzpolitische Instrumentarium"[1] der Unternehmung beeinflußt und sich indirekt — durch Aktion bzw. Reaktion der Unternehmungsleitung — auf den Datenverarbeitungsprozeß auswirkt.

Bei einer Istaufnahme, deren Ergebnisse die Grundlage für die Entwicklung eines automatisierten Datenverarbeitungsverfahrens bilden sollen, tritt die Analyse der auf dem Markt befindlichen ADV-Anlagen als einer weiteren externen Gegebenheit hinzu, die nicht vernachlässigt werden darf. Eine derartige Untersuchung sollte zumindest so weit gehen, daß die erhältlichen Unterlagen der Hersteller von ADV-Anlagen über die lieferbaren Maschinen und über die angebotene Software (insbesondere Betriebssysteme und Standard-Anwendungsprogramme) gesammelt und wichtige Kenndaten in einem Vergleich gegenübergestellt werden. Dieser Überblick sollte noch durch ein Studium der Fachliteratur auf dem Gebiet der Anwendung von ADV-Anlagen, insbesondere in branchengleichen Betrieben, ergänzt werden[2].

---

[1] Vgl. Gutenberg, Erich: Grundlagen der Betriebswirtschaftslehre. 2. Band: Der Absatz. 6. Aufl. Berlin - Göttingen - Heidelberg 1963, S. 123 ff.

[2] Vgl. Löwinger, H., u. a.: Methodik der Einsatzvorbereitung für EDV-Anlagen in Industriebetrieben. Dresden 1965, S. 5.

2. Einbeziehung von Zukunftserwartungen

Eine Istaufnahme soll das gegenwärtig Vorhandene erfassen und zur Grundlage für etwas Zukünftiges werden. Diese Forderung erscheint auf den ersten Blick nicht erfüllbar, denn die Voraussetzungen für eine zukünftige Situation werden andere sein als die, die zum Zeitpunkt der Istaufnahme gegeben sind. Wie wirkt sich eine solche Diskrepanz auf den Gegenstand der Istaufnahme aus? Dabei ist zu klären, warum und in welchem Umfang Zukunftsdaten in die Ergebnisse der Istaufnahme einfließen müssen.

Eine Istaufnahme, deren Ergebnisse zu einer allgemeinen Entscheidung oder bereits zu einer Sollkonzeption führen können, stellt selbst noch keine zukunftsorientierte Planung dar. Während die Istaufnahme ihrem Wesen nach gegenwartsorientiert ist, müssen die aus ihr abgeleiteten Entscheidungen und Planungen zwangsläufig zukunftsorientiert sein. Daraus ergibt sich, daß Zukunftserwartungen im Prinzip erst bei den zu treffenden Entscheidungen berücksichtigt werden können. Wie sollen diese Zukunftserwartungen aber in die zu treffenden Entscheidungen einfließen, wenn keine Unterlagen hierfür geschaffen wurden? Wenn das auch im Hinblick auf den Begriff „Ist" recht widerspruchsvoll klingen mag, so wird doch nichts anderes übrigbleiben, als bei der Istaufnahme auch solche Faktoren einzubeziehen, die eben nicht „Ist", sondern Zukunftserwartungen sind.

Schon wegen des zeitlichen Abstands, der häufig zwischen der Istaufnahme und der Übernahme eines auf der Grundlage ihrer Ergebnisse entwickelten Verfahrens in Kauf genommen werden muß, erscheint eine bloße Beschränkung auf die Erfassung von Fakten, wie sie sich im Zeitpunkt der Aufnahme qualitativ und quantitativ darstellen, als unzulänglich[3]). Die Berücksichtigung quantitativer Änderungen, bei sonst gleichbleibenden Voraussetzungen, ist dabei in der Regel relativ unproblematisch. Schwierig erscheint es dagegen, bei der Istaufnahme Prognosen über qualitative Veränderungen der Daten und ihrer Zusammenhänge, soweit sie für das betriebliche Geschehen relevant sind, einzuarbeiten.

Trotzdem muß bei der Istaufnahme versucht werden, die Unsicherheit über zukünftige Entwicklungen dadurch zu vermindern, daß zuverlässige Prognosen auf der Grundlage einer sorgfältigen Beobachtung der Entwicklung der externen Gegebenheiten erstellt werden. Nicht minder wichtig ist ein enger Kontakt mit der Unternehmungsleitung, um zu erfahren, welche langfristigen Unternehmungsziele sie ansteuert und wie sie die allgemeine Entwicklung beurteilt. Für die Erstellung von Prognosen bietet sich insbesondere auch die Statistik als Hilfsmittel an. Trotzdem wird es selten möglich sein, eine Entwicklung eindeutig vorauszusagen, vielmehr werden sich mehrere Prognosen alternativ anbieten, die dann jeweils im Istaufnahme-Ergeb-

---

[3]) Vgl. Grochla, Erwin: Das Problem der optimalen Unternehmungsplanung. In: Gegenwartsfragen der Unternehmung. Offene Fragen der Betriebswirtschaftslehre, hrsg. von Bernhard Bellinger. Wiesbaden (1961), S. 69.

nis festgehalten werden müssen. Dadurch ist eine größere Sicherheit gegeben, daß das auf der Grundlage der Istaufnahme-Ergebnisse neu zu entwickelnde Datenverarbeitungssystem flexibel genug gestaltet wird.

Bezüglich des Umfangs, in dem Zukunftserwartungen zu berücksichtigen sind, gilt ähnliches, wie es bereits im Zusammenhang mit den Beziehungen zwischen der Unternehmung und ihrer Umwelt gesagt wurde. Es wird auch in dieser Hinsicht nicht etwa so sein, daß man sich im Rahmen einer Istaufnahme grundsätzlich, systematisch und vollständig in einer separaten Betrachtung mit den Zukunftserwartungen einer Unternehmung auseinanderzusetzen hätte. Es ist vielmehr zweckdienlich, bei der gegenwartsorientierten Erfassung von Faktoren jeweils im Einzelfall grundsätzlich die Frage zu stellen, wie diese sich im Sinne der Zielsetzung der Istaufnahme in ihrer Quantität und Qualität in der Zukunft verändern werden. So wird man z. B. bei einer Istaufnahme eines Artikelschlüssels kaum auf die Erfassung der zukünftigen Umsatzentwicklung allgemein eingehen, sondern lediglich eine zukünftige Erweiterung des Sortiments erfassen. Je langfristiger die aus der Istaufnahme abzuleitenden Planungen sind, um so größer ist die Bedeutung, die diese zusätzliche Fragestellung gerade im Hinblick auf die Verwendung automatischer Datenverarbeitungsanlagen hat. Dies gilt nicht nur in quantitativer Hinsicht, sondern auch bezüglich qualitativer Veränderungen. Der Zeitraum, für den eine Prognose zu erstellen ist, ist dabei grundsätzlich dem Zeitraum anzupassen, für den der Einsatz des neuen Sachmittels (ADV-Anlage) gedacht ist[4]).

Der Wert einer Istaufnahme als Grundlage für eine Planung wird weitgehend davon bestimmt, in welchem Umfange es gelingt, zukünftige Entwicklungen, von denen der Umfang der zu untersuchenden Daten, ihre Qualität und der Prozeß ihrer Verarbeitung bestimmt werden, zu berücksichtigen. Dies hängt weitgehend von der Anwendung geeigneter Erhebungstechniken bei der Istaufnahme ab, die an anderer Stelle (Kapitel C. Verfahren der Istaufnahme) dargestellt werden.

3. Einbeziehung von potentiellen Aufgabengebieten der Datenverarbeitung

Die aufgrund der Istaufnahme zu treffenden, auf die Zukunft gerichteten Entscheidungen sollen naturgemäß einen bestehenden Zustand verbessern oder ggf. auch die Zweckmäßigkeit eines vorhandenen Zustandes bestätigen. Wenn eine Istaufnahme sich aber ausschließlich mit dem gegenwärtig tatsächlich Vorhandenen befaßt, werden sich jedoch weniger Ansatzpunkte ergeben, die zu einer Verbesserung des gegenwärtigen Zustandes führen können, als wenn auch solche Gegebenheiten herangezogen werden, die Lücken im gegenwärtigen Datenverarbeitungssystem darstellen. Diese Lücken kön-

---

[4]) Vgl. Löwinger, H., u. a.: Methodik der Einsatzvorbereitung für EDV-Anlagen in Industriebetrieben. Dresden 1965, S. 23.

nen sich als offene Informationsbedürfnisse herausstellen, d. h. es handelt sich um Mängel, derer sich die zuständigen Stellen bewußt sind. Zum Beispiel kann das Bedürfnis bestehen, von einer groben Zuschlags-Kalkulation auf eine differenziertere überzugehen, ohne daß dies beim gegenwärtigen Stand der Organisation bisher möglich gewesen wäre. Vielfach benötigt das Management zusätzliche Unterlagen, um bessere Entscheidungen treffen zu können. Eine Erstellung derartiger Unterlagen war jedoch mit dem bisherigen Datenverarbeitungsverfahren nicht möglich. Hier liegt ein Ansatz für die Istaufnahme, derartige Informationsbedürfnisse aufzuspüren, die im Hinblick auf den veränderten Sachmitteleinsatz befriedigt werden könnten.

Daneben sind aber auch latente Informationsbedürfnisse aufzudecken; dabei handelt es sich um solche Informationsbedürfnisse, die von der Unternehmung bisher nicht erkannt wurden, die sich aber aus einer Analyse des organisatorischen Gefüges erkennen lassen. So kann z. B. bei einer gemischten Fertigung oder bei einer Auftragsfertigung erst aus Anlaß einer Istaufnahme erkannt werden, daß sich das Fertigungsprogramm in bestimmte Teilefamilien zerlegen läßt, die bei einer Disposition einheitlich behandelt werden können.

Bei einer Istaufnahme müssen also etwaige Lücken im Datenverarbeitungssystem der Unternehmung aufgespürt und analysiert werden[5]). Die Beseitigung derartiger Lücken ist allerdings dann nicht mehr Gegenstand der Istaufnahme, sondern Aufgabe der Planung einer neuen organisatorischen Lösung.

Die Istaufnahme muß allerdings auch auf solche Unterlagen achten, die Informationen enthalten, die mit einem bestimmten Aufwand erstellt werden, jedoch nur von wenigen Stellen oder überhaupt nicht ausgewertet werden. Schließlich sind solche Informationen zu kennzeichnen, die zwar ausgewertet werden, jedoch überflüssigerweise von mehreren Stellen in der Unternehmung zusammengetragen werden.

II. Bestimmungsfaktoren für den Umfang der Istaufnahme

Im Abschnitt I. wurde erläutert, welche qualitative Erweiterung der Begriff „Gegenstand der Istaufnahme" gegenüber der herkömmlichen Vorstellung nach Meinung des Studienkreises erfahren muß. In diesem Abschnitt soll nun dargestellt werden, daß dieser Gegenstand — und damit die Istaufnahme selbst — quantitativ, d. h. seinem Umfang nach, durch eine Reihe von Faktoren determiniert sein kann.

Zunächst kann auf den schon wiederholt angesprochenen Kausalzusammenhang hingewiesen werden, der zwischen dem Gegenstand der Istaufnahme

---

[5]) Vgl. Gregory, Robert H.; van Horn, Richard L.: Automatic Data-Processing Systems. Belmont 1962, S. 393.

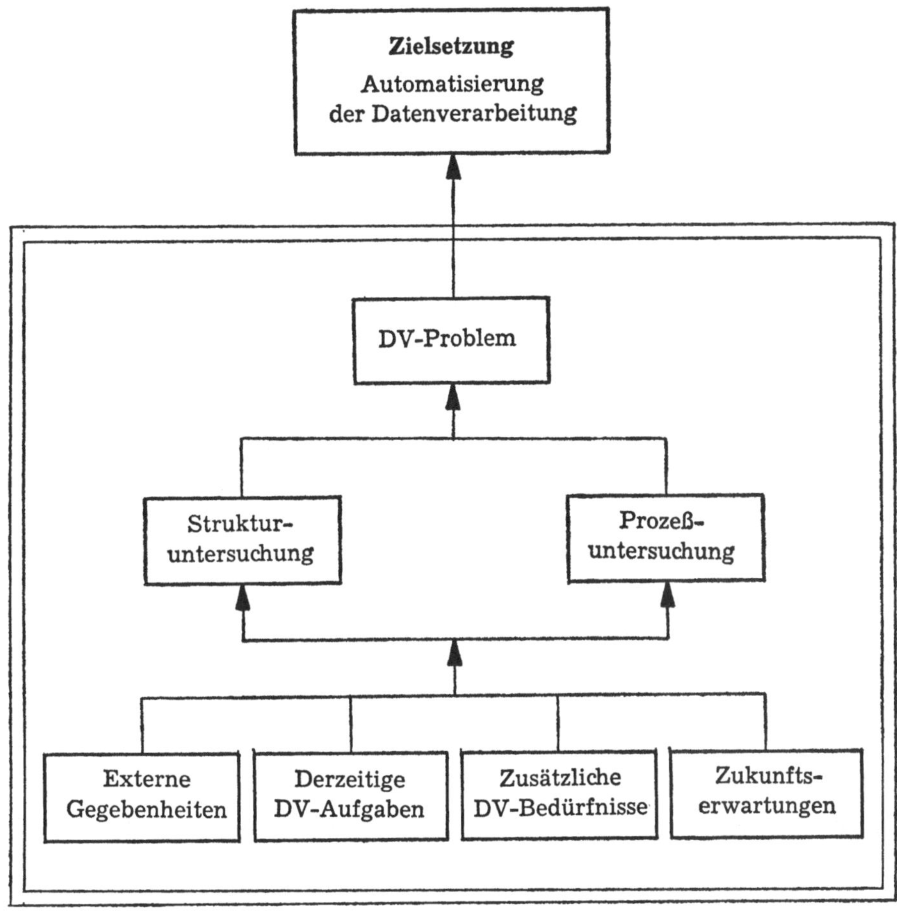

Abbildung 4

Erhebungsfeld

und der Zielvorstellung besteht, die man mit dieser Istaufnahme verbindet. Eine solche Zielsetzung ist zwar schon durch das Thema dieser Studie gegeben: Es wird hier ausschließlich über Datenverarbeitungsprobleme im Hinblick auf die Einführung automatischer Datenverarbeitungsanlagen gesprochen. Diese allgemeine Ausrichtung reicht aber bei der Komplexität der Datenverarbeitung nicht aus, um exakt festzustellen, welche Faktoren in einem konkreten Falle einen ganz bestimmten Istaufnahme-Umfang ergeben. In Abhängigkeit von der Zielsetzung wird der Gegenstand der Istaufnahme zusätzlich durch mehrere Bestimmungsfaktoren fixiert. Im einzelnen wird auf diese Faktoren in den nachfolgenden Abschnitten eingegangen.

1. Untersuchungsabhängige Faktoren

Mit einer Istaufnahme kann die Absicht verbunden sein, Aussagen über den Istzustand der Datenverarbeitung in einer einzigen Abteilung oder eines einzigen Aufgabengebietes einer Unternehmung zu erzielen. Diese Art des Vorgehens kennzeichnet vor allem die ersten Ansätze zur Einführung von automatisierten Datenverarbeitungsverfahren in den Unternehmungen. Heute geht man mehr und mehr dazu über, größere Bereiche in eine Untersuchung einzubeziehen[6]), da erkannt wurde, daß eine ADV-Anlage um so wirtschaftlicher arbeiten kann, je mehr Aufgaben mit ihrer Hilfe abgewikkelt werden. Der Auftrag für eine Istaufnahme wird daher in zunehmendem Maße nicht nur kleinere Aufgabengebiete, sondern Bereiche, ganze Filialen oder die Gesamtunternehmung umfassen. Zusätzliche Gesichtspunkte ergeben sich für die Istaufnahme in qualitativer und quantitativer Hinsicht, wenn das Untersuchungsgebiet einen Konzern umschließt oder eine zwischenbetriebliche Integration von bestimmten Teilaufgaben rechtlich selbständiger Unternehmungen vorgesehen ist. Schließlich sind Istaufnahmen denkbar, die eine gesamte Branche einer oder verschiedener Volkswirtschaften umfassen.

Neben diesem Abstecken des Erhebungsfeldes ergibt sich der Aufnahme-Umfang bei der Istaufnahme durch unterschiedliche Aufgabenstellungen, die einer Istaufnahme alternativ oder nacheinander zugrunde liegen können.

11. Art der Aufgabenstellung

Je nachdem, welche unterschiedliche Aufgabenstellungen im Vordergrund stehen, ergeben sich in der Durchführung der Istaufnahme eines Datenverarbeitungsproblems voneinander unterschiedliche Intensitätsgrade. Soll das Untersuchungsergebnis als Entscheidungshilfe dafür dienen, ob ein vorhandenes Datenverarbeitungssystem automationswürdig ist — dies kann z. B. global durch eine Betriebsbegehung festgestellt werden —, so wird eine Grobstudie zu einer solchen Orientierung ausreichen, die nur wenig Zeit in Anspruch nehmen darf. Eine Fülle von Einzelaufgaben würde hier eher verwirren und die zu treffenden Entscheidungen erschweren. Es genügt das Herausgreifen von für die Automatisierbarkeit von Datenverarbeitungsaufgaben typischen Kennzeichen, wie Kosten- und Vermögensstruktur, Personalstruktur sowie Vorstellungen über das Datenvolumen und über besondere externe Gegebenheiten.

Dagegen wird der Umfang der Istaufnahme von der Intensität her größer sein, wenn die Entscheidung zugunsten einer Umstellung des Datenverarbeitungsverfahrens bereits gefallen ist und nun detaillierte Unterlagen als Ausgangsbasis für eine neue Sollkonzeption auszuarbeiten sind. Die vorliegende

---

[6]) Vgl. Heilmann, H. u. W.; Reblin, E.: Einsatzplanung für eine Datenverarbeitungsanlage. Stuttgart 1968, S. 77 u. 80.

Grobstudie kann nun als Vorstudie bezeichnet werden, der detaillierte Erhebungsarbeiten nachfolgen müssen. Hier gilt es, Planungsunterlagen zu entwickeln, bei denen globale Aussagen nicht genügen. Es wird im Gegenteil darauf ankommen, möglichst viele ins einzelne gehende und differenzierte Angaben zu erhalten. Nur eine solche eingehende Betrachtung wird es dem Systemanalytiker später ermöglichen, aus dem Ergebnis der Istaufnahme eine Sollkonzeption abzuleiten. Versäumnisse in dieser Hinsicht müssen daher zwangsläufig die Erarbeitung geeigneter Sollkonzeptionen erschweren.

Die vorstehend angestellten Überlegungen hinsichtlich des unterschiedlichen Umfangs (Intensitätsgrad) der anzustellenden Untersuchung gelten gleichfalls für den in der Praxis nicht seltenen Fall der Verfahrensübernahme. Auch hier wird eine Grobstudie genügen, um festzustellen, ob die Übernahme eines bestimmten Verfahrens den eigenen Verhältnissen in der Unternehmung gerecht wird. Kann das fremde Verfahren prinzipiell übernommen werden, müssen die betrieblichen Daten erfaßt und entsprechend den Anforderungen der Sollkonzeption einer ins einzelne gehenden Aufbereitung unterzogen werden.

12. Angestrebter Integrationsgrad

Wenn in einer Unternehmung die Entscheidung zugunsten eines automatisierten Datenverarbeitungsverfahrens gefallen ist, bestehen im Zeitpunkt der Istaufnahme in manchen Fällen bereits Vorstellungen über den anzustrebenden Integrationsgrad innerhalb der Unternehmung. Diese Vorstellungen müssen im Rahmen der Istaufnahme berücksichtigt werden. Es ergibt sich dann in der Regel mit zunehmendem Integrationsgrad die Notwendigkeit, größere Datenmengen nach einheitlichen Gesichtspunkten unter Berücksichtigung ihrer Abhängigkeiten und Zugehörigkeiten zu erfassen und zu analysieren.

Die Aufgabenstellung der Istaufnahme eines Datenverarbeitungsproblems braucht nicht auf die Datenverarbeitung *einer* Unternehmung beschränkt zu bleiben. Vielfach lassen jeweils mehrere Unternehmungen ihre Datenverarbeitung oder Teile davon gemeinsam, etwa in Form von Buchungsgemeinschaften, durchführen. Hierfür können die verschiedensten Gründe maßgebend sein, auf die aber hier nicht näher eingegangen werden soll. Von dem jeweiligen Rechenzentrum sind dann die von den verschiedenen Unternehmungen gestellten Aufgaben in einem einheitlichen organisatorischen Zusammenhang zu sehen, um die Bearbeitung dieser Aufgaben in optimaler Weise koordinieren zu können. Das wird aber nur dann möglich sein, wenn die Istaufnahme der bei den beteiligten Unternehmungen bestehenden Datenverarbeitungsprobleme ebenfalls im Hinblick auf diese Zusammenhänge und nach einem einheitlichen Verfahren durchgeführt wird. Der Gegenstand der Istaufnahme kann in solchen Fällen je nach der Anzahl der an einer solchen Buchungsgemeinschaft beteiligten Unternehmungen und je nach dem Volumen der von diesen Unternehmungen gestellten Aufgaben sehr umfangreich sein. Er wird aber darüber hinaus auch von dem Grad der Heterogenität dieser verschiedenen Aufgabenstellungen bestimmt. Eine Istaufnahme, deren Gegenstand der Kontokorrent-Verkehr mehrerer Geldinstitute ist, wird im allgemeinen weniger umfangreich und diffizil sein als eine Istaufnahme, die das Rechnungswesen mehrerer Unternehmungen aus unterschiedlichen Branchen in einem organisatorischen Zusammenhang zu sehen hat.

Der Gegenstand der Istaufnahme wird sich auch dann nicht auf die Datenverarbeitung einer einzelnen Unternehmung beschränken können, wenn eine zwischenbetriebliche Integration z.B. in der Weise beabsichtigt ist, daß mehrere Unternehmungen im Rahmen eines zwischenbetrieblichen Datenflusses denselben maschinell lesbaren Datenträger oder nur ein gleiches Schlüsselzahlensystem oder etwas Ähnliches gemeinsam verwenden wollen. Gleichgültig, ob das Ergebnis einer solchen Istaufnahme eine Entscheidungs- oder eine Planungsunterlage darstellen soll, wird es hierbei ganz besonders darauf ankommen, die Zielvorstellungen so exakt wie nur irgend möglich zu präzisieren. Es handelt sich hier in der Regel nur um begrenzte Aufgaben, die aber eine sehr große Untersuchungsintensität erfordern.

Was hier über den Gegenstand von Istaufnahmen gesagt wurde, die mehrere Unternehmungen umfassen, gilt analog auch im Hinblick auf mehrere Unternehmungsbereiche oder mehrere zu einer Unternehmung gehörende Betriebe, die hinsichtlich ihrer Datenverarbeitung genauso oder ähnlich wie rechtlich und wirtschaftlich selbständige Unternehmungen gestellt sind.

2. Objektabhängige Faktoren

Neben den untersuchungsabhängigen Faktoren sind es einige weitere Faktoren, die den Umfang der Istaufnahme beeinflussen. Sie seien hier unter dem Begriff „objektabhängige Faktoren" zusammengefaßt. Es handelt sich dabei im folgenden in erster Linie um Einflüsse, die sich aus der Art der Unternehmungsaufgabe und der Art ihrer gegenwärtigen Erfüllung ableiten lassen.

21. Die Art der Unternehmungsaufgabe

Wenn eine Unternehmung Konsumgüter produziert, wird der Gegenstand der Istaufnahme zum Teil von anderen Faktoren bestimmt, als wenn sie Investitionsgüter mit einer langen Fertigungsdauer herstellt. Der Gegenstand der Istaufnahme in einem Produktionsbetrieb unterscheidet sich von dem in einem Dienstleistungsbetrieb. Für eine Unternehmung der öffentlichen Energieversorgung sind bezüglich des Gegenstandes der Istaufnahme eines Datenverarbeitungsproblems andere Faktoren relevant als gegebenenfalls bei gleicher Zielsetzung für eine Maschinenfabrik.

Jede Branche hat also für den Istaufnehmer ihre Probleme und Besonderheiten und bedingt damit eine eigene Prägung des Gegenstandes der Istaufnahme. Auf der einen Seite können solche Besonderheiten erschwerend wirken, andererseits kann der Gegenstand dadurch transparenter werden, daß man sich an Erfahrungen (sofern vorhanden) bei anderen branchengleichen Unternehmungen anlehnen kann.

Innerhalb einer Branche wiederum wird der Gegenstand der Istaufnahme Unterschiede in Umfang und Komplexität aufweisen, je nachdem, wie im Einzelfall das Fertigungsprogramm gestaltet ist. Die verschiedenartigen Probleme bei mehrstufigen Produktionsbetrieben mit Auftrags-, Serien- und Einzelfertigung werden sich auch im Rahmen einer Istaufnahme bemerkbar machen.

22. Die Basis der Untersuchung

Der Organisator kann zu Beginn einer Istaufnahme in der Praxis ganz unterschiedliches Ausgangsmaterial vorfinden, auf das er sich bei seinen Untersuchungen stützen kann. Denkbar ist, daß Unterlagen von einer früheren Istaufnahme zur Verfügung stehen oder daß eine Personengruppe sich mit dem Istzustand bereits einmal befaßt hat und mit ihren Erfahrungen zur Verfügung steht. Wo geeignete Unterlagen fehlen, die dem Organisator zu einer ersten Orientierung dienen können, und keinerlei Vorarbeiten, vielleicht im Zusammenhang mit anderen Aufgabenstellungen, aufzuweisen sind, wird der Aufnahme-Umfang naturgemäß größer sein.

Die Basis der Untersuchung wird auch dann zu einem Kriterium für den Gegenstand der Istaufnahme, wenn als Ausgangspunkt die programmierte Sollkonzeption z. B. einer anderen Unternehmung vorliegt. Man wird sich dann darauf beschränken können, gezielt bestimmte Größen in der eigenen Organisation zu erfassen. Anders verhält es sich, wenn sich die Untersuchung auf den Istzustand der eigenen Unternehmung beschränkt. Hier wird sich unter Umständen eine gewisse Redundanz bei der Aufnahme nicht vermeiden lassen, da konkrete Vorstellungen über den gewünschten Sollzustand erst nach Vorliegen der Istaufnahme-Ergebnisse entwickelt werden können. Diese kaum vermeidbare Redundanz beeinflußt also ähnlich wie die Art der Aufgabenstellung den Umfang des Gegenstandes der Istaufnahme.

23. Der angetroffene Istzustand

Der Istaufnehmer kann im Einzelfall auf unerwartete Schwierigkeiten stoßen, wenn er einen Bereich vorfindet, in dem Berichterstattung, Arbeitsanweisungen und Personal in ihrer Qualität unzulänglich sind.

In diesem Zusammenhang ist das Verhältnis, in dem ein vorhandenes und ein angestrebtes Datenverarbeitungsverfahren zueinander stehen, von

Bedeutung. Gemeint sind hier nicht in erster Linie die unterschiedlichen realtechnischen Mittel, sondern der erreichte Grad der Systematisierung und Schematisierung von Daten und Arbeitsabläufen. In aller Regel wird ein Zusammenhang zwischen den vorhandenen realtechnischen Mitteln und der erreichten Systematisierung bestehen. Manuelle Verfahren zwingen in der Regel nicht so stark zur Systematisierung und Schematisierung. Unter den mechanischen Verfahren bedingt das Lochkartenverfahren einen höheren Grad der Systematisierung. Der Formularaufbau der Lochkarte und die Ablaufvorschriften bei der Verwendung von Lochkartenmaschinen führen dazu. Hohe Anforderungen hinsichtlich der Logik und Systematik der Bearbeitung stellt auch der Einsatz einer automatischen Datenverarbeitungsanlage.

Je weitgehender eine solche Systematisierung und Schematisierung in dem jeweiligen Istzustand realisiert ist, um so einfacher wird eine Istaufnahme sein, deren Ergebnis die Arbeitsunterlage für die Einführung eines automatisierten Datenverarbeitungsverfahrens sein soll. In aller Regel wird der Gegenstand der Istaufnahme also weniger Schwierigkeiten aufweisen, wenn von einem vorhandenen automatisierten Datenverarbeitungsverfahren auf ein anderes oder von einem vorhandenen Lochkartenverfahren auf ein automatisiertes Datenverarbeitungsverfahren umgestellt werden soll, als wenn z. B. handschriftlich geführte Karteien, Listen, Konten usw. für ein automatisiertes Datenverarbeitungsverfahren umzustellen sind. Es soll aber noch einmal darauf hingewiesen werden, daß nicht das vorhandene realtechnische Mittel hierfür entscheidend ist, sondern der Grad der erreichten Systematisierung und Schematisierung. Es ist also durchaus möglich, daß gut durchdachte manuelle Verfahren dem Istaufnahmeteam weniger Schwierigkeiten bereiten als manches realisierte Lochkartenverfahren[7]).

Der Grad der Systematisierung bestimmt sich außerdem nach dem Stand der schriftlichen Berichterstattung und der Registrierung von Akten. Wenn eine klare und umfangreiche Dokumentation (siehe dazu Kapitel C. II. 3) vorliegt, bestehen für eine Istaufnahme günstige Voraussetzungen, die den Arbeitsumfang für das Untersuchungsteam wesentlich reduzieren können.

Ein weiterer wichtiger Faktor ist in der Qualität des Personals zu sehen, das im Untersuchungsbereich tätig ist. Bei qualitativ unzulänglichem Personal (Sachbearbeiter, die über ihr Arbeitsgebiet nur unzureichend informiert sind) und bei ungenauer Kompetenzabgrenzung wirkt sich das gerade dann auf den Umfang der Istaufnahme aus, wenn man aus anderen Gründen auf die Anwendung informantenintensiver Erhebungsmethoden angewiesen ist[8]).

---

[7]) Vgl. Laden, H. N.; Gildersleeve, T. R.: System Design for Computer Applications. New York - London 1963, S. 231 f.

[8]) Erhebungsmethoden werden im Kapitel C. II. 1., S. 125 ff. erläutert.

3. Übergeordnete unternehmerische Entscheidungen

Der Umfang des Untersuchungsobjektes sowie die Intensität, mit der es untersucht wird bzw. untersucht werden soll, lassen sich nicht immer allein aus dem zur Diskussion stehenden Datenverarbeitungsproblem und den das Problem direkt bestimmenden Faktoren ableiten.

Unternehmerische Entscheidungen, die die Unternehmung in ihrem Ganzen berücksichtigen oder auf der Hervorhebung eines anderen Teilbereichs bestehen, begrenzen das aufzunehmende Untersuchungsobjekt in engerer oder weiterer Form, als es nur das Datenverarbeitungsproblem nach sachlichen Gesichtspunkten tun könnte[9]). Eine Systematisierung aller möglichen, übergeordneten unternehmerischen Entscheidungen, die in dieser Form auf die Untersuchung Einfluß nehmen können, ist wegen ihrer praktisch unbegrenzten Zahl und ihrer vielfältigen Varianten nur schwer möglich. Es können lediglich einige Beispiele für diese Überlegungen angeführt werden:

So wird z. B. eine Unternehmung, die zwar die Notwendigkeit von Planungsüberlegungen über die Umstellung auf automatische Datenverarbeitungsanlagen erkannt hat, dann von der umfangreicheren Istaufnahme zur Verfahrensentwicklung absehen, wenn die Finanzierung derartiger Vorhaben wegen einer angespannten Liquiditätslage unmöglich ist.

In einer anderen Unternehmung könnte z. B. schon durch eine kurze Betriebsbegehung mit ziemlicher Sicherheit festgestellt werden, daß die vorkommenden Arbeiten sich nicht für die Übernahme auf automatische Datenverarbeitungsanlagen eignen. Da die Unternehmungsführung aber aus Prestigeüberlegungen auf einem Rechenzentrum besteht, müssen trotzdem eingehende Istaufnahmen für Verfahrensentwicklungen durchgeführt werden.

In einer dritten Unternehmung ist man sich z. B. darüber klar, daß die Einführung von neu zu entwickelnden automatisierten Datenverarbeitungsverfahren noch über Jahre hinaus unwirtschaftlich ist. In dem Bestreben, sich auch in Zukunft von einem als angespannt angenommenen Arbeitsmarkt soweit als möglich unabhängig zu machen, kann die Unternehmungsführung dennoch schon heute die Einführung eines ADV-Systems beschließen.

An diesen drei Beispielen sollte kurz gezeigt werden, wie vielfältig die Entscheidungen sind, die — sachlich aus dem Datenverarbeitungsproblem allein nicht begründbar — einen Einfluß auf das Untersuchungsobjekt haben. Derartigen Einflüssen ist bei jeder Istaufnahme sorgfältig Beachtung zu schenken, da sie meist nicht exakt formuliert sind und häufig nicht in der gezeigten, prägnanten Art ins Auge springen. Übersieht man diese übergeordneten

---

[9]) Vgl. Laden, H. N.; Gildersleeve, T. R.: System Design for Computer Applications. New York - London 1963, S. 236 f.

unternehmerischen Entscheidungen bei der Durchführung der Istaufnahme, so kann sie u. U. wertlos sein, und man muß sie teilweise oder vollständig wiederholen.

Das Urteil des Istaufnehmers, möglichst in Form einer schriftlich fixierten Vorstudie, sollte nach Möglichkeit unternehmerische Entscheidungen, die sich nicht an den organisatorischen Notwendigkeiten orientieren, zu verhindern suchen. Denn es besteht sonst die große Gefahr, daß die Organisation der Unternehmung auf eine bestimmte ADV-Anlage zugeschnitten werden muß. Ein wirtschaftlicher Einsatz der ADV-Anlage wird jedoch nur dann erreicht, wenn die organisatorischen Bedürfnisse als Ausgangspunkt für die Auswahl der richtigen Anlage genommen werden[10]).

Bestimmungsfaktoren für den Istaufnahme-Umfang		
Untersuchungsabhängige Faktoren	Objektabhängige Faktoren	*Übergeordnete unternehmerische Entscheidungen*
Art der Aufgabenstellung	Art der Unternehmungsaufgabe	
Umfang des Untersuchungsobjekts	Basis der Untersuchung	
Angetroffener Istzustand	Angestrebter Integrationsgrad	

Tab. 1

III. Die Strukturelemente der Unternehmung

Bei einer Istaufnahme, die auf die Vorbereitung des Einsatzes von ADV-Anlagen ausgerichtet ist, steht naturgemäß die Erfassung der Daten und ihrer Zusammenhänge im Vordergrund. Zuvor ist jedoch eine Reihe von Elementen in die Untersuchung einzubeziehen, weil sie die Struktur der Daten und die Verarbeitungsbedingungen für die Daten wesentlich beeinflussen.

Ausgangspunkt für derartige Überlegungen ist zunächst die in Aussicht genommene Änderung des Sachmitteleinsatzes. Durch die Verwendung von ADV-Anlagen wird die Zusammensetzung der in der Unternehmung bisher eingesetzten Sachmittel geändert[11]). Dies hat zur Folge, daß unter Umständen auch die Struktur bzw. die Zusammensetzung anderer Elemente, wie z. B. Personal, Kapital und Raum, beeinflußt werden, deren Änderung in

---

[10]) Vgl. Heilmann, H. u. W.; Reblin, E.: Einsatzplanung für eine Datenverarbeitungsanlage. Stuttgart 1968, S. 83.

[11]) Vgl. Grochla, Erwin: Automation und Organisation. . . ., a. a. O., S. 89.

qualitativer und quantitativer Form sich in der Regel wiederum auf die Datenstruktur und den Datenfluß auswirken wird.

Es ist nun nicht mehr Gegenstand der Istaufnahme, diese Einflüsse zu untersuchen und zu bewerten, da dies konkrete Vorstellungen über das erst zu schaffende neue Datenverarbeitungssystem erfordern würde. Wohl aber ist die derzeitige Struktur der angesprochenen Elemente zu untersuchen[12]), damit zu einem späteren Zeitpunkt das Ausmaß der Reaktion oder der möglichen Anpassung der Strukturelemente an das neue Verfahren bei verändertem Sachmitteleinsatz festgestellt werden kann.

Um eine unwirtschaftliche Arbeitsweise zu vermeiden, kommt es dabei darauf an, selektiv vorzugehen und nur solche Strukturelemente in die Untersuchung einzubeziehen, die im Sinne der Zielsetzung der Istaufnahme von Belang sind.

Ein weiterer Grund läßt es angebracht erscheinen, neben den Daten und ihren Zusammenhängen auch die in diesem Zusammenhang wesentlichen Strukturelemente der Unternehmung in die Istaufnahme einzubeziehen. Während man die Daten selbst in ihrer Struktur und in ihren Eigenschaften auch losgelöst von der Struktur der Unternehmung betrachten könnte, trifft das für Abläufe, also für die Verarbeitung von Daten, nicht zu. Diese sind immer an einen gegebenen strukturellen Aufbau gebunden, der letztlich den Rahmen für diese Vorgänge und Abläufe darstellt.

Schließlich müssen die Strukturelemente als Grundlage für spätere Wirtschaftlichkeitsüberlegungen erfaßt werden. Wie allem betriebswirtschaftlichen Denken und Handeln wird auch der Einführung eines neuen Datenverarbeitungsverfahrens immer — wenn auch nicht allein — das Streben nach einer größeren Wirtschaftlichkeit im Vergleich zu einem vorher verwandten Verfahren zugrunde liegen. Um in dieser Beziehung Aussagen machen zu können, müssen selbstverständlich die Kosten, die sich bei den verschiedensten Verfahren ergeben, festgestellt werden. Somit hat die Istaufnahme auch für einen Wirtschaftlichkeitsvergleich, soweit es die Kosten des Istzustandes betrifft, die Voraussetzungen zu schaffen, wenn auch der Vergleich selbst nur nach Realisierung der Sollkonzeption möglich sein wird.

1. Rechtsform und Kapitalverhältnisse

In der Regel wird bei einer Istaufnahme eine der ersten Fragen die Rechtsform der Unternehmung betreffen (auch dann, wenn die Untersuchung nur für einen Teil der Unternehmung durchzuführen ist), weil sich daraus vielfach bestimmte, die Unternehmung kennzeichnende Eigenheiten ergeben. Für eine Aktiengesellschaft gelten vor allem im Bereich des Rechnungs-

---

[12]) Vgl. Gregory, Robert H.; van Horn, Richard L.: Automatic Data-Processing Systems. Belmont 1962, S. 391.

wesens z. T. andere die Datenverarbeitung betreffende Formalvorschriften als für eine GmbH und für eine OHG andere als für eine Genossenschaft. Es wird, abhängig von der Zielsetzung der Istaufnahme, aber vielfach gar nicht ausreichend sein, festzustellen, daß man es z. B. mit einer Aktiengesellschaft zu tun hat, denn in einer Familienaktiengesellschaft werden die Einflüsse der Unternehmungsform auf die Datenverarbeitung vielfach andere sein als in einer AG mit breit gestreutem Aktienkapital (z. B. beim Entscheidungsprozeß). Das gilt analog auch für die anderen Unternehmungsformen.

Neben der Rechtsform der Unternehmung kann auch die individuelle Struktur des Unternehmungskapitals und die Art der Finanzierung der Unternehmung insgesamt für die Istaufnahme von Belang sein. Hier sei an die Ausführungen erinnert, die in dem Abschnitt B. II. 3. über die Einflüsse übergeordneter unternehmerischer Entscheidungen gemacht wurden. Hierzu können auch, je nach der Aufgabenstellung für die Istaufnahme, die kapitalmäßigen und rechtlichen Verbindungen zu anderen Unternehmungen gehören. Bilanzanalyse oder Bilanzkritik sind natürlich nicht Gegenstand einer Istaufnahme; diese Dinge sind — um das noch einmal zu betonen — im Rahmen der Aufgabenstellung nur soweit von Bedeutung, wie sie die Daten der Unternehmung und ihre Verarbeitung und die in dieser Hinsicht zu treffenden Planungen beeinflussen können. Hierfür allgemeingültige Kriterien zu nennen, wird sehr schwer sein; die aus den hier genannten Aspekten in die Istaufnahme einzubeziehenden Gegebenheiten können von Fall zu Fall recht unterschiedlich sein. Gerade auf diesem Gebiet wird es der Erfahrung und auch eines gewissen „Fingerspitzengefühls" bedürfen, um zu aussagefähigen Ergebnissen zu kommen.

Nachdem gezeigt wurde, daß durch die Rechtsform und durch die Art der Finanzierung die Unternehmungsstruktur bereits global festgelegt ist und diese Ausrichtung sich auch auf den zu erfassenden Datenverarbeitungsprozeß auswirkt, sollen die eigentlichen sichtbaren Strukturelemente der Unternehmung beschrieben werden.

2. Standort

Ein im Rahmen der Istaufnahme zu erfassendes wichtiges Strukturelement der Unternehmung ist der Standort, und zwar in verschiedener Hinsicht.

Manche Vorschriften für Steuern und Gebühren und sonstige Abgaben sind regional unterschiedlich, d. h. abhängig vom Standort der Unternehmung. Als Beispiele seien die Grundsteuer und die Lohnsummensteuer genannt. Diese standortabhängigen Gegebenheiten sind als externe Einflußgrößen für die Datenverarbeitung der Unternehmung zu berücksichtigen.

Der Standort der Unternehmung ist im Zusammenhang mit der Datenverarbeitung auch in personeller Hinsicht zu untersuchen. Es sind z. B. Überlegungen darüber anzustellen, ob der durch die Einführung eines ADV-

Systems entstehende Personalbedarf in der erforderlichen Qualifikation am Standort der Unternehmung gedeckt werden kann. Gleichzeitig ist festzustellen, ob durch die etwaige Freistellung von Arbeitskräften aufgrund der Standortgegebenheiten Schwierigkeiten entstehen können. Für eine Unternehmung, die ihren Standort in einer vornehmlich agrarwirtschaftlich orientierten Region hat, sind in dieser Hinsicht ganz andere Voraussetzungen gegeben als für eine Unternehmung, die im Zentrum eines hochindustrialisierten Gebietes liegt. Weiterhin ist z. B. zu fragen, in welcher Relation die örtlichen Verkehrsverhältnisse und die gegenwärtigen und evtl. zu planenden Arbeitszeiten zueinander stehen. Vor allem bei dem Übergang auf mehrere Arbeitsschichten, wie es sich bei der Einführung von ADV-Systemen vielfach nicht vermeiden läßt, ist zu untersuchen, ob die betreffenden Mitarbeiter unter normalen Verhältnissen rechtzeitig zu ihrem Arbeitsplatz kommen können und ob nach Beendigung der Arbeitszeiten keine zu großen Wartezeiten entstehen.

Sodann sind vielfach im Zusammenhang mit der Datenverarbeitung der Unternehmung auch die sich aufgrund ihres Standortes (und natürlich auch aufgrund ihrer Produkte oder Dienstleistungen) ergebenden Transportfunktionen näher zu untersuchen. Unternehmungen, die weit von ihren Märkten entfernt liegen, sind auch im Rahmen ihrer Datenverarbeitung z. T. vor andere Aufgaben gestellt als solche, die ihre Kunden ausschließlich am eigenen Standort haben. Als Beispiel seien ein Warenhaus mit ortsansässiger Kundschaft und eine Versandhandelsunternehmung genannt, die im übrigen sogar beide über ein ähnliches Warensortiment verfügen können. Die unterschiedlichen regionalen Zielsetzungen wirken sich nicht nur ganz allgemein auf den Prozeß der betrieblichen Leistungserstellung aus, sondern sie beeinflussen auch die Datenverarbeitung der Unternehmung.

Schließlich sei hier auch noch auf die Besonderheiten hingewiesen, die sich dann ergeben, wenn verschiedene Unternehmungsbereiche unterschiedliche Standorte haben. Je größer das Kommunikationsbedürfnis zwischen diesen verschiedenen Unternehmungsbereichen ist, um so größer wird der Einfluß sein, den die unterschiedlichen Standorte auf die Datenverarbeitung haben, und um so mehr wird sich das Istaufnahmeteam auch hiermit befassen müssen. In allen Einzelheiten sind im Rahmen der Istaufnahme neben dem materiellen Inhalt sowohl die Wege als auch die Verfahren aufzunehmen, die in dieser sich zwischen den verschiedenen Unternehmungsbereichen abwickelnden Kommunikation eine Rolle spielen.

3. Organisationsstruktur

Von besonderer Bedeutung für die Istaufnahme eines Datenverarbeitungsproblems ist die organisatorische Gliederung, insbesondere die hierarchische Struktur der Unternehmung. Spielt sich doch die gesamte Datenverarbeitung sozusagen vor dem Hintergrund dieses organisatorischen Gefüges ab[13]). Diesem Element wird sich eine Istaufnahme darum in jedem Falle in besonderem Maße zuzuwenden haben. Je nach der Aufgabenstellung kann es sich hierbei auch nur um die Erfassung des organisatorischen Aufbaues eines einzelnen Unternehmungsbereichs oder einer einzelnen Abteilung handeln.

Die Erfassung dieses Komplexes wird aus verschiedenen Gründen einen Schwerpunkt der Istaufnahme eines Datenverarbeitungsproblems darstellen müssen. Einmal werden vielfach erst hierdurch sowohl einzelne Abläufe als auch die gesamte Datenverarbeitung in ihren Zusammenhängen zu übersehen sein. Ein Informationsfluß wird vielfach erst vor dem Hintergrund des Organisationsplans verständlich und umgekehrt. Zum anderen wird der organisatorische Aufbau der Unternehmung auch ein wesentliches Kriterium für die aus dem Ergebnis der Istaufnahme abzuleitenden Planungen sein, denn genauso, wie dieser Aufbau der Rahmen für den Istzustand ist, muß er auch der Rahmen für den Sollzustand sein. Dabei wird es in der Regel so sein, daß die Realisierung einer Sollkonzeption zu einer veränderten organisatorischen Gliederung der Unternehmung oder zur Veränderung der Gliederung von Unternehmungsbereichen führt.

Aus dem Wesen der Datenverarbeitung ergibt sich, daß der organisatorische Aufbau insbesondere bezüglich derjenigen Abteilungen, die unmittelbar an den aufzunehmenden Arbeitsabläufen beteiligt sind, gegebenenfalls bis zum einzelnen Arbeitsplatz verfolgt, erfaßt und dargestellt werden muß.

Bei jeder Abteilung ist zu prüfen, ob sie Stabs- oder Linienfunktion hat, da diese Kriterien z. B. im Zusammenhang mit dem Entscheidungsprozeß, aber auch im Hinblick auf weitere Gegebenheiten, die für die Datenverarbeitung von Belang sind, wichtig sein können.

Vorliegende Organisationspläne und Arbeitsplatzbeschreibungen können die Istaufnahme wesentlich erleichtern; häufig werden die vorhandenen Organisationspläne aber im Hinblick auf die konkrete Zielsetzung der Istaufnahme zu modifizieren und zu ergänzen sein. Wenn solche Pläne nicht vorhanden sind — in vielen Unternehmungen wird vornehmlich aus psychologischen Gründen bewußt darauf verzichtet —, müssen sie im Sinne der Zielsetzung der Istaufnahme angefertigt werden, und zwar am besten in einem möglichst frühzeitigen Stadium der Untersuchung. Dabei sollte versucht werden, psychologische Hemmnisse und Schwierigkeiten dadurch zu überwinden, daß man explizit zum Ausdruck bringt, daß es hierbei nicht auf die formale Hierarchie, sondern ausschließlich auf die Funktionszusammenhänge ankommt.

Parallel zu der in einem solchen Organisationsplan zum Ausdruck kommenden Hierarchie wird man praktisch auch in jeder Unternehmung von einer

---

[13]) Vgl. Laden, N. H.; Gildersleeve, R. T.: System Design for Computer Applications . . ., a. a. O., S. 230 u. 235.

zweiten, informellen Verantwortungs- und Entscheidungshierarchie sprechen können, die, unabhängig von dem Ausmaß, in dem Entscheidungsbefugnisse und Verantwortungen formal delegiert sind, abweichend von der organisatorischen Struktur aufgebaut sein können. Außerdem ist festzustellen, in welchem Umfange Gruppenentscheidungen, die außerhalb von Ausschüssen oder sonstigen formalen Instanzen getroffen werden, die Datenverarbeitung tangieren. Auch von der Erfassung dieser Gegebenheiten, die für den strukturellen Aufbau einer Unternehmung kennzeichnend sind, kann der Wert einer Istaufnahme wesentlich abhängig sein.

4. Personal

Ein weiteres wesentliches Element für die Istaufnahme ist die personelle Struktur der Unternehmung[14]). Diese ist sowohl quantitativ als auch qualitativ zu sehen. In dieser Hinsicht steht das Istaufnahmeteam vor einer formal relativ einfachen, praktisch aber meist recht diffizilen Aufgabe.

Im Grunde handelt es sich darum, zunächst einmal rein quantitativ alle für die Datenverarbeitung relevanten Personen festzustellen.

Das gilt einmal im Hinblick auf alle Beschäftigten, die Objekte der Datenverarbeitung sind, also z. B. im Zusammenhang mit der Lohn- und Gehaltsabrechnung alle Angestellten und Arbeiter mit den verschiedenen für sie gültigen Merkmalen, soweit diese für die Datenverarbeitung von Bedeutung sind. Das gilt zum zweiten besonders für diejenigen Mitarbeiter, die selber Träger der Datenverarbeitung sind. Jeder Arbeitsplatz ist in seiner personellen Besetzung unter gleichzeitiger Angabe der von jedem Beschäftigten durchgeführten Arbeiten zu erfassen.

Soweit es sich hierbei nur um quantitative Feststellungen handelt, sind die anzustellenden Erhebungen nicht sonderlich schwer; wenn aber auch qualitative Gesichtspunkte eine Rolle spielen, steht das Aufnahmeteam manchmal vor schwierigen Aufgaben. Insbesondere dann, wenn die Istaufnahme die Basis für eine Sollkonzeption sein soll, läßt es sich nicht vermeiden, die fachlichen und z. T. auch die menschlichen Qualifikationen derjenigen Mitarbeiter zu erfassen, die in der Zukunft Aufgabenträger im Rahmen des geplanten Datenverarbeitungsverfahrens sein sollen. Im Prinzip muß dieser Teil der Istaufnahme darauf hinauslaufen, festzustellen, in welchem Umfange der Personalbedarf für ein in der Zukunft einzuführendes ADV-System aus dem gegenwärtigen Personalbestand gedeckt werden kann. Es ist aber z. B. auch an den Altersaufbau zu denken in der Erkenntnis, daß ältere Menschen vielfach nicht in der Lage und auch nicht bereit sind, zusätzliches Wissen zu erwerben oder sich veränderten Verhältnissen anzupassen. Um gerade im Zusammenhang mit diesen personellen Problemen aussagefähige Ergebnisse zu

---

14) Vgl. Kramer, Rolf: Grundlagen einer systematischen Planung der Büroarbeit. In: Bürowirtschaftliche Forschung, hrsg. von Erich Kosiol. Berlin 1961, S. 152 f.

erreichen, wird es darauf ankommen, eine Istaufnahme auch psychologisch geschickt vorzubereiten und durchzuführen (siehe hierzu auch Kapitel C. I. 3.).

Schließlich sei darauf hingewiesen, daß auch Feststellungen im Hinblick auf personelle Reserven getroffen werden sollten, auf die bei der Einführung eines neuen Verfahrens zurückgegriffen werden oder die man vielleicht auch nach der Einführung dieses Verfahrens abbauen könnte.

5. Raum

Die Effizienz jeglicher Datenverarbeitung, gleichgültig, mit welchen Sachmitteln sie durchgeführt wird, ist nicht nur von logisch richtigen und zweckmäßigen Arbeitsabläufen abhängig, sondern auch von einer im Sinne dieser Abläufe und sonstiger Gegebenheiten zweckmäßigen Anordnung und Gestaltung der Räume, in denen sich die Arbeitsabläufe vollziehen, und der in diesen Räumen untergebrachten Arbeitsplätze[15]). Was dabei unter zweckmäßiger Anordnung und Gestaltung konkret zu verstehen ist, wird maßgeblich durch das angewandte Datenverarbeitungsverfahren bestimmt, das seinerseits wiederum wesentlich durch die verwandten Sachmittel determiniert ist. Ein Verfahren, bei dem Buchungsmaschinen eingesetzt werden, stellt zum Beispiel andere Anforderungen an die Gestaltung der Räume und ihre Lage zueinander als ein viel weitgehender zur Zentralisierung der Abläufe zwingendes automatisiertes Datenverarbeitungsverfahren.

Eine im Sinne eines Datenverarbeitungsverfahrens optimale Anordnung der benötigten Räume und Arbeitsplätze wird wesentlich leichter sein, wenn die entsprechenden Bedürfnisse schon bei der Planung von Naubauten berücksichtigt werden können. Das wird aber auf Sonderfälle beschränkt sein. Im Regelfall wird es bei der Einführung eines automatisierten Datenverarbeitungsverfahrens im Grunde bei den vorhandenen baulichen Gegebenheiten bleiben müssen, es werden lediglich in einem beschränkten Umfange Umbauten möglich sein. Unabhängig davon, ob Umbauten erforderlich und möglich sind, wird in jedem Falle eine dem geplanten Verfahren angepaßte neue Belegung der Räume zu planen sein, und es muß nach einer sachgerechten Einrichtung dieser Räume einschließlich der Gestaltung der Arbeitsplätze gesucht werden.

Für den Istaufnehmer ergeben sich in dieser Hinsicht im Regelfall vornehmlich zwei Aspekte. Zunächst einmal hat er die physischen räumlichen Gegebenheiten aufzunehmen, und zwar sowohl in ihrer Gesamtheit als auch im Hinblick auf den einzelnen Raum. Zusätzlich sind die betreffenden Räume aber auch im Sinne der sich in ihnen vollziehenden Arbeitsabläufe und Funktionen zu gruppieren und zueinander in Beziehung zu setzen. Dabei stehen Fragen der möglichen Änderung durch Umbau und der Eignung der Räume

---

[15]) Vgl. Kramer, Rolf: Grundlagen einer systematischen Planung der Büroarbeit..., a. a. O., S. 160 f.

für bestimmte innerhalb der Datenverarbeitung zu vollziehende Funktionen im Vordergrund.

Zweitens sind die einzelnen Arbeitsplätze und Arbeitsplatzgruppen in ihrer funktionellen Abhängigkeit und ihrer räumlichen Zuordnung zu erfassen. In der Praxis werden diese räumlichen Aspekte häufig außer acht gelassen, obwohl ihre Bedeutung offenkundig ist. Oft glaubt man, es bei einer gegebenen, in vielen Jahren gewachsenen räumlichen Anordnung belassen zu können. Dabei wird versucht, über die eingangs erwähnte Tatsache hinwegzusehen, daß jedes Datenverarbeitungsverfahren wegen der voneinander abweichenden Arbeitsabläufe unterschiedliche Kriterien für die Zweckmäßigkeit der räumlichen Anordnung und der Raumgestaltung hat[16]). Mit einer systematischen Istaufnahme, die auch diese Aspekte berücksichtigt, wird man dieser Gefahr begegnen können.

Es wird notwendig sein, die Räumlichkeiten der Verwaltung auch in ihrer Gesamtheit aufzunehmen, um später entscheiden zu können, ob eine einzurichtende Datenverarbeitungsstelle überhaupt in dem vorhandenen Gebäude untergebracht werden kann und in welchem Umfange gegebenenfalls bauliche Veränderungen erforderlich werden[17]).

Die physischen Eigenschaften der für die Einrichtung der Datenverarbeitungsstelle in Frage kommenden Räume müssen aufgenommen werden, um festzustellen, in welchem Umfange die nun in diesem Zusammenhang relevanten Voraussetzungen jeweils gegeben sind. Hierbei sind u. a. folgende Daten zu ermitteln: Fläche, Höhe, Beleuchtung, Klimatisierung, Voraussetzung für eine Klimatisierung, Geräuschpegel, Voraussetzungen für Schalldämpfung, Tragfähigkeit des Fußbodens usw.

Im Hinblick auf die gegebene Anordnung und Gestaltung der Arbeitsplätze könnte man die Meinung vertreten, daß diese für eine Istaufnahme, die Teil der Vorbereitungen zur Einführung eines ADV-Systems ist, irrelevant seien, weil sie mit Einführung dieses Verfahrens durch andere ersetzt würden, das bestehende Verfahren aber nicht Untersuchungsobjekt der Istaufnahme sei. Das trifft jedoch aus mehreren Gründen nicht zu.

Im Regelfall wird keine Verwaltung in all ihren Funktionen auf ein einzuführendes automatisiertes Datenverarbeitungsverfahren umzustellen sein, es verbleibt also immer ein von Fall zu Fall unterschiedlich großer Rest an Aufgaben, die mit anderen Mitteln und Verfahren bearbeitet werden müssen. Für die Erfüllung dieser Aufgaben müssen auch nach der Einführung eines automatisierten Datenverarbeitungsverfahrens die räumlichen Voraussetzungen gegeben sein. Andererseits bestimmt sich hieraus derjenige Raumanteil,

---

[16]) Vgl. Grochla, Erwin: Der Einfluß der Automatisierung auf die Unternehmungsorganisation. Zeitschrift für Betriebswirtschaft, 36. Jg. 1966, S. 286.

[17]) Bezüglich der räumlichen Probleme bei der Einrichtung einer Datenverarbeitungsstelle siehe: Studienkreis Dr. Meller: Die Gliederung der Datenverarbeitungsstelle und ihre Einordnung in die Organisation der Unternehmung. Wiesbaden 1967, S. 102 ff.

der für die Zwecke des einzuführenden ADV-Systems zur Verfügung gestellt werden kann. Mit dieser wechselseitigen Abhängigkeit hat sich die Istaufnahme auseinanderzusetzen.

Außerdem muß man versuchen, das Ausmaß der erforderlich werdenden räumlichen Veränderungen zu erkennen, und zwar aus mehreren Gründen, nicht zuletzt aber auch im Hinblick auf die später anzustellenden Kostenplanungen. Zum anderen muß eine spätere Umstellung in ihrem zeitlichen Nacheinander auch in räumlicher Hinsicht geplant werden, so daß z. B. in einer bestimmten Etappe der Umstellung nicht etwa die Arbeit B auf die Datenverarbeitungsanlage übernommen wird, während gleichzeitig die räumlichen Voraussetzungen für die Durchführung der Arbeit A, für die z. Z. noch andere Sachmittel eingesetzt sind, abgebaut werden. Auch für die in dieser Hinsicht notwendigen Planungen hat die Istaufnahme wesentliche Voraussetzungen zu schaffen.

Wie bei allen in die Zukunft gerichteten Überlegungen sollte auch bezüglich des Strukturelementes Raum an Reserven gedacht werden, um zukünftigen Entwicklungen Rechnung tragen zu können. Deshalb sollte auch das Vorhandensein räumlicher Ausweitungsmöglichkeiten in die Untersuchung einbezogen werden.

6. Sachmittel

Schon seit langem bedienen sich die Unternehmungen im Rahmen ihrer Datenverarbeitung Sachmittel der verschiedensten Art. Ähnlich wie man durch den Einsatz von Maschinen die Produktivität des Produktionsprozesses gesteigert hat, kann durch zunehmende Verwendung geeigneter Sachmittel in der Regel auch der Wirkungsgrad der Datenverarbeitung erhöht werden. Wenn der in der Datenverarbeitung einer Unternehmung gegebene Istzustand aufzunehmen und darzustellen ist, wird sich das Istaufnahmeteam darum auch um eine ins einzelne gehende Erfassung der bereits eingesetzten Sachmittel zu bemühen haben[18].

Nun läßt sich der Begriff Sachmittel sehr weit fassen, selbst unter der Einschränkung, daß nur solche in die Betrachtung einzubeziehen sind, die im Rahmen der Datenverarbeitung eine Rolle spielen. Stühle, Papierkörbe, die z. B. in der Finanzbuchhaltung oder der Lohnbuchhaltung stehen, sind extrem gesehen genauso Sachmittel wie die hier verwandten Rechenmaschinen, Telefonapparate, Buchungsmaschinen, Karteigeräte usw. Abhängig von der Zielsetzung der Istaufnahme und insbesondere im Hinblick auf die Frage, ob die Untersuchung nur globale Feststellungen treffen, Grundlage für spätere Wirtschaftlichkeitsüberlegungen oder aber eine detaillierte Unterlage für eine Sollkonzeption sein soll, wird das Istaufnahmeteam hier also zu selektie-

---

[18] Vgl. Kramer, Rolf: Grundlagen einer systematischen Planung der Büroarbeit. In: Bürowirtschaftliche Forschung, hrsg. von Erich Kosiol. Berlin 1961, S. 156 f.

ren haben, was zu erfassen ist und was nicht. Das allgemeingültige Kriterium hierbei wird im Regelfall das Verhältnis sein, in dem die vorhandenen Sachmittel zu einem zu planenden Sollzustand stehen. Im Sinne der diesen Ausführungen zugrunde liegenden Thematik müssen also obligatorisch alle diejenigen Sachmittel erfaßt werden, die spezifisch für ein ganz konkretes Datenverarbeitungssystem sind (Papierkorb, Stuhl, Telefon sind z. B. unspezifisch).

Hierbei handelt es sich zunächst um alle Mittel, die der Datenerfassung dienen. Hierzu werden vielfach Listen oder Kladden geführt, häufig werden auch Saldiermaschinen oder Schüttelwagenmaschinen zur Herstellung von Primanoten oder Beleggrundbüchern verwandt. Wenn viel Barverkehr vorliegt, verwendet man zur Datenerfassung häufig auch Registrierkassen. Wenn man mit einem Lochkartenverfahren arbeitet, werden immer Lochkartenstanzer vorhanden sein. Im Mittelpunkt der Datenerfassung steht natürlich der Beleg, auf dem die zu verarbeitenden Daten ihren ersten Niederschlag finden. Darum wird auch später bei der Besprechung der Datenträger mit Nachdruck auf die Notwendigkeit einer eingehenden Untersuchung sämtlicher in der Unternehmung vorkommenden Belege hingewiesen.

Besondere Anforderungen hinsichtlich der Sachmittel für die Datenerfassung werden an das Istaufnahmeteam dann gestellt, wenn mit der Datenerfassung bereits im Istzustand, z. B. im Rahmen eines Lochkartenverfahrens, die Gewinnung maschinell lesbarer Datenträger verbunden ist. Damit können bereits Voraussetzungen für ein später einzuführendes automatisiertes Datenverarbeitungsverfahren gegeben sein. Hierüber sind besonders eingehende Erhebungen anzustellen, nicht zuletzt mit dem Ziel, die später notwendig werdende Entscheidung, ob die betreffenden Sachmittel weiterbenutzt werden können oder nicht, zu erleichtern. Hierbei ist nicht nur an Lochkartenstanzer zu denken, sondern z. B. auch an Additionsmaschinen und Schreibmaschinen mit angeschlossenen Lochkarten- oder Lochstreifenstanzern, an Maschinen, die ein maschinell optisch lesbares Journal bedrucken, usw.

Genauso wie die Sachmittel zur Datenerfassung aufzunehmen sind, müssen auch alle Mittel, die der Darstellung der Daten dienen, untersucht werden. Die Belege wurden schon erwähnt. Darüber hinaus sind in diesem Zusammenhang sämtliche Aufzeichnungen zu ermitteln, die in der Datenverarbeitung der Unternehmung eine Rolle spielen. Das können zum Beispiel Listen sein, Bücher, Konten, Rechnungen usw. All diese Vordrucke verdienen darum besondere Beachtung, weil sie meistens wesentlicher Bestandteil des angewandten Verfahrens sind, d. h. es besteht eine Wechselwirkung zwischen einem Datenverarbeitungsverfahren und den innerhalb dieses Verfahrens verwandten Formularen, und weil sie Steuerfunktionen beinhalten, die Abläufe der verschiedensten Art beeinflussen. Unter den Sachmitteln zur Darstellung der Daten sind auch alle maschinell lesbaren Datenträger zu erwähnen. Auf die in diesem Zusammenhang wichtigen Faktoren wird jedoch in dem Abschnitt B. IV. „Strukturen und Eigenschaften der aufzunehmenden Daten" näher eingegangen.

Sodann hat sich das Istaufnahmeteam natürlich mit den für die Zwecke der eigentlichen Datenverarbeitung eingesetzten Sachmitteln zu befassen. Auch in dieser Hinsicht gibt es Organisationsmittel der verschiedensten Art, von dem gebundenen Buch für die manuelle Übertragungsbuchführung über die Buchungsplatte für manuelle Durchschreibebuchführung bis zum elektronischen Buchungsautomaten, zur elektronischen Fakturiermaschine, zur Lochkartenanlage und zur automatischen Datenverarbeitungsanlage. Vielfach finden mehrere dieser unterschiedlichen Sachmittel nebeneinander Verwendung; für das Istaufnahmeteam wird es aber in der Regel trotzdem nicht schwer sein, in dieser Hinsicht zu einer vollständigen Zusammenstellung zu kommen, da sich diese auch aus anderen Zusammenhängen, z. B. der Erfassung der Arbeitsabläufe innerhalb des Datenverarbeitungssystems, ableiten läßt.

Besondere Gesichtspunkte ergeben sich aber zum Beispiel, wenn eines der im Dienste der Datenverarbeitung stehenden Sachmittel nicht ausschließlich für den zu untersuchenden Bereich der Datenverarbeitung verwandt wird. Es kann z. B. sein, daß eine Adressiermaschine sowohl für die Zwecke des Rechnungswesens als auch für die allgemeine Korrespondenz oder auch für die Werbeabteilung verwandt wird. Diese Zusammenhänge sind im einzelnen zu erfassen, damit innerhalb der weiteren Planungen nicht etwa dahingehend entschieden wird, daß ein solches Sachmittel abgeschafft wird, das einzuführende automatisierte Datenverarbeitungsverfahren aber später nicht in der Lage ist, alle Funktionen, die dieses Sachmittel hatte, zu übernehmen.

Schließlich sind in die Erfassung der Sachmittel auch all diejenigen Organisationsmittel einzubeziehen, die der Speicherung von Daten dienen. Auch hier ist an Mittel der verschiedensten Art zu denken, z. B. sind abgelegte Belege oder Konten schließlich auch Datenspeicher. Insbesondere kommt es in diesem Zusammenhang aber auf diejenigen Datenspeicher an, zu denen eine dauernde, möglichst kurzfristige Zugriffsmöglichkeit bestehen muß. Wenn noch nicht mit Mitteln der automatisierten Datenverarbeitung gearbeitet wird, wird es sich hierbei meist um Karteien handeln, z. B. Kontenkarteien, Kunden- und Lieferantenkarteien, Personalkarteien usw.

Eine vollständige Analyse und eine eindeutige Zuordnung dieser Sachmittel zu dem Untersuchungsobjekt ist einmal eine unerläßliche Basis für die Darstellung eines praktizierten Verfahrens, also des Istzustandes, und wesentliche Hilfe für die Erarbeitung einer Sollkonzeption[19]); sie ist aber auch ein unbedingtes Erfordernis im Hinblick auf einen später anzustellenden Wirtschaftlichkeitsvergleich zwischen dem während der Istaufnahme vorgefundenen Verfahren und dem Verfahren, das sich in der Zukunft nach Realisierung der Sollkonzeption ergibt.

---

[19]) Vgl. Grochla, Erwin: Automation und Organisation . . ., a. a. O., S. 92.

7. Kosten

Ein Wirtschaftlichkeitsvergleich zwischen unterschiedlichen Datenverarbeitungsverfahren ist in der Regel schwierig und problematisch. Das gilt insbesondere im Verhältnis zwischen automatisierten und sonstigen Verfahren[20]. Die sich ergebenden unterschiedlichen Kosten lassen sich zwar nach betriebswirtschaftlichen Grundsätzen eindeutig ermitteln. Es ist demgegenüber in der Regel aber sehr schwer, wenn nicht gar unmöglich, die diesen Kosten gegenüberzustellenden, bei den verschiedenen Verfahren unterschiedlichen, Ergebnisse der Datenverarbeitung in ebenso eindeutiger Weise in quantifizierbaren Größen zu erfassen. Eine Antwort auf die Frage nach dem Wert einer Information, die man früher nicht gehabt hat, läßt sich nur schwer finden, und es ist auch kaum möglich, die Vorteile zu bewerten, die sich daraus ergeben, daß z. B. die Ergebnisse der automatisierten Datenverarbeitung frühzeitiger vorgelegt werden können als die anderer Verfahren. Die Auswirkungen der Einführung automatisierter Datenverarbeitungsverfahren sind meist komplexer Natur. Sie beeinflussen, anders als andere Datenverarbeitungsverfahren, weite Bereiche des betrieblichen Geschehens. All die sich hieraus ergebenden Konsequenzen in einen arithmetischen Kalkül zu bringen, ist schlechterdings unmöglich.

Trotzdem sollte aber nicht darauf verzichtet werden, das, was an quantifizierbaren Größen zu erfassen ist, nach betriebswirtschaftlichen Grundsätzen darzustellen und zu analysieren[21]. Ein Ansatzpunkt hierzu ist eine Erfassung der Kosten, die durch die verschiedenen Verfahren verursacht werden. Darum ergibt sich auch im Zusammenhang mit einer Istaufnahme die Notwendigkeit, die Kosten des vorgefundenen Verfahrens zu ermitteln.

Hierbei wird man am einfachsten nach den allgemeinen Grundsätzen der betriebswirtschaftlichen Kostenrechnung vorgehen und zunächst einmal sämtliche in der Datenverarbeitung anfallenden Kosten getrennt nach Kostenarten feststellen. Die wichtigsten Positionen werden hierbei die Personalkosten, die Raumkosten, die Abschreibungen auf Sachmittel und die Formularkosten sein.

Weiterhin empfiehlt es sich, daraus dann eine Kostenstellenrechnung abzuleiten, um z. B. die Kosten der Lohnbuchhaltung, der Finanzbuchhaltung oder auch der Fakturierabteilung zu ermitteln. Diese Rechnung kann dann noch bis hin zu einer Kostenträgerrechnung verfeinert werden, deren Ziel es z. B. ist, die durch die Buchung eines Postens auf einem Debitorenkonto oder die durch die Lohnabrechnung für einen Angestellten verursachten Kosten zu ermitteln.

---

[20] Vgl. Dietzsch, Harald: Organisation und automatische Datenverarbeitung. In: Organisation, TFB-Handbuchreihe, Erster Band, hrsg. von Schnaufer-Agthe. Berlin - Baden-Baden 1961, S. 519.

[21] Vgl. Grochla, Erwin: Möglichkeiten einer Steigerung der Wirtschaftlichkeit im Büro, in: Bürowirtschaftliche Forschung, hrsg. von Erich Kosiol. Berlin 1961, S. 48 ff.

Wenn später nach Einführung eines automatisierten Datenverarbeitungs-verfahrens eine Kostenrechnung in einer entsprechenden Gliederung zusam-mengestellt wird, werden zweifellos wertvolle Ansätze für einen Wirt-schaftlichkeitsvergleich gegeben sein.

Hierbei sollte das Istaufnahmeteam aber versuchen, noch einem weiteren Kriterium seine besondere Aufmerksamkeit zu schenken, wenn beabsichtigt ist, zu einem möglichst echten Vergleich zu kommen. Denn nicht alle Kosten sind verfahrensbedingt; viele Personal- und auch Sachkosten entstehen viel-mehr durch unausgenutzte Kapazitäten oder durch Gewohnheiten, die sich im Verlaufe vieler Jahre herausgebildet haben, ohne daß sie streng rational zu begründen wären. Die Einführung eines neuen Datenverarbeitungs-systems ist meist ein willkommener Anlaß, diese Quellen der Unwirtschaft-lichkeit abzubauen. Das führt aber leicht dazu, daß bei einem späteren Wirt-schaftlichkeitsvergleich die Kosten eines alten Verfahrens, einschließlich vie-ler nicht verfahrensgebundener, im Grunde überflüssiger Kosten, ver-glichen werden mit Kosten eines neuen, von diesen unnötigen Kosten befrei-ten Verfahrens. Um diese einen echten Verfahrensvergleich behindernde Fehlerquellen auszuschalten, wird es zweckdienlich sein, neben den sich im Istzustand ergebenden tatsächlichen Kosten auch diejenigen Kosten zu er-fassen, die sich ergeben würden, wenn das zur Zeit der Istaufnahme ver-wandte Datenverarbeitungsverfahren in idealer Form realisiert worden wäre. Eine solche Betrachtung wird nicht einfach sein, sie kann aber wesent-lich zu einem fundierten Vergleich beitragen.

IV. Der Datenverarbeitungsprozeß

Im Rahmen der im vorhergehenden Abschnitt beschriebenen Struktur-elemente wird der Datenverarbeitungsprozeß in der Unternehmung abge-wickelt. Wenn von diesen Strukturelementen, die für eine Istaufnahme zum Zwecke der Entscheidungsfindung von größter Bedeutung sind, nunmehr ab-strahiert wird, stehen die Daten und ihre Behandlung im Mittelpunkt der Untersuchung.

Im folgenden soll beschrieben werden, was bei einer Datenverarbeitungs-aufgabe in bezug auf die Daten und ihre Verarbeitungsweise Gegenstand der Istaufnahme sein muß. Anschließend werden in einem weiteren Abschnitt die besonderen Probleme herausgestellt, die sich als ebenfalls zum Gegenstand der Istaufnahme gehörig herausstellen, wenn eine automationsgerechte Grup-pierung und Darstellung der Daten und ihrer Zusammenhänge erreicht wer-den soll.

Gleichzeitig mit der Analyse der aus funktionalen Zusammenhängen entstan-denen Datenverarbeitungsaufgabe wird für deren Gesamtheit eine Aufglie-derung der Datenbehandlung nach verschiedenen Phasen vorgenommen, wie sie für eine spätere automatisierte Verarbeitung erforderlich ist. Damit werden diese Phasen ebenfalls zum Gegenstand der Istaufnahme, ohne daß dabei nochmalige Erhebungen erforderlich sind.

1. Daten und Datenfluß

Die Daten und ihre Verarbeitung sind das primäre Untersuchungsobjekt bei der Istaufnahme. Dabei wird die analytische Tätigkeit im Rahmen der Istaufnahme so weit gehen müssen, daß Einzeldaten, die für sich allein gerade noch einen Informationsgehalt bilden, im Hinblick auf eine spätere maschinelle Verarbeitung noch weiter untergliedert werden. Andererseits dürfen die Daten nicht nur als Einzeldaten gesehen, sondern müssen gleichfalls in ihrem sachlichen Zusammenhang dargestellt werden. Ausgangspunkt dafür sind die in der Unternehmung zu vollziehenden Datenverarbeitungsaufgaben (z. B. Materialdisposition, Lohnabrechnung, Fakturierung).

Welcher Aufgabenkomplex zum Ausgangspunkt für die Datenanalyse genommen wird, hängt weitgehend vom Grad der Arbeitsteilung ab, der in der betreffenden Unternehmung verwirklicht ist. Darüber hinaus ist jedoch zu beachten, daß die Trennung von organisch zusammenhängenden Aufgaben bei der Istaufnahme häufig zusätzliche Kosten und einen erhöhten Zeitbedarf mit sich bringt[22]).

11. Datenquellen und Datenverbleib

Datenquellen und Datenverbleib sind die Ansatzpunkte für den Beginn der Istaufnahmetätigkeit. Um einen Datenverarbeitungsprozeß beschreiben und z. B. in Datenflußplänen darstellen zu können, ist es unerläßlich, diese Datenquellen und den Verbleib der Daten nach ihren Verarbeitungsvorgängen festzustellen. Man könnte jedoch meinen, eine topographische Betrachtungsweise sei ausreichend, und es genüge, nur den Ort von Datenquellen und Datenverbleib festzustellen und im Datenflußplan anzugeben.

Bei genauerer Prüfung zeigt sich jedoch, daß mit der Ermittlung der Datenquellen und des Datenverbleibs überhaupt erst die Möglichkeit gegeben wird, die Istaufnahme so konstruktiv wie möglich durchzuführen.

So verlangt z. B. jede kritische Istaufnahme die Untersuchung, ob die Datenquellen beeinflußbar sind oder nicht. Werden z. B. die Arbeitszettel als Grundlage der Lohnabrechnung in der eigenen Unternehmung gefertigt, dann können Formblattgestaltung, Art der Ausfertigung, Prüfung der Eintragungen usw. weitgehend selbst bestimmt werden. Im anderen Fall ist unter Umständen noch nicht einmal die termingerechte Anlieferung beein-

---

[22]) Vgl. Heilmann, H. u. W.; Reblin, E.: Einsatzplanung für eine Datenverarbeitungsanlage. Stuttgart 1968, S. 80.

flußbar, und es müssen zur Überwachung, Terminkontrolle usw. zusätzliche Aufzeichnungen geführt werden.

Ebenso wichtig ist für jeden Datenverarbeitungsprozeß die Frage, ob die Datenquellen und der Datenverbleib im Interesse einer organisatorisch und arbeitstechnisch optimalen Lösung an den richtigen Stellen liegen oder ob die Datenquellen z. B. vorverlagert und der Datenverbleib anders gesteuert werden müssen. Die Frage nach der topographisch richtigen Stelle steht in engem Zusammenhang mit Fragen wie:

> Ist dieser Ort für das gewählte Arbeitsverfahren zweckmäßig?
>
> Werden die Daten bei solcher Anordnung der Datenquellen usw. richtig, vollständig und vollzählig erfaßt?
>
> Läßt sich so eine termingerechte Bearbeitung der Daten sicherstellen?
>
> Werden bei einer solchen topographischen Situation Transportwege minimiert?
>
> Erhält der Datenverarbeitungsprozeß so die erforderliche Sicherheit?
>
> Ist auf diese Weise die Verantwortung der am Arbeitsplatz beteiligten Stellen und Personen eindeutig und ausreichend abgegrenzt?

Die vorstehende Reihe von Fragen ist sicherlich nicht vollständig und muß von Fall zu Fall ergänzt und modifiziert werden. Diese Aufzählung soll lediglich verdeutlichen, daß die Ermittlung von Datenquellen und des Verbleibs der Daten mehr ist als ein nur topographisches Problem und daß bereits in dieser Phase der Istaufnahme Fragen gestellt werden müssen, wie sie erweitert, ergänzt, modifiziert auch in anderen Phasen der Einsatzvorbereitung von automatischen Datenverarbeitungsanlagen wiederkehren. Diese Fragen sind unerläßlich, wenn die Istaufnahme mehr sein will als eine nur passive Aufzeichnung des vorgefundenen Istzustandes.

12. Datenarten

Die Erfassung der in der Unternehmung vorhandenen Daten wird erleichtert, wenn diese im Hinblick auf die Erfordernisse für ihre Verarbeitung entsprechend ihren Eigenschaften klassifiziert werden. Von den zahlreichen in der Literatur aufgezeigten Einteilungsmöglichkeiten für die Daten[23] [24] erscheint dem Studienkreis im Hinblick auf die Automatisierung des Datenverarbeitungsprozesses die nachstehend erläuterte Dreiteilung in Stamm-, Bestands- und Bewegungsdaten am zweckmäßigsten.

---

[23] Vgl. Rauh, Helmut: Wissen was wird: Die Datenbank. In: Plus, Zeitschrift für Unternehmensführung, Nr. 6, Dez. 1967, S. 17.
Rauh unterscheidet zwischen Was-Daten (Mat.-Nr., Teil-Nr.), Wo-Daten (Kostenstellen-Nr., Masch.-Gruppe) und Wer-Daten (Kunden-Nr., Lief.-Nr. usw.). Alle drei Arten lassen sich wiederum in Stammdaten, Verkettungsdaten und Bewegungsdaten trennen.

[24] Vgl. Schweiker, Konrad F.: Grundlagen einer Theorie betrieblicher Datenverarbeitung. Wiesbaden 1966, S. 41 ff.

121. *Stammdaten*

Ein großer Teil der innerhalb des Untersuchungsobjektes vorkommenden Daten sind Stammdaten. Hierbei handelt es sich um solche Daten, die in unveränderter Form über größere Zeiträume hinweg dauernd oder immer wieder benötigt werden. Solche Daten sind z. B. die gleichbleibenden Stammdaten für die Lohn- und Gehaltsabrechnung, Stücklisten mit ihren gesamten Positionen, Anschriften aller Art, Artikelnummern mit zugeordneten Preisen usw.

Da diese Stammdaten gerade für automatisierte Datenverarbeitungsverfahren aus verfahrenstechnischen Gründen eine besondere Bedeutung haben, sollten sie im Rahmen einer Istaufnahme sehr sorgfältig nach Darstellungsart, Umfang und Menge untersucht werden. Weiter ist von Bedeutung, wie häufig die Stammdaten benötigt werden und in welcher Folge sie in die Datenverarbeitung einzubeziehen sind. Für eine Lohn- und Gehaltsabrechnung z. B. werden die Stammdaten wohl immer in derselben Folge benötigt, während dies für Stücklisten und Anschriften nicht zuzutreffen braucht. Es ist wichtig, diese einzelnen Erfordernisse bei der Istaufnahme zu erfassen, um später eine Entscheidung darüber zu ermöglichen, ob Speicher mit sequentiellem oder mit wahlfreiem Zugriff bei einer automatisierten Abwicklung des Datenverarbeitungsprozesses benötigt werden. Wenn einige Stammdaten nur sporadisch vorkommen, wird man sich überlegen, ob es überhaupt sinnvoll ist, sie so zu speichern, daß man einen maschinellen Zugriff zu ihnen hat. Auch aus dieser Sicht ist also eine sorgfältige Analyse des Bestandes an Stammdaten erforderlich.

Schließlich hat die Istaufnahme in diesem Zusammenhang noch festzustellen, wie, in welchem Umfang und in welchen zeitlichen Intervallen diese Stammdaten durch den sogenannten Änderungsdienst auf den neuesten Stand gebracht werden. Hierbei ist zu berücksichtigen, daß manchmal ganze Datensätze geändert werden, im anderen Fall nur Teile davon. Die Angaben über die Änderung von Stammdaten stellen für die Datenverarbeitung eine eigene Datenart dar, die bei der Istaufnahme unbedingt nach denselben Grundsätzen zu untersuchen ist wie alle anderen Datenarten. Im Hinblick auf automatisierte Datenverarbeitungsverfahren sollte dabei gleichzeitig überprüft werden, ob Voraussetzungen dazu gegeben sind, die Änderungen von Stammdaten zu festgesetzten Terminen jeweils in einem geschlossenen Arbeitsgang durchzuführen.

122. *Bestandsdaten*

Als weitere Datenkategorie mit ganz bestimmten, für die Datenverarbeitung relevanten Eigenschaften sind die Bestandsdaten zu nennen, die sich meist aufgrund einer Verarbeitung von eingegebenen Bewegungsdaten mit gespeicherten Bestandsdaten ergeben. Hierbei kann es sich um Bestände der verschiedensten Art handeln. Als Beispiele seien hier sämtliche Kontensalden genannt, aber auch alle kumulierten Bewegungsdaten, die in nachfolgenden Arbeitsgängen erneut in die Datenverarbeitung einzubeziehen sind.

Auch diese Bestandsdaten sind zunächst genauso wie die Stammdaten hinsichtlich aller bereits genannten Kriterien zu untersuchen und zu analysieren. Auch für diese Datenkategorie sind ihre Darstellungsform, ihr Umfang und ihre Mengen festzustellen.

Da man auch diese Bestandsdaten nach ihrer Ermittlung in maschinell lesbarer Form speichern wird, ist genauso wie bei den Stammdaten zu untersuchen, welche Datenträger hierfür am besten geeignet sind. Zu diesem Zweck ist schon bei der Istaufnahme zu prüfen, wie oft und in welcher Folge diese gespeicherten Bestandsdaten benötigt werden; daraus kann dann innerhalb der Sollkonzeption abgeleitet werden, ob ein in aller Regel aufwendiger Speicher mit wahlfreiem Zugriff notwendig ist oder ob ein Speicher für sequentielle Datenverarbeitung ausreicht. Darüber hinaus wird es zweckdienlich sein, auch schon bei der Istaufnahme festzustellen, wie weit die Voraussetzungen gegeben sind, Bestandsdaten nach häufiger und weniger häufig benötigten zu gruppieren. Im Interesse einer wirtschaftlichen Datenverarbeitung kann es nämlich durchaus sinnvoll sein, Bestandsdaten, trotz der Tatsache, daß sie der gleichen Datenart angehören, entsprechend der Häufigkeit ihrer Verwendung auf unterschiedlichen Datenträgern zu speichern. Aber auch dann, wenn sich die Verwendung unterschiedlicher Datenträger im konkreten Falle nicht empfiehlt, wird eine entsprechende Gruppierung trotzdem sinnvoll sein. In jedem Falle ist es für eine Datenverarbeitung vorteilhafter, wenn z. B. die Bestände der häufig bewegten Konten getrennt von denen der weniger bewegten Konten gespeichert sind.

Im Unterschied zu den Stammdaten hat die Istaufnahme bezüglich dieser Bestandsdaten aber noch einige weitere wesentliche Gesichtspunkte zu berücksichtigen. Während die Stammdaten ihrem Wesen nach zum Teil vollkommen konstant, zum Teil über längere Zeiträume hinweg unveränderlich sind, liegt es im Wesen der Bestandsdaten, daß ihr materieller Inhalt einem mehr oder weniger häufigen Wechsel unterliegt. Es wurde eingangs gesagt, daß sie sich aufgrund einer Verarbeitung von eingegebenen Bewegungsdaten und gespeicherten Bestandsdaten ergeben. Diese Bestandsdaten dürfen also nicht nur — so wie die Stammdaten — im Zusammenhang mit ihrer Speicherung und gelegentlichen Einbeziehung in die Datenverarbeitung gesehen werden, sondern darüber hinaus auch immer im Verhältnis zu den sich auf sie auswirkenden Bewegungsdaten und den Arbeitsgängen, aus denen sie entstehen. Im Hinblick auf die Anwendung eines automatisierten Datenverarbeitungsverfahrens wird sich darum immer empfehlen, daß das Istaufnahmeteam eingehend prüft, welche Voraussetzungen gegeben sind, die gespeicherten Bestandsdaten bei Realisierung des Verfahrens schnell mit den sie verändernden Bewegungsdaten zusammenzuführen. Selbstverständlich sind hierbei auch für jede Datenart im einzelnen die Arbeitsgänge zu erfassen und darzustellen, mit denen Bestandsdaten und Bewegungsdaten zusammengeführt und verarbeitet werden.

123. *Bewegungsdaten*

Andere Probleme als bei den Bestandsdaten ergeben sich in der Unternehmung bei den immer wieder neu entstehenden und laufend von außen in die Datenverarbeitung der Unternehmung einfließenden Bewegungsdaten, wie z. B. Kontenbewegungen, Materialzugänge und -abgänge, Rechnungspositionen und Rechnungssummen, Lohndaten usw.

Bezüglich dieser Bewegungsdaten kann im Prinzip all das wiederholt werden, was bereits hinsichtlich der Stamm- und Bestandsdaten gesagt wurde. Aber auch die folgenden Ausführungen über die Darstellung und den Umfang der Daten, über Datenträger und Datenmengen beziehen sich auf die Bewegungsdaten. Der Schwerpunkt bei der Betrachtung dieser Kriterien wird hier aber ein anderer sein als bei den Stammdaten und den Bestandsdaten. Während die Stamm- und Bestandsdaten auch schon bei der Istaufnahme vor allem im Zusammenhang mit ihrer Speicherung und den sich daraus ergebenden Problemen der Zugriffsmöglichkeit zu den betreffenden Speichern, Zugriffszeit, Häufigkeit des Zugriffs, Volumen des Speichers usw. zu sehen sind, muß die Istaufnahme der Bewegungsdaten noch andere Gesichtspunkte im Auge behalten. Die Bewegungsdaten sind aufgrund ihrer unterschiedlichen Herkunft in aller Regel in ihrer formalen Darstellung nicht auf die Eigenschaften automatisierter Datenverarbeitungsverfahren zugeschnitten. Bei der Aufnahme der Bewegungsdaten wird man also vor allem darauf zu achten haben, wie diese in jeder Hinsicht in die Systematik und die technischen Erfordernisse der automatisierten Datenverarbeitung eingeordnet werden können. Hierher gehört vor allem, daß sämtliche Daten in maschinell lesbaren Datenträgern dargestellt und dem Formalaufbau dieser Datenträger angepaßt sein müssen. In diesem Zusammenhang wird sich die Istaufnahme also u. a. auch mit der Datenerfassung und den Voraussetzungen zur Gewinnung maschinell lesbarer Datenträger zu befassen haben. Hierbei spielt auch das Problem eine Rolle, daß die Bewegungsdaten meist ungeordnet anfallen und sie, abhängig von dem zur Anwendung kommenden Datenverarbeitungsverfahren, noch vorbereitet werden müssen.

13. Darstellungsform der Daten

Im Rahmen der Istaufnahme eines Datenverarbeitungsproblems sind weiterhin im einzelnen sämtliche innerhalb des Untersuchungsobjektes vorkommenden Darstellungsformen von Daten aufzunehmen, da auch diese einen erheblichen Einfluß auf die Datenverarbeitung haben. Es wird sich hierbei in aller Regel um Zahlen, Buchstaben und Sonderzeichen handeln, die in den verschiedensten Varianten kombiniert sein können. Auch akustische oder in Form von Zeichnungen dargestellte Daten können Gegenstand der Datenverarbeitung sein. Diese Darstellungsformen werden aber in absehbarer Zeit, jedenfalls im kaufmännisch-administrativen Bereich, noch auf Ausnahmefälle beschränkt bleiben.

Unabhängig von den Elementen, aus denen sie bestehen, lassen sich die Daten in offener oder in verschlüsselter Form darstellen. Während die offenen, d. h. unverschlüsselten Daten im Zusammenhang mit ihrer Darstellung in aller Regel problemlos sind — eine Angabe wie z. B. DM 125,60 oder 12,5 kg bedarf im Hinblick auf ihre Darstellung keiner weiteren Interpretation —, sind alle verschlüsselt dargestellten Daten im Hinblick auf das angewandte Schlüsselsystem mit aller Sorgfalt zu erfassen und zu analysieren.

Diese Schlüsselsysteme müssen im Rahmen einer Istaufnahme einmal im Zusammenhang mit dem materiellen Inhalt der darzustellenden Daten gesehen werden. Der Schlüssel muß es zulassen, daß sämtliche durch ein Datum auszudrückenden Möglichkeiten darstellbar sind. Darüber hinaus müssen sie in Verbindung mit dem vorhandenen oder geplanten Datenverarbeitungsverfahren und den zur Durchführung dieses Verfahrens vorhandenen oder geplanten realtechnischen Mitteln beurteilt werden; sie können die Grenzen und Möglichkeiten einer jeglichen, auch automatisierten, Datenverarbeitung weitgehend beeinflussen. Im einzelnen sind darum sämtliche innerhalb des Untersuchungsobjektes verwandten Schlüssel, die ihnen zugrunde liegenden Systeme, vorhandene Schlüsselregister und sonstige entsprechende Unterlagen zu erfassen, nicht zuletzt auch die Möglichkeiten und Notwendigkeiten ihrer Änderung und Erweiterung.

In zunehmendem Maße finden bei der Darstellung von Daten auch Datensicherungssysteme Verwendung, die z. B. darin bestehen können, daß ein gegebenes Datum um ein oder mehrere Prüfzeichen erweitert wird, die zu der gegebenen Zahl in einem bestimmten mathematischen Verhältnis stehen. Derartige Datensicherungssysteme sind gründlich und vollständig zu erfassen, wobei besonderer Wert auch auf die Registrierung der verwendeten Prüfsysteme zu legen ist.

Beispiel:

Kontonummer	8	6	5	4	8
	x	x	x	x	
Prüffaktor	9	7	5	3	
Queraddition	72 +42 + 25 + 12 = 151				
Division	151 : 11 = 13				
Restwerte	41				
	8				
Prüfziffer	8 ←				

Tab. 2

Von entscheidender Bedeutung im Hinblick auf automatisierte Datenverarbeitungsverfahren ist natürlich die Feststellung, ob und gegebenenfalls wie und in welchem Umfang die innerhalb des Untersuchungsobjektes vorkommenden Daten in maschinell lesbarer Form dargestellt sind. Die Istaufnahme wird sich aus diesem Grunde sehr sorgfältig mit den verschiedenen vorkommenden Datenträgern befassen müssen.

14. Datenträger

Eines der wichtigsten Organisationsmittel sind die zur Verwendung kommenden Datenträger[15]). Das trifft für jedes Datenverarbeitungsverfahren zu, gleichgültig, welche Organisationsmittel verwandt werden. Häufig stellt die Analyse der Datenträger oder Dokumente eine wichtige Methode zur Erfassung des Istzustandes dar[26]) (vgl. Kapitel C. II. 1. 11.). Schon der Wirkungsgrad einer manuellen Datenverarbeitung wird weitgehend durch die Gestaltung der verwandten Datenträger bestimmt. Je größer der Anteil der innerhalb einer Datenverarbeitung maschinell vorzunehmenden Funktion ist, um so mehr wird die Gestaltung der Datenträger abhängig sein von den zur Anwendung kommenden technischen Mitteln. Ganz besondere Anforderungen stellt in dieser Hinsicht die automatisierte Datenverarbeitung.

Aus diesem Grunde werden, wenn die Anwendung eines automatisierten Datenverarbeitungsverfahrens in Aussicht genommen ist, bei einer Istaufnahme auch sämtliche verwendeten Datenträger vollständig und systematisch zu erfassen sein[27]). Es wird in jedem Falle geprüft werden müssen, in welchem Verhältnis die vorhandenen Datenträger zu denjenigen Datenträgern stehen, die durch ein geplantes Datenverarbeitungsverfahren bedingt sind. Es sind also u. a. zu erfassen sämtliche vorkommenden Belegarten, sämtliche Karteien, auch Lochkartenkarteien, und sämtliche Listen, die innerhalb der Datenverarbeitung eine Rolle spielen, Eingangsrechnungen, Ausgangsrechnungen, Hilfsformulare, die z. B. der Darstellung von Zwischenergebnissen dienen, und natürlich auch diejenigen Formblätter, auf denen bei der Datenverarbeitung gewonnene Ergebnisse dargestellt werden. Hierzu gehören auch Platteien, die als Datenträger Verwendung finden, und selbstverständlich — wenn bereits mit automatisierten Datenverarbeitungsverfahren gearbeitet wird — die in diesem Verfahren verwandten speziellen Datenträgermedien, wie z. B. Magnetplatten, Magnettrommeln und Magnetbänder. Je nach der mit der Istaufnahme verbundenen Zielsetzung müssen auch diejenigen Datenträger erfaßt werden, auf denen Informationen allgemeiner Art, wie z. B. Statistiken, allgemeine volkswirtschaftliche Daten, Pla-

---

[15]) Vgl. Schweiker, Konrad F.: Grundlagen einer Theorie betrieblicher Datenverarbeitung ..., a. a. O., S. 50.

[16]) Vgl. Gregory, Robert H.; van Horn, Richard L.: Automatic Data Processing Systems. Belmont 1962, S. 397.

[17]) Vgl. Kramer, Rolf: Grundlagen einer systematischen Planung der Büroarbeit. In: Bürowirtschaftliche Forschung, hrsg. von Erich Kosiol, Berlin 1961, S. 159.

nungsdaten der verschiedensten Art usw. dargestellt sind, zumal doch, wie schon wiederholt gesagt, bei modernen automatisierten Datenverarbeitungsverfahren das gesamte unternehmerische Geschehen Gegenstand der maschinellen Datenverarbeitung sein kann.

Diese Datenträger werden einmal sowohl im Hinblick auf ihren materiellen Inhalt als auch bezüglich ihrer formalen Gestaltung und ihrer physikalischen Eigenschaften, und hier insbesondere im Hinblick auf ihre maschinelle Lesbarkeit, zu erfassen sein. Zum anderen wird man bei der Istaufnahme auch ihre Funktionen und ihre sonstigen für die Datenverarbeitung relevanten Eigenschaften feststellen müssen, wobei auch Wechselwirkungen zwischen den verschiedenen hier genannten Kriterien zu untersuchen sind. Datenträger können z. B. eine Transport- oder eine Speicherfunktion haben. Sie können, wie z. B. Lochkarten, die Funktionen der maschinellen Dateneingabe, die Transportfunktion, die Sortier- und Speicherfunktion haben. Der Inhalt mancher Datenträger muß zwangsläufig visuell wahrnehmbar sein, der Inhalt anderer Datenträger braucht nur maschinell wahrnehmbar zu sein. Verbundlochkarten z. B. erfüllen beide Bedingungen.

Immer, wenn der Datenträger eine Speicherfunktion hat — das gilt auch für manuelle Aufzeichnungen wie Karteien, Bücher, Listen und dgl. — wird es auch darauf ankommen, die Zugriffsmöglichkeit und Zugriffsgeschwindigkeit zu den gespeicherten Daten zu untersuchen. All dieses Gegebenheiten und Zusammenhänge sind im Rahmen einer Istaufnahme zu erfassen und darzustellen.

Genauso wichtig ist es auch, die quantitative Aufnahmekapazität der verwandten Datenträger festzustellen, da diese in einem unmittelbaren Zusammenhang mit dem Umfang der vorkommenden Daten zu sehen ist.

15. Umfang der Daten

In der Praxis haben die innerhalb des Untersuchungsobjektes vorkommenden Daten entsprechend ihrem unterschiedlichen sachlichen Inhalt in aller Regel einen ebenso unterschiedlichen Umfang, der in der Stellenzahl von Einzeldaten und in dem Ausmaß der Zuordnung von Einzeldaten zu einer Gruppe zum Ausdruck kommt (Satzlänge). Auch die in dieser Hinsicht vorhandenen Gegebenheiten werden bei der Istaufnahme eines Datenverarbeitungsproblems zu beachten sein. Insbesondere, wenn der Datenumfang und die Aufnahmekapazität von Datenträgern in ein Verhältnis zueinander zu setzen sind, ist zu berücksichtigen, daß viele Datenträger mehrere Einzeldaten aufzunehmen haben. Es ist also sowohl an den Umfang der einzelnen Daten selbst als auch an die Anzahl der auf einem Datenträger darstellbaren Einzeldaten zu denken. Auf diese Weise werden bei der Istaufnahme Unterlagen entwickelt, nach denen untersucht werden kann, inwieweit in bestimmten Fällen der Datenumfang verringert werden kann (z. B. durch eine Änderung der Verschlüsselung).

Der Umfang der zu verarbeitenden Daten ist ein wichtiger Bestimmungsfaktor für die Auswahl von Datenträgern, von Maschinen und Geräten, die innerhalb eines geplanten Datenverarbeitungsverfahrens zu verwenden sind.

16. Datenmenge

Für jede Datenverarbeitung ergeben sich quantitative Probleme, aber nicht nur im Hinblick auf den Umfang und die Darstellungsmöglichkeiten der Einzeldaten, sondern auch bezüglich der je Zeiteinheit (z. B. je Monat) zu verarbeitenden Datenmengen. Diese ergeben sich aus dem Stellenumfang eines Datums, der Häufigkeit des Datums auf einem Datenträger und der Anzahl der Datenträger, deren Dateninhalt nach einheitlichen Gesichtspunkten zu behandeln ist. Diese Datenmengen und ihre Strukturierung sind in aller Regel einer der wichtigsten Bestimmungsfaktoren für die Auswahl eines geeigneten Datenverarbeitungsverfahrens und die innerhalb dieses Verfahrens zu benutzenden Sachmittel.

In die Untersuchung sind dabei nicht nur die aus verschiedenen Datenquellen fließenden Bewegungsdaten aufzunehmen, sondern sämtliche innerhalb des Untersuchungsobjektes vorkommenden Daten überhaupt, also auch sämtliche Stammdaten, wie z. B. Stücklisten und Stammdaten der Gehaltsabrechnung, sämtliche Bestandsdaten, wie z. B. die Kontensalden. Diese bestimmen im wesentlichen Art und Umfang der zu verwendenden Speichermedien.

Zweckmäßigerweise wird man versuchen, zunächst eine Übersicht über sämtliche vorkommenden Datenarten zu gewinnen, und dann die Datenmenge pro Datenart je Zeiteinheit feststellen. Vorhandene Statistiken über Postenzahlen, Kontenregister usw. können hierbei behilflich sein. Nur wenn auch diese Angaben vollständig und weitgehend differenziert vorliegen, wird man in der Lage sein, eine Sollkonzeption für die Anwendung eines automatisierten Datenverarbeitungsverfahrens zu entwickeln.

17. Datenqualität

Schließlich sind die anfallenden Datenmengen auch auf ihre Qualität hin zu untersuchen. Die festgestellte Qualität (d. h. die Richtigkeit, Vollständigkeit usw.) kann von verschiedenen Faktoren beeinflußt werden (z. B. durch das für die Verarbeitung zuständige Personal oder durch das erstellte Maschinenprogramm), die ebenfalls unter diesem Aspekt zu erfassen sind. Wenn die Istaufnahme-Ergebnisse erkennen lassen, welche Toleranzen hinsichtlich der Qualität erlaubt sind, ist dadurch bereits die Grundlage für die Entscheidung über die Art und die Ansatzpunkte von internen Kontrollmaßnahmen (programmierte, organisatorische, maschinentechnische Kontrollen), die bei dem zu konzipierenden Datenverarbeitungssystem vorzusehen sind, gegeben[28]).

---

[28]) Vgl. Laden, H. N.; Gildersleeve, T. R.: System Design for Computer Applications. New York - London 1963, S. 239.

18. Zeitprobleme

Wenn in diesem Zusammenhang von Datenmengen gesprochen wird, ist dabei die Dimension „Zeit" von besonderer Bedeutung. Das gilt nicht nur in dem trivialen Sinn, daß Mengenangaben für Bewegungsdaten ohnehin nur in der Verbindung „je Zeiteinheit" sinnvoll sind. Vielmehr spielt z. B. auch der zeitliche Datenanfall innerhalb einer betrachteten Zeiteinheit (etwa eines Monats) häufig eine ausschlaggebende Rolle.

Andererseits existieren Zeitprobleme nicht nur beim Datenanfall, sondern auch bei der Ergebnisverwendung.

Ein bestimmtes Zeitproblem beim Datenanfall ist offenkundig: Wenn z. B. in einem Fall die Anzahl der Akkordlohnscheine rd. 40 000 im Monat beträgt, so ermöglicht diese Aussage allein noch keinen zuverlässigen Schluß auf die effektiven Auswirkungen dieses Tatbestandes auf das geplante Datenverarbeitungssystem. Vielmehr ist von ausschlaggebender Bedeutung für die Datenerfassung, -umformung und -verarbeitung, welchen Schwankungen der Anfall dieser Belege innerhalb der maßgeblichen Zeiteinheit unterliegt. Im Fall der Akkordlohnscheine könnte sich z. B. das folgende Bild ergeben:

Anzahl Akkordscheine

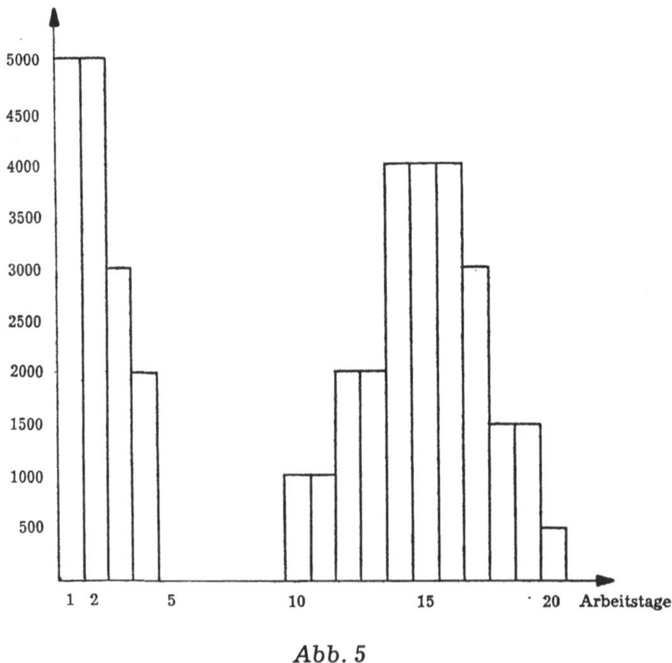

Abb. 5

Ein weiterer sehr wesentlicher zeitlicher Aspekt beim Datenanfall ist die Dauer, für die das anfallende Datum zur Erfassung überhaupt zur Verfügung steht. In vielen Fällen, vor allem im kaufmännischen Bereich, wird dieser Gesichtspunkt leicht übersehen, da mit der Wahrnehmung eines Datenanfalls automatisch die Erfassung verbunden ist. Am Beispiel eines Prozeßrechnungssystems, an das eine Reihe von Meßgeräten angeschlossen ist, deren Meßwerte jeweils nur für eine begrenzte Zeit zur Verfügung stehen (bis zur Messung des nächsten Wertes), wird die Bedeutung von Terminanforderungen deutlich[29]). Derartige Terminanforderungen hinsichtlich der Abwicklung des Datenverarbeitungsprozesses sind im Rahmen der Istaufnahme systematisch zu erfassen, damit das neu zu gestaltende automatisierte Datenverarbeitungsverfahren diesen Anforderungen entspricht.

Analoge Zeitprobleme ergeben sich auch bei der Datenverarbeitung. Der „zeitlichen Verteilung des Datenanfalls" entsprechen terminliche Anforderungen an die Erstellung der Ergebnisse. Typisch ist etwa die Lohnabrechnung; keine Unternehmung wird es sich leisten können, die Lohnzahlung sehr viel später als zum vereinbarten Zeitpunkt vorzunehmen. Dies ist ein Beispiel für interne Terminanforderungen, für die es eine ganze Reihe weiterer Beispiele gibt.

Oft noch einschneidender sind externe Terminanforderungen. Als Beispiel können hier Steuerzahlungen o. ä. angeführt werden. Es versteht sich von selbst, daß solche Terminanforderungen für ein einzurichtendes Datenverarbeitungssystem von großer Bedeutung sind und daher auch bei der Istaufnahme explizit aufgenommen werden müssen.

Die hier genannten terminlichen Anforderungen sind natürlich ausschlaggebend für ein einzurichtendes Datenverarbeitungssystem. Sie sagen aber zunächst noch nichts darüber aus, welche Form der beiden grundsätzlichen Möglichkeiten der maschinellen Datenverarbeitung zu wählen ist: die Stapel- oder die Sofortverarbeitung („batch" oder „real time"). Die Entscheidung hierüber ist vielmehr komplexerer Natur und umfaßt die Terminaspekte ebenso wie die spezifische Natur des Datenanfalls, die technischen Möglichkeiten des fraglichen ADV-Systems usw. (So werden in der Praxis häufig bestimmte Gebiete, die im Sofortverfahren abgewickelt werden müssen, aus dem maschinell bearbeiteten Gebiet herausgehalten und manuell durchgeführt; ein Beispiel ist etwa eine manuelle oder halbmaschinelle (Sofort-)Fakturierung in einer Unternehmung mit einem großen ADV-System.) Insgesamt jedoch ist festzuhalten, daß gerade die Zeitaspekte der Daten für eine so grundlegende Entscheidung wie „batch" oder „real-time" ausschlaggebend sind; ferner determinieren sie weitgehend die Auslegung einer gegebenen Anlage (Spitzenbelastung). Sie gehören somit zu den wichtigsten „Gegenständen" der Istaufnahme im hier gebrauchten Sinne überhaupt.

---

[29]) Solche Problemstellungen gibt es in zunehmendem Maße auch im kommerziellen Bereich; man denke nur an die Platzbuchungssysteme der Fluggesellschaften, an automatische Telefonanrufverteiler und sonstige „on-line"-Datenerfassungssysteme auf dem nichttechnischen Sektor.

2. Die automationsgerechte Betrachtung des Datenflusses

Simultan mit den bisher besprochenen Erhebungsarbeiten zur Erfassung der
Daten und ihrer Zusammenhänge ist eine automationsgerechte Einteilung des
Datenflusses vorzunehmen. Entsprechend der Zielsetzung der Istaufnahme
ist die Abwicklung unterschiedlicher Geschäftsvorfälle in ihrer zwangsläufig
voneinander abweichenden Verarbeitung nach einer einheitlichen Phaseneinteilung zu untersuchen. Die hier vorliegende Einteilung in verschiedene
Phasen (siehe auch Abb. 6) wurde so gewählt, daß zugleich eine Grundlage

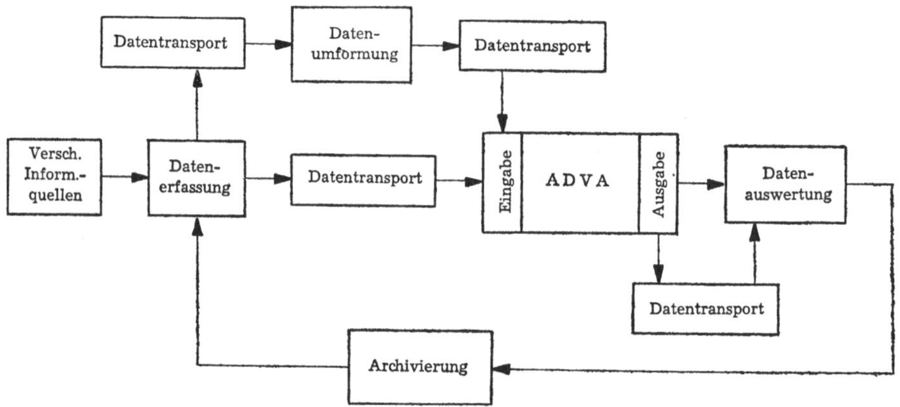

*Aufgliederung des Datenverarbeitungsprozesses für eine
automationsgerechte Istaufnahme*

Abb. 6

für die Planung des späteren Ablaufs mit verändertem Sachmitteleinsatz gegeben ist. Unter dem Gesichtspunkt dieser Phasen müssen die einzelnen Auf-
bereitungs- und Verarbeitungserfordernisse von der betrieblichen Organisation her erforscht werden. Die für die Istaufnahme anzuwendende Aufgliederung des Datenflusses ist deshalb von so großer Bedeutung, weil durch
den Einsatz von ADV-Anlagen der Grad der Arbeitsteilung im Büro- und
Verwaltungsbereich stark vermindert wird. Während bei der herkömmlichen Bearbeitung gleichartige Geschäftsvorfälle von verschiedenen Stellen
— entsprechend der Teilaufgabe des einzelnen Arbeitsträgers — sukzessiv
bearbeitet werden, wird dasselbe Arbeitsgebiet unter Verwendung von ADV-
Anlagen ganz anders abzuwickeln sein. Um die Vorteile solcher Aggregate,
die unter anderem in der hohen Verarbeitungsgeschwindigkeit und der Mög-
lichkeit großer Speicherkapazität liegen, nutzen zu können, muß dazu das
Datenmaterial insgesamt aufbereitet werden und sich in einem einheitlichen
Bearbeitungsstadium befinden, bevor es in die ADV-Anlage zur maschinellen
Verarbeitung eingeht. Setzt ein ökonomischer konventioneller Ablauf eine
Koordination der Arbeitsgänge voraus, wird man bei der automatisierten
Datenverarbeitung eher von einer Synchronisation sprechen können.

Die Istaufnahme der Arbeitsprozesse zielt in ihrer stufenweisen Gliederung einmal darauf ab, für jede Stufe bzw. Phase die wesentlichen Fakten festzustellen, zum anderen aber, mit zu ermitteln, in welcher Weise die gleichen Phasen verschiedener Arbeitsgänge synchronisiert werden können. Deshalb ist die Einbeziehung der zeitlichen und räumlichen Anforderungen, die für den Datenfluß vom Arbeitsproblem her gegeben sind, in die Erfassung unerläßlich. Durch diese Bedingungen werden die Grenzen gezogen, innerhalb derer sich eine spätere Planung des Arbeitsablaufs unter Verwendung von ADV-Anlagen bewegen muß, wenn es nicht zu Störungen in der Abwicklung der Arbeiten kommen oder die Ergebnisdaten ihren Sinn verlieren sollen. Bei einer solchen Planung erweist es sich nämlich häufig als notwendig, eine vom Istzustand in zeitlicher oder räumlicher Hinsicht abweichende Bearbeitung vorzusehen. Dabei die Erfüllung der organisatorischen Bedürfnisse mit den Möglichkeiten der Maschinen richtig in Einklang zu bringen, ist eine entscheidende Voraussetzung für eine wirtschaftliche Nutzung der ADV-Anlagen.

21. Datenerfassung

Unter dem Gesichtspunkt, daß der zeitlich erste Schritt alle Folgearbeiten entscheidend beeinflussen kann, sind die Gegebenheiten der Datenerfassung besonders sorgfältig zu untersuchen. Wenn der Datenfluß schon am Anfang einen „Flaschenhals" passieren muß, wird es in der Verarbeitung kaum einen störungsfreien Ablauf geben.

Der Istaufnehmer hat zunächst festzustellen, ob sich die originären Daten in der vorliegenden Form so darstellen lassen, daß sie die zwingenden Erfordernisse der automatisierten Datenverarbeitung erfüllen. Die im kommerziellen Bereich verwendeten ADV-Anlagen sind nur in der Lage, fest abgestufte quantitative Einheiten aufzunehmen und zu verarbeiten. Alle qualitativen Bezeichnungen bzw. Merkmale müssen vorweg durch Zuordnung bestimmter Wertigkeiten in die für die Anlagen erforderliche Darstellungsform umgesetzt werden. Dafür erscheinen im allgemeinen Zahlenschlüssel innerhalb eines sortierfähigen Systems am geeignetsten. Mengen- und Wertangaben, die Gegenstand von Rechenoperationen sind, bedürfen dagegen keiner Verschlüsselung. Der Inhalt aller Ursprungsdaten muß sich zweifelsfrei in ein derartiges System einordnen lassen. Werden zur Datenidentifizierung mehrere Angaben benötigt, müssen diese in jedem einzelnen Fall vollständig vorliegen, da sonst eine Verarbeitung nicht möglich ist.

Weiter ist es unabdingbar, daß in jedem späteren Arbeitsgang Daten, die in ihrer äußeren Darstellung übereinstimmen, auch stets im Inhalt gleich sind. So darf beispielsweise eine Kontonummer nur einmal vorkommen, ein Merkmal nur einen einzigen Sachverhalt charakterisieren. Häufig werden mit Einführung von ADV-Anlagen Arbeitsgebiete oder Filialbereiche zur zentralen Abwicklung in einem Rechenzentrum zusammengefaßt. Daher ist zu prüfen, ob sich nicht ziffernmäßige Darstellungen in den Daten verschiedener Bereiche überschneiden.

Neben der Beachtung der unabdingbaren Voraussetzungen im Hinblick auf die automatisierte Datenverarbeitung ist bei der Istaufnahme auch auf die Zweckmäßigkeit abzustellen. Dazu gehört, daß die Daten bereits im Zeitpunkt der Erfassung so dargestellt werden, daß sie von der ADV-Anlage mit möglichst wenig Bedarf an Zeit und Speicherplatz verarbeitet werden können. Auch das Erfordernis, die originären Daten vorher in eine maschinenlesbare Form umzusetzen und die Darstellung im Aufbau den in Frage kommenden Eingabedatenträgern anzupassen, ist ein Gesichtspunkt, den der Istaufnehmer berücksichtigen muß.

Wenn das Datenmaterial so auf ein einheitliches System ausgerichtet wird, sollte der Aufbau der Ordnungsbegriffe jedoch nicht nur den maschinellen Bedürfnissen, sondern auch der Erfassung und Verarbeitung durch den Menschen gerecht werden. Deshalb ist es vielfach geboten, „sprechende Schlüssel" zu verwenden, die sich leicht interpretieren lassen. Bezogen auf die Datenerfassung ist weiter festzustellen, ob die originären Daten, so wie sie anfallen, unmittelbar übernommen werden können oder ob die für die Verarbeitung benötigten Angaben gekennzeichnet bzw. in leichter faßliche Vordrucke bzw. Belege übertragen werden müssen. Anhand der Herkunft der Daten hat der Istaufnehmer schließlich zu untersuchen, wieweit das anfallende Material standardisiert werden kann. Dies kann sowohl durch eine Belegstrenge im internen Bereich als auch nach außen durch die Einführung genormter Bestellscheine, Anträge, Meldevordrucke usw. geschehen und den Gang der Datenerfassung entscheidend beeinflussen.

22. Datenumformung

Die zur Verarbeitung in die ADV-Anlage einzugebenden Daten müssen in der Regel auf maschinenlesbare Datenträger umgeformt werden. Voraussetzung dafür ist ein umformfähiges Belegmaterial, das im Aufbau den dargestellten Erfordernissen entspricht. Im Rahmen der Istaufnahme stellt sich die Frage, zu welchem Zeitpunkt die Umsetzung vom Urbeleg auf den maschinenlesbaren Datenträger möglich und zweckmäßig ist. Vom Einsatz der ADV-Anlagen her kann es günstig sein, die Daten so früh wie möglich in maschinenlesbare Form zu bringen, um den automatisierten Teil der Datenbehandlung möglichst auszudehnen. Andererseits kann eine zu weit vorverlegte Transformation Störungen im gesamten Ablauf nach sich ziehen. So beispielsweise, wenn der Datenträger mit der Umwandlung in rein maschinenlesbare Darstellung seinen Anweisungscharakter verliert und damit für die Fortführung des Bearbeitungsprozesses ungeeignet wird. Oder es muß Rücksicht auf Beteiligte genommen werden, denen ein Umgang mit maschinenlesbaren Belegen nicht zugemutet werden kann. Nicht übersehen werden darf schließlich, daß auch umgekehrt vom Arbeitsgang her Einflüsse auf den Datenträger vorhanden sein können, die seine Verwendbarkeit für die ADV-Anlage beeinträchtigen. Dabei ist vor allem an mechanische Einflüsse wie Beschädigung, Feuchtwerden, Verschmutzen oder dergleichen mehr zu denken.

Können solche Faktoren ausgeschaltet werden, ist im Rahmen der Istaufnahme festzustellen, ob eine Gestaltung der Urbelege so möglich ist, daß eine Umformung ganz oder teilweise entfällt. Das kann in der Weise geschehen, daß im Verkehr mit Dritten, aber auch unternehmungsintern, standardisierte Belege vorgeschrieben werden, auf denen die Daten etwa in Magnetschrift oder in optisch maschinenlesbaren stilisierten Zeichen dargestellt sind. Solche Verfahren sind vor allem dann praktikabel, wenn es sich um wiederkehrende Vorgänge mit gleichen Daten handelt.

Als weiteren Gesichtspunkt wird der Istaufnehmer zu klären haben, ob — entsprechend der Herkunft der Daten — neben den normalen Belegen auch Datenträger für die maschinelle Verarbeitung angefordert werden können. Für einen solchen Datenträgeraustausch sind immer dann gute Voraussetzungen gegeben, wenn die Partner selbst ADV-Anlagen verwenden und die Datenträger als Ergebnis maschineller Ausgabe entstehen. Auch hierbei sind nicht nur die technischen Erfordernisse eines übereinstimmenden Datenschemas, sondern auch die organisatorischen Bedürfnisse, etwa der Kontrollmöglichkeit oder der Archivierung in einer für den Menschen lesbaren Form, zu berücksichtigen. Beispielsweise ist die Einreichung von Lochkarten zur Gehaltsgutschrift für die Mitarbeiter einer Unternehmung an ein Kreditinstitut nicht denkbar, ohne daß zugleich die Daten in einer Evidenzliste mit nachgewiesen werden. Die Istaufnahme wird daher feststellen haben, welche Beziehungen zu den Stellen bestehen, von denen die Daten eingehen, und welche Möglichkeiten der Beeinflussung in Richtung auf eine automationsgerechte Datendarstellung gegeben sind.

Ist das Untersuchungsobjekt (z. B. die Abteilung) darauf angewiesen, die Umformung selbst vorzunehmen, wird der Gang der Umsetzung noch davon abhängen, ob und wo entsprechend ausgebildetes Personal zur Verfügung steht und wieweit somit die Umwandlung bereits dezentral durchgeführt werden kann oder eine zentrale Bearbeitung zweckdienlich ist. Dabei spielt selbstverständlich auch die zeitliche Verteilung des Datenanfalls eine Rolle.

Die gleichen Gesichtspunkte, die für die Ursprungsdaten gelten, sind auch auf das abgeleitete, im Arbeitsprozeß gewonnene Datenmaterial anzuwenden. Insbesondere, wenn es sich um Zwischenergebnisse handelt, die aus der ADV-Anlage kommen, um später oder an anderer Stelle weiterbehandelt zu werden, sollte eine Darstellung gewählt werden, die den weiteren Arbeitsgang ohne weitere Umformung ermöglicht. Bei den Endergebnissen wird dagegen häufig eine Transformation vom maschinellen Datenträger in Klarschriftform unumgänglich sein. Soweit die Ergebnisdaten Dritten zur Verfügung gestellt werden, wird es diesen nur in den genannten Fällen zuzumuten sein, nur von der Maschine — vielleicht sogar einem speziellen Typ — lesbare Unterlagen in Empfang zu nehmen. Aber auch für den eigenen Bedarf wird eine solche Handhabung vielfach nicht angängig sein, da gesetzliche Vorschriften und die Nachweispflicht etwa gegenüber der internen Revision oder dem Betriebsprüfer damit nicht erfüllt würden.

23. Datentransport

Sofern die Verarbeitung der gewonnenen Daten nicht am Platz der Erfassung, sondern räumlich entfernt geschehen soll, ergibt sich das Problem des Datentransports, das mit seinen Gegebenheiten den Ablauf entscheidend beeinflussen kann.

Bei der Istaufnahme ist deshalb festzustellen, welche Datenmengen für die Eingabe an den einzelnen Orten anfallen und bis zu welchem Zeitpunkt sie zur maschinellen Verarbeitung im Rechenzentrum vorliegen müssen. Dieser Termin wird meistens mit davon abhängig sein, wann die Arbeitsergebnisse zur Verfügung stehen sollen. Ein nicht zeitgerechter Dateneingang würde besonders bei integrierten Arbeitsgängen den Prozeß empfindlich beeinträchtigen (vgl. B. IV. 1. 18).

Je nachdem, welche Entfernungen zu überbrücken und welche Zeitspannen dafür vorgegeben sind, kommen als Möglichkeiten des Datentransports einmal

die Übermittlung von Datenträgern

und zum anderen

die Direktübertragung von Daten mit oder ohne Zwischenspeicherung

in Frage. Der Istaufnehmer muß untersuchen, welche Faktoren sich für die einzelnen Transportwege nach den Gesichtspunkten der zweckmäßigen Eingliederung in den Gesamtablauf, der Sicherheit und Wirtschaftlichkeit ergeben. Welche Wertigkeiten die einzelnen Eigenschaften in bezug auf eine optimale Lösung haben, wird stets vom Gegenstand der Datenverarbeitung abhängen: Für die Platzbuchung einer Fluggesellschaft wird man andere Maßstäbe als für die monatliche Verkaufsstatistik eines Verbandes ansetzen.

Die Untersuchung, auf welche Weise Datenträger transportiert werden können, befaßt sich in erster Linie mit den Verkehrsverbindungen. Die Auswahl des Verkehrsmittels hängt vom Volumen und Gewicht des Transportgutes ab, schließt aber auch die Sicherung gegen Verlust oder Beschädigung der Datenträger ein. Bei der an einen festen Fahrplan gebundenen Inanspruchnahme öffentlicher Verkehrsmittel darf nicht unberücksichtigt bleiben, ob die Zeiten auch bei einem mengenmäßig stark schwankenden Datenanfall eingehalten werden können.

Für die Direktübertragung von Daten sind viel weitergehende Feststellungen zu treffen. Als eine Form der Nachrichtenübermittlung unterliegt sie — sofern sie über das eigene Grundstück hinausgeht — den Bestimmungen der Bundespost, die auch allein die Verbindungswege zur Verfügung stellt[30]). Diese Leitungen sind nur für bestimmte, abgestufte maximale

---

[30]) Vgl. Datenübertragung über Fernmeldewege der Deutschen Bundespost. Probleme und Möglichkeiten. Hrsg. vom Fernmeldetechnischen Zentralamt Darmstadt, Stand Juli 1967.

Übertragungsgeschwindigkeiten zugelassen. Andererseits setzt die anfallende Datenmenge und das aus dem Arbeitsablauf resultierende Zeitlimit eine Mindestgeschwindigkeit der Übertragung voraus. Der Istaufnehmer muß prüfen, ob und wie sich diese Gegebenheiten in Einklang bringen lassen; ebenso ist die technische Benutzbarkeit der Verbindungen, ihre Belegung und Störungshäufigkeit vorweg zu klären.

Lassen die Übertragungswege die vom Gesamtprozeß her erforderliche Mindestgeschwindigkeit zu, so sind die Verfahren zu untersuchen, mit denen die Leitungsgeschwindigkeit angemessen ausnutzbar ist. Werden dabei relativ schnelle Eingaben erforderlich, wird man auf die maschinelle Lesung von Datenträgern zurückgreifen müssen. Das Vorhandensein oder die Herstellungsmöglichkeit solcher Datenträger unter Berücksichtigung der Zeitaspekte sind daher mit aufzunehmen.

In den meisten Fällen wird die Direktübertragung der Daten nicht sofort bis in die ADV-Anlage gehen und damit Direktverarbeitung bedeuten, sondern nur in eine Bereitstellung der Daten unter Zwischenspeicherung münden. Deshalb sind auch Überlegungen anzustellen, welcher Datenträger als Zwischenspeichermedium dem Übertragungs- und Verarbeitungssystem am besten angepaßt ist. Für die Wirtschaftlichkeitsüberlegungen wären neben den unterschiedlichen Kosten der Übertragungsgeräte die Leitungsgebühren mit den verschiedenen Übertragungszeiten in Relation zu setzen.

Datentransport		
Einflußfaktoren auf den Datentransport	Übertragungsfaktoren	Auswahlkriterien
Lage der Datenquellen Datenmengen Terminerfordernisse Sicherheitsbedürfnis Dokumentations- bedürfnis Datenverbleib	Übermittlung von Datenträgern	verfügbare Transportmittel Volumen und Gewicht des Transportgutes Sicherung gegen Verlust oder Beschädigung Periodizität des Datenanfalls
	Direktübertragung (off-line Verarbeitung)	Bestimmungen der Deutschen Bundespost Dringlichkeit des Datenaustauschs
	Direktübertragung (on-line Verarbeitung)	Fehlersicherheit Übertragungsgeschwindigkeit Kosten

Tab. 3

24. Datenverarbeitung

Aufgabe der Datenverarbeitung ist es einmal, Einzeldaten zu übersichtlichen und umfassenden Darstellungen zu vereinigen, und zum anderen, komplexe Datengruppen in Einzeldaten mit höherer Aussagekraft zu zerlegen[31].

Während bei einer Istaufnahme, die nicht speziell auf die Automatisierbarkeit von Datenverarbeitungsprozessen ausgerichtet ist, die Erfüllung dieser Aufgabe (Arbeitsabläufe) im Hinblick auf die Eigenschaften und Kapazitäten des Aufgabenträgers Mensch analysiert wird, steht bei einer automationsgerechten Istaufnahme die ADV-Anlage als möglicher Aufgabenträger im Vordergrund.

Für den engeren Prozeß der maschinellen Datenverarbeitung sind daher bei der Istaufnahme die Vorgänge und Tätigkeiten darauf zu untersuchen, ob sie gewissen Regeln unterworfen sind und daher ihr maschineller Ablauf programmiert werden kann. Hierzu werden alle Routineaufgaben gehören. Verarbeitungsprobleme dagegen, die nur von Fall zu Fall dispositiv entschieden werden können, und alle indeterminierbaren Vorgänge sind für eine maschinelle Behandlung durch ADV-Anlagen nicht geeignet. Um später einen reibungslosen programmierten Ablauf der Datenverarbeitung zu ermöglichen, ist es besonders wichtig, sämtliche Ausnahmefälle bei der Bearbeitung eines Arbeitsgebietes festzustellen. Gleichzeitig müssen die Anforderungen erfaßt werden, die von Seiten der Revisoren an die Art der Verarbeitung der Daten zu stellen sind.

Eine weiter vorzunehmende Erhebung betrifft den zeitlichen Rhythmus der Datenverarbeitung. Für die Einsatzmöglichkeit von ADV-Anlagen kommt es sehr darauf an, ob die Arbeitsvorgänge kontinuierlich verlaufen, ob es sich um periodisch anfallende Tätigkeiten oder um zeitlich unregelmäßige Einzelmaßnahmen handelt, wann und wo Spitzenbelastungen eintreten und welchen Umfang sie annehmen können[32]. Die Feststellungen des Istaufnehmers, welche Datenmengen verarbeitet werden müssen, um die einzelnen Ergebnisse zu gewinnen, werden vielfach dafür entscheidend sein, ob man den Vorgang in die automatisierte Abwicklung einbeziehen soll. Von dem ebenfalls darzulegenden Verhältnis der gesamten Verarbeitung zu den bewegten Posten wird es häufig abhängen, welches Verfahren den optimalen Ablauf bringt.

Der wirtschaftliche Einsatz von ADV-Anlagen hängt mit davon ab, daß — gemessen an der echten Verarbeitung — möglichst wenig Vorbereitungszeitn anfallen. Dazu gilt es, die automatisierte Datenverarbeitung so weit es geht zu integrieren. Deshalb muß sich der Istaufnehmer mit der Frage befassen, ob der vorhandene Grad der Arbeitsteilung bei den Routinevorgängen

---

[31] Vgl. Szyperski, Norbert: Analyse der Merkmale und Formen der Büroarbeit. In: Bürowirtschaftliche Forschung, hrsg. von Erich Kosiol, Berlin 1961, S. 102.

[32] Vgl. Laden, N. H.; Gildersleeve, T. R.: System Design for Computer Application . . ., a. a. O., S. 234.

unerläßlich oder wie weit eine Zusammenfassung für das Ziel ökonomischer Anlagennutzung möglich ist.

Schließlich müssen bei einem bereits gegebenen höheren Automationsstand in dem aufzunehmenden Bereich vorhandene Programme erfaßt und einer Analyse unterzogen werden. Es soll dabei festgestellt werden, inwieweit bei einzelnen Arbeitsproblemen bestimmte Funktionen anfallen, z. B. in welchem Ausmaß Sortierarbeiten oder Rechenoperationen notwendig sind.

Zu untersuchende Merkmale	Konventionelle Untersuchung der Datenverarbeitungsabläufe	Automationsgerechte Untersuchung programmierbarer Abläufe
Aufgabenträger	ja	nein
Verarbeitungsort	ja	nein
Verarbeitungsregeln	ja	ja
Datenträger	ja	ja
Arbeitsmittel	ja	nein
Häufigkeit	ja	ja
Dauer	ja	ja
Zeitpunkt	ja	ja

Tab. 4

Die Tabelle 4 läßt erkennen, daß sich die Istaufnahme bei der automationsgerechten Erfassung von Datenverarbeitungsproblemen auf bestimmte Schwerpunkte konzentriert. Aufgabenträger, Ort der Bearbeitung und die Arbeitsmittel, die beim gegenwärtigen Datenverarbeitungsverfahren eingesetzt sind, brauchen in diesem Zusammenhang nicht erfaßt zu werden. Dafür müssen Datenträger und Verarbeitungsbedingungen wesentlich detaillierter erfaßt werden als bei einer konventionellen Arbeitsablaufuntersuchung, da sie als Grundlage für die Programmierung und für die Bestimmung der ADV-Anlagen-Konfiguration benötigt werden.

25. Ergebnisverwendung

Ergebnisse eines maschinellen Datenverarbeitungsprozesses sind zunächst elektrische Impulse, die als Bit-Kombinationen maschinenintern gespeichert sind. Es hängt nun ganz von dem Zweck ab, der mit einem Ergebnis verfolgt wird, wie diese gespeicherten Impulse weiter behandelt werden. Am Beispiel eines Prozeßrechnersystems wird deutlich, daß das Ergebnis bereits in dem entsprechenden Impuls bestehen kann (Regelimpulse), ohne daß eine weitere Behandlung erfolgen muß. Ganz ähnlich ist es, wenn das Ergebnis eines maschinellen Programmablaufs nicht oder nicht nur klarschriftlich aufzuzeichnen ist; ein alltägliches Beispiel hierfür ist die (ausschließliche oder zusätzliche) Speicherung von Bestandsvorträgen auf Magnetband. Der entgegengesetzte Fall ist schließlich die Klarschriftausgabe, bei der es wieder unterschiedliche Formen gibt. Als Überleitung zwischen diesen beiden Extremen ist die Ergebnisausgabe in Lochkarten oder Lochstreifen anzusehen.

Die hier genannten möglichen Erscheinungsformen der Ergebnisse müssen auf den Zweck abgestimmt sein, dem sie dienen sollen. Es ist zweckmäßig, zwischen Steuerdaten (ex ante) und Auswertungen (ex post) zu unterscheiden. Steuerdaten können grundsätzlich in Impulsform verbleiben (z. B. Prozeßrechnersystem), während Auswertungen zu irgendeinem Zeitpunkt einmal in Klarschrift erscheinen müssen.

Man wird ferner eine Unterscheidung danach treffen müssen, ob ein Ergebnis für interne oder externe Zwecke benötigt wird. Diese Sachverhalte sind zu erfassen, da der Organisator z. B. im ersten Fall grundsätzlich in der Gestaltung des neuen ADV-Systems freie Hand hat, während er sich im zweiten den externen Anforderungen anpassen muß.

Für die Praxis sehr bedeutsam ist schließlich noch die Frage, ob ein Ergebnis zentral oder dezentral benötigt wird. Dabei ist zu beachten, daß maschinenlesbare Eingabedaten sich leichter (billiger) übermitteln lassen als Klarschriftergebnisse.

Neben diesen allgemeinen Gesichtspunkten bei der Ergebnisverwendung, die bei der Istaufnahme zu berücksichtigen sind, gibt es noch eine ganze Reihe spezieller, von denen einige stichwortartig genannt seien:

— Aktualität (der Ergebnisse),
— Wirtschaftlichkeit (der Übertragung),
— Aussagefähigkeit (der Ergebnisse),
— Sicherheit (der Ergebnisse und der Übertragung),
— Selektionsprinzip („management by exception"; nur ein Teil der erstellten Ergebnisse wird ausgegeben) usw.

Diese Kriterien werden an dieser Stelle nicht näher behandelt, da sie in den Rahmen der Analyse der Istaufnahme-Ergebnisse gehören.

C. Verfahren der Istaufnahme

Während im vorangegangenen Abschnitt primär das *Untersuchungsobjekt* im Vordergrund stand, ist nunmehr die *Istaufnahmetätigkeit* selbst in ihren einzelnen Schritten und Varianten zu untersuchen. Die Beschreibung einzelner Vorgehensweisen und die Darstellung verschiedener Methoden und Verfahrenstechniken kann zunächst anhand einer theoretischen Analyse vorgenommen werden. Sie bildet die Grundlage für die nachstehenden Ausführungen. Gleichzeitig jedoch wurde der Versuch unternommen, eine an der Praxis orientierte Darstellung über sinnvolle Vorbereitungsmaßnahmen vor der eigentlichen Durchführung der Aufnahmetätigkeit zu geben.

Bezüglich einer theoretischen Analyse der Istaufnahmetätigkeit läßt sich zunächst folgendes bemerken: Die Istaufnahme muß als eine Teilaufgabe im Rahmen der organisatorischen Vorbereitung vor dem Einsatz von automatischen Datenverarbeitungsanlagen angesehen werden. Wie jede Aufgabe kann daher auch die Istaufnahme nach fünf Kriterien analysiert werden. Es handelt sich dabei um die Gliederungsmerkmale Verrichtung, Objekt, Rang, Phase und Zweckbeziehung, nach denen eine Aufgabe theoretisch gegliedert werden kann.

Dem Studienkreis erschien es angemessen, die Beschreibung der erforderlichen Tätigkeiten bei der Istaufnahme unter dem theoretischen Merkmal der *Phase* zu gruppieren. Es ergeben sich dann drei Stufen der Aufgabenerfüllung: 1. Planung, 2. Durchführung und 3. Kontrolle. Die Bedeutung dieser drei Stufen soll kurz begründet werden:

Die Notwendigkeit einer eingehenden *Planung* der Istaufnahme wurde bisher vielfach unterschätzt. Die Qualität der Istaufnahmeergebnisse hängt aber in hohem Maße von einer wohlüberlegten Planung des zeitlichen Ablaufs, des Einsatzes von Personal und Sachmitteln und von der Auswahl geeigneter Aufnahmemethoden ab. Bei zunehmender Automatisierung des Verwaltungsbereichs besteht die Tendenz, nicht nur einzelne Arbeitsabläufe, sondern Bereiche oder die ganze Unternehmung in die Untersuchung einzubeziehen. Ein komplexes Gebilde kann aber nur dann sinnvoll erfaßt werden, wenn eine gedankliche Vorbereitung und Koordination stattgefunden hat, an der sich die mit der Durchführung Beauftragten orientieren können.

Die *Durchführung* der Istaufnahme erfährt insofern eine Aufwertung, als neben den Erhebungen gleichzeitig eine Dokumentation der Ergebnisse vorgenommen werden muß. Dieses Erfordernis tritt um so stärker zutage, je

---

[1]) Vgl. Kosiol, Erich: Die Organisation der Unternehmung. Wiesbaden 1962, S. 49.

weitreichender und folgenschwerer die Umstellung der Organisation ist und je stärker die personelle, räumliche und zeitliche Trennung zwischen Planung und Durchführung der Istaufnahme wird. Diese Aussage gilt auch für die dritte Stufe, die der Studienkreis in seinen Ausführungen herausgestellt hat, die Kontrolle.

Alle drei genannten Stufen gewinnen für sich gesehen und in einer sinnvollen Abstimmung untereinander an Gewicht, wenn sie in ihrem Umfang entsprechend der mit der Istaufnahme verbundenen Zielsetzung bemessen werden. Auf die Bedeutung der Vorarbeiten zur Einführung von automatisierten Datenverarbeitungsverfahren (Zielsetzung) wurde jedoch bereits mehrfach hingewiesen. Da die Istaufnahme die erste Stufe dieser Vorbereitungsarbeit darstellt, ist leicht zu ersehen, welche Nachteile eine mangelhafte Planung, Durchführung und Kontrolle bei der Istaufnahme zwangsläufig für alle nachgelagerten Aufgaben haben muß, die auf den Ergebnissen der Istaufnahme aufbauen.

I. Planung der Aufnahmetätigkeit

Jedes Tätigwerden des Menschen und der Einsatz von Maschinen und Material in der Unternehmung bedarf einer gedanklichen Vorbereitung, wenn das gesteckte Ziel auf eine möglichst wirtschaftliche Weise erreicht werden soll. Überzeugend wirkt diese Ansicht, wenn man an die grundlegenden Betriebsfunktionen wie Beschaffung, Produktion und Absatz denkt, wo ein Wirken ohne Planung, ohne Abstimmung der einzelnen Bereiche die Verwirklichung der Beschaffungs-, Produktions- und Absatzaufgaben als solche in Frage stellen und damit die Gefährdung des gesamten Betriebsziels direkt zur Folge haben würde.

Die Istaufnahme selbst ist Bestandteil dieser Planungsüberlegungen. Sie stellt Vorarbeiten dar bzw. bildet die erste Stufe eines Planungsprozesses, an dessen Ende der Einsatz von automatischen Datenverarbeitungsanlagen stehen soll. Da dieser Planungsprozeß selbst wieder einer Folge von Handlungen bzw. des Einsatzes und der Kombination von produktiven Faktoren bedarf, muß er auch gedanklich vorbereitet, also geplant werden.

1. Grundsätzliche Überlegungen zum Planungsvorgang

In der Praxis der Organisationsarbeit hat es sich von jeher bewährt, eine Istaufnahme gedanklich gut vorzubereiten. In den meisten Fällen handelt es sich jedoch nicht um eine umfassende und systematische Planung in schriftlich fixierter Form. Eine Planung in diesem Ausmaß erscheint dem Studienkreis aber in weit größerem Ausmaß erforderlich, als sie bisher in der Praxis verwirklicht wurde. Das Bestreben, zu einer integrierten Datenverarbeitung mit Hilfe von ADV-Anlagen zu gelangen, impliziert, wie bereits an anderer Stelle betont wurde, einen wachsenden Umfang der aufzunehmenden Tatbestände. Außerdem nimmt die Kompliziertheit der Zusammenhänge zwischen den Tatbeständen in noch höherem Maße zu. Ein derartiger Aufnahmeumfang läßt sich in wirtschaftlicher Weise nur aufgrund einer durchdachten Planung bewältigen.

Die Notwendigkeit einer schriftlichen Fixierung der Planung wird ersichtlich, wenn man sich der personellen und zeitlichen Trennung von Planung und Durchführung bewußt ist, die in der praktischen Handhabung vielfach nicht zu umgehen ist. Eine Istaufnahme kann sich u. U. über Monate hinziehen, so daß ein Personalwechsel in dieser Zeit häufig nicht zu vermeiden ist. Daneben kann ganz bewußt eine bestimmte Person als Planungsträger ausgewählt werden, während anderen die Verwirklichung übertragen wird, da für die beiden Aufgaben unterschiedliche Fähigkeiten erforderlich sind, die oftmals nicht in einer Person vereinigt sind. Auch unter dem Aspekt der Spezialisierung kann eine personelle Trennung von Planung und Durchführung bewußt angestrebt werden.

Der Umfang der Planungs- und Aufnahmetätigkeit bringt es mit sich, daß die Durchführung nicht unmittelbar an die Konzeption eines Planungsaktes anschließt, sondern erst nach Abschluß und Genehmigung der gesamten Planungsarbeit beginnen kann. Hierin liegt ein weiterer Grund für die Notwendigkeit einer schriftlichen Fixierung der Planungsgedanken. Die Fixierung zwingt zu einer strengeren Systematik bei der Planung und ermöglicht bzw. erleichtert die Orientierung der mit der Durchführung Beauftragten, ohne daß eine ständige Verbindung mit dem Planungsträger zu bestehen braucht.

Die Planung kann unabhängig vom Problem einer schriftlichen Fixierung unterschiedliche *Intensitätsgrade* aufweisen. In vielen Fällen ist eine Globalplanung von Vorteil, insbesondere bei geringem Aufnahmeumfang, bei einem relativ unkomplizierten Untersuchungsgegenstand oder bei reichlicher Erfahrung des Aufnahmeteams. Hier liegt ein größerer Handlungsspielraum bei den Durchführenden. Die Zeitersparnis bei der Planungsarbeit ist jedoch nur dann ein echter Vorteil, wenn die o. g. Voraussetzungen gegeben sind. Handelt es sich um ein komplexes Untersuchungsobjekt und um wenig geschultes Personal für die Aufnahme, wird man tendenziell zu einer Detailplanung neigen. In diesem Fall ist jedoch ganz besonders darauf zu achten, daß die Planung kein starres Schema vorgibt, sondern daß sie flexibel genug ist, um entsprechend evtl. bei der Aufnahmetätigkeit auftretender neuer Bedingungen eine Änderung der vorgegebenen Richtlinien zu ermöglichen. Die Planung muß also anders ausgerichtet werden, wenn sich im Verlauf der Istaufnahme zeigt, daß andere Wege bzw. Verfahren besser zum Ziele führen.

Aus diesem Grunde soll auf eine Überwachung des Plans als Ergebnis der Planungsüberlegungen im Hinblick auf sich häufig ändernde Verhältnisse im Verlauf der Realisierung Wert gelegt werden. Auf diese Weise kann eine sachliche Plankorrektur erforderlich werden. Daneben besteht die Notwendigkeit, die Planung auf ihre Vollständigkeit hin zu überprüfen, um sicherzustellen, daß alle bei der Durchführung zu bewältigenden Probleme und Vorgehensweisen bei der Planung berücksichtigt und gedanklich erfaßt werden.

Schließlich muß auf eine Überwachung der Kosten geachtet werden. Der Aufwand für die Planungstätigkeit und für die Gewinnung von exakten Planungsunterlagen muß in einem angemessenen Verhältnis zum Nutzen für die Aufgabenstellung (hier: die Istaufnahme) gebracht werden. Ein Maß für den Umfang der Planung, die betrieben werden muß, läßt sich aus der Art des Planungsobjekts, des Informationsstandes von Planungs- und Durchführungspersonal sowie aus der Vorhersehbarkeit zukünftiger Daten und der Veränderlichkeit der gegenwärtigen Daten ableiten.

Neben Form, Umfang und Kosten der Planung lassen sich auch für die Abwicklung der Planungstätigkeit generelle Aussagen treffen. Ist der Auftrag zu einer bestimmten Istaufnahme erteilt, so gilt damit die Problemstellung für die Planungsarbeiten als fixiert. Unter diesem Aspekt müssen nun auf breiter Basis Informationen gesammelt werden. Welche Informationen im einzelnen erforderlich sind und auf welche Weise man sie auffinden kann, wird im nachfolgenden Abschnitt im einzelnen erläutert. Hier soll zunächst angedeutet werden, daß die Planung sich in verschiedenen Stufen vollzieht, deren erste die Informationssammlung darstellt. Diese Informationen müssen im Verlauf der nächsten Stufen analysiert, und es müssen daraus sinnvolle Handlungsalternativen entwickelt werden. In der letzten Phase wird nach Möglichkeit die wirkungsvollste Lösung ausgewählt und in einem Planungsrahmen schriftlich fixiert. Dieser kann der Geschäftsleitung oder auch einer anderen zuständigen Instanz zur Genehmigung vorgelegt werden und dient dann als Richtschnur und Arbeitsanleitung für die mit der Durchführung der Istaufnahme Betrauten.

2. Die Komponenten einer Planung der Istaufnahme

Nachdem einige generelle Gedanken zur Planung der Istaufnahme vorangestellt wurden, deren Beachtung auch bei der Vorbereitung einer Istaufnahme im Hinblick auf die Einführung von automatischen Datenverarbeitungsanlagen unerläßlich ist, soll erörtert werden, was in der Regel zum Gegenstand der Planung einer solchen Istaufnahme gehört.

21. Datensammlung

In bezug auf die Istaufnahme können hier mehrere Informationsquellen zur Verfügung stehen, von denen alternativ oder gleichzeitig Gebrauch gemacht werden kann:

— eine informatorische Istaufnahme,

— frühere Istaufnahmen (vgl. C. II. 1. 15),

— frühere Sollvorschläge,

— bestehende Organisationsanweisungen,

— eine oder mehrere Lösungsvorstellungen,

— die Istaufnahmeerfahrung bei ähnlichen Lösungsvorstellungen,

— eine repräsentative Teil-Istaufnahme.

Durch eine „informatorische Istaufnahme" wird sich vielfach erst der Umfang der Probleme und die Zugänglichkeit der zu untersuchenden Unternehmung und des Unternehmungsbereichs erkennen lassen.

Weiterhin gibt eine informatorische Istaufnahme — z. B. in Form einer Betriebsbegehung — darüber Auskunft, welche Quellen schon vorhanden sind und welche Quellen durch die Istaufnahmeverfahren erschlossen werden müssen.

Die informatorische Istaufnahme ist besonders dann notwendig, wenn auf weitere zuverlässige Planungskomponenten nicht zurückgegriffen werden kann und wenn aus der Branche der zu untersuchenden Unternehmung für das zu untersuchende Arbeitsgebiet noch keine Istaufnahmeerfahrung vorliegt und keine ähnlichen „Lösungsvorstellungen" erarbeitet werden können. Die informatorische Istaufnahme ist deshalb vielfach das Instrument zur Erarbeitung der Lösungsvorstellungen.

Während vor der informatorischen Istaufnahme die Planung sich noch in der Phase der Grobplanung befindet, kann nach abgeschlossener und ausgewerteter informatorischer Istaufnahme die Detailplanung und die Vorbereitung der Istaufnahmeverfahren in Angriff genommen werden. Anstelle einer umfassenden informatorischen Istaufnahme wird vielfach nur für ein repräsentatives Teilgebiet eine Istaufnahme durchgeführt. Sie hat insbesondere die Aufgabe, über die Lebensfähigkeit einer Lösungsvorstellung etwas auszusagen, um dieser wichtigen Planungskomponente das ihr zukommende Gewicht bei der Auswahl der Verfahren zu geben.

22. Konkretisierung der Zielsetzung

Bei der Planung einer Istaufnahme ist davon auszugehen, daß nur eine zweckbezogene bzw. lösungsorientierte Istaufnahme sinnvoll ist (vgl. Kapitel A. Grundlegung).

Ausgangspunkt für eine Planung der Istaufnahme ist daher die Fixierung einer bestimmten Zielsetzung. Die Zielsetzung induziert Vorstellungen über den Aufnahmeumfang, die Aufnahmeintensität, die Aufnahmerichtung und die Aufnahmeverfahren bei der Durchführung der Istaufnahme, die einer exakten Planung bedürfen.

Die Untersuchung eines Teilgebietes ist nur sinnvoll, wenn sie in einer Zusammenschau mit den übrigen Arbeitsbereichen in der Unternehmung erfolgt. Bei der Fixierung der Zielsetzung muß berücksichtigt werden, daß bisher nicht erfaßte, aber im Hinblick auf die Einführung automatisierter Datenverarbeitungsverfahren mögliche Arbeitsgebiete in die Überlegung mit einbezogen werden.

Entsprechend der Auffassung: „Das Erfassen des Ist-Zustandes geht in mindestens zwei Durchgängen vor sich; oft sind mehr als zwei erforderlich. Beim ersten Durchgang notiert man das tatsächlich beobachtete Geschehen, im zweiten und im folgenden die als Schwierigkeiten und Störungen erkannten Mängel"[2]), hat sich in der Praxis gezeigt, daß sich die Zielsetzung einer Istaufnahme an einer oder mehreren Lösungsvorstellungen orientiert, die im Verlaufe einer Istaufnahme eine ständige Anpassung an die Gegebenheiten erfahren und auf ihre Realisierbarkeit hin überprüft werden. Diese Lösungsvorstellung oder diese Lösungsvorstellungen können aus einer Standardverfahrensbibliothek oder aus einer vorhergehenden informatorischen Istaufnahme abgeleitet sein. Besonders bei der Entwicklung neuer Verfahren (auch neuer Standardverfahren) wird man auf informatorische Istaufnahmen als Planungsgrundlagen zurückgreifen müssen.

Einer informatorischen Istaufnahme sind Dokumentationen aus früheren Istaufnahmen oder aus Istaufnahmen ähnlicher Problemstellungen im Wert gleichzusetzen.

Mit der Orientierung der Istaufnahme an einer bestimmten Lösungsvorstellung findet auch schon eine Beschränkung hinsichtlich der Wahl der technischen Mittel statt. Die Wahl der technischen Mittel läßt schon in der Planungsphase Aussagen über die Berücksichtigung der Lieferzeit, den Zeitbedarf, die Erarbeitung der Sollvorstellung, Programmierzeit, Programmtestzeit, Vorbereitungszeit zur Einführung der automatisierten Datenverarbeitung (Einarbeitung, Vordruck-Beschaffung, Beleghandhabung) zu und, bezogen auf den geplanten Einsatztermin, Angaben über die mögliche und erforderliche Zeit für die Istaufnahme selbst.

23. Auswahl der Untersuchungsform

Die allgemeine Ausrichtung der Istaufnahme auf eine bestimmte Untersuchungsform kann einen außerordentlich starken Einfluß auf die Auswahl der Methoden haben und hat außerdem Konsequenzen hinsichtlich des Kosten- und Zeitbedarfs einer Istaufnahme.

Die verschiedenen Untersuchungsformen sind gekennzeichnet durch die Begriffe:

— Teil- und Gesamterhebung,

— intensive und extensive Untersuchung und

— direkte und indirekte Untersuchung.

---

[2]) Das **REFA-Buch**: Bd. I: Arbeitsgestaltung. München 1951, S. 105.

Aufgrund der sehr unterschiedlichen Begriffsinhalte ist einzusehen, daß sicherlich nicht jede Untersuchungsform zur Erreichung jedes Zieles eingesetzt werden kann. Die folgende Erläuterung der Untersuchungsformen unterstützt diese Erkenntnis.

Zunächst ist die Frage nach dem Umfang einer Teil- oder Gesamterhebung zu klären. Hierbei ist davon auszugehen, daß der Umfang als vorrangiges Differenzierungsmerkmal dient. Für den Umfang wird stets die Zielsetzung und die Ausgangslage vor Beginn der Istuntersuchung entscheidend sein. So kann sich eine Gesamterhebung auf die Gesamtunternehmung, den Gesamtbereich oder eine Abteilung beziehen, eine Teilerhebung dagegen jeweils nur einen Teil davon erfassen. Gesamterhebungen sind im allgemeinen mit einem außerordentlichen Arbeitsaufwand verbunden. Die Gefahr ist groß, daß auch solche Arbeitsgebiete in die Aufnahme einbezogen werden, die nach der Zielvorstellung auszuklammern sind.

Dennoch bietet sich eine Gesamterhebung dort als vertretbar an, wo kleine Betriebe und Organisationen aufzunehmen sind oder der Aufbau integrierter Systeme zur Diskussion steht. Im Gegensatz dazu beschränkt eine Teilerhebung die Aufnahme auf abgegrenzte Teilbereiche, die sachlich oder verantwortlich voneinander zu trennen sind. Die Beschränkung auf Teilbereiche kann verschiedene Ursachen haben; u. a. gehören dazu:

— Untersuchungen in Teilbereichen eines Konzerns oder einer Unternehmung,

— Einbeziehung von Arbeitsgebieten in die Datenverarbeitung in nacheinander folgenden Schritten und

— Übertragung bestimmter Aufgaben auf die Datenverarbeitung außer Haus.

Schließlich kann auch dann von einer Teilerhebung gesprochen werden, wenn mit Hilfe von Repräsentativerhebungen (Stichproben oder Erfassen typischer Fälle) auf die Gesamtorganisation geschlossen wird[3][4]. Eine Teilerhebung sichert im wesentlichen aktuelle Umstelldaten und ermöglicht kleinere Teams auch bei umfangreichen Umstellungen. Problematisch sind hingegen die Herstellung von Anschlußpunkten und die spätere Informationsverdichtung. Unter Anschlußpunkten sind dabei die Informationsverbindungen zwischen zwei verschiedenen Arbeitsgebieten zu verstehen, wobei die Informationen und Ergebnisse eines Arbeitsgebietes Grundlage für das folgende Arbeitsgebiet werden.

Intensive und extensive Untersuchungen kennzeichnen dagegen den qualitativen und quantitativen Inhalt der Istaufnahme als Gegensatzbegriffspaar.

Intensive Untersuchungen erlauben eine in die Tiefe gehende Erfassung aller Informationen und Verarbeitungsvorgänge. Es werden dabei alle Tatbestände

---

[3] Vgl. Flaskämper, Paul: Allgemeine Statistik. Teil I. Hamburg 1949, S. 177 f.
[4] Vgl. C. II. 1. 15.

erfaßt, auf denen aufbauend eine Feinanalyse erstellt werden soll. Dem Vorteil der Gewinnung außerordentlich tief gegliederter Unterlagen können als Nachteile längerer Zeitbedarf, großer Personalaufwand und Schwierigkeiten in der Aufbereitung des erfaßten Materials gegenüberstehen. Außerdem besteht hierbei ebenso wie bei einer Gesamtuntersuchung die Gefahr, daß über die generelle Zielrichtung „Istaufnahme eines Datenverarbeitungsproblems" hinausgegangen wird.

Die extensive Untersuchung verlagert die Aufnahme stärker an die Oberfläche, es werden im wesentlichen komplexe Tatbestände nur als Gesamtheit erfaßt. Man kann auch von einer Groberfassung sprechen. Die extensive Untersuchung erlaubt eine kurzfristige Istaufnahme und liefert zusätzlich Anhaltspunkte für ein weiteres Vorgehen. Als reine informatorische Istaufnahme ist sie ein wertvolles Instrument in der Planungsphase, mit dessen Hilfe die Erprobung eines vorgesehenen Verfahrens und die Bestimmung des Gesamtvolumens der geplanten Istaufnahme durchführbar ist. In der Praxis dürften sich zudem beide Untersuchungsformen nicht ausschließen, da unterschiedliche Wege für verschiedene aufzunehmende Problemkreise denkbar sind. Außerdem kann der Intensitätsgrad individuell abgestuft werden.

Schließlich kann eine Untersuchung direkt oder indirekt erfolgen, wobei eine gemischte Anwendung beider Vorgehensweisen durchaus üblich ist. Direktes oder indirektes Vorgehen kann sich dabei sowohl auf die Träger als auch auf den Gegenstand der Istaufnahme beziehen. Unter dem Gesichtspunkt des Trägers der Istaufnahme kann eine Untersuchung dann als direkt bezeichnet werden, wenn das Aufnahmeteam unmittelbar mit den aufzunehmenden Tatbeständen konfrontiert wird und die Aufnahme selbst durchführt. Als indirekt ist eine Untersuchung hingegen dann zu bezeichnen, wenn die Aufnahme durch Einschaltung der Betroffenen erfolgt. Dabei ist zu unterscheiden zwischen der Aufnahme durch die Betroffenen selbst und der Einschaltung der Betroffenen als Auskunftspersonen (vgl. auch C. II. 1. Abs. 6).

Wird das Begriffspaar „direkt — indirekt" auf den Gegenstand der Istaufnahme bezogen, so ist die direkte Untersuchung in einer unmittelbaren Aufnahme der relevanten Tatbestände einer Unternehmung zu sehen. Die Untersuchung kann als indirekt bezeichnet werden, wenn von bestehenden Unterlagen analog auf das aufzunehmende Problem geschlossen wird oder nur bestimmte Kennzeichen des Verarbeitungsproblems zur Ableitung der übrigen Daten verwendet werden. Beispielsweise liegt dann eine indirekte Istaufnahme vor, wenn, aufbauend auf Branchenvergleichsdaten, durch Analogschluß das gesamte Volumen eines Datenverarbeitungsproblems ermittelt wird.

Aus der Beschreibung der verschiedenen Vorgehensweisen und unter Beachtung der übrigen Entscheidungskriterien (Kosten und Zeit) ergibt sich eine hierarchische Staffelung der Einflußgrößen.

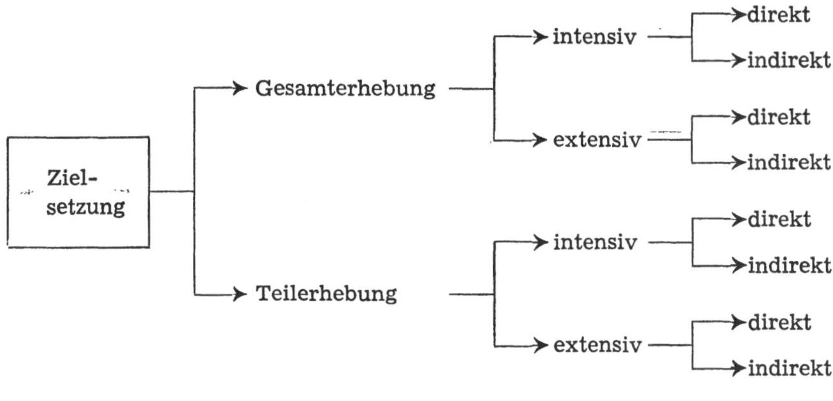

Abb. 7

In der Reihenfolge ergibt sich somit als Ausgangsüberlegung für die Auswahl der geeigneten Untersuchungsform die Zielvorstellung, aus der sich ableitet, ob eine Gesamt- oder Teilerhebung durchgeführt werden soll. Daran anschließend ist die Frage der Intensität zu klären. Danach kann die Entscheidung erfolgen, ob unter Einschaltung der Betroffenen oder ohne sie aufgenommen werden soll, bzw. ob eine direkte oder indirekte Aufnahme erforderlich ist. An dieser Stelle fällt bereits die Vorentscheidung für ein bestimmtes Verfahren. Die Wahl der geeigneten Vorgehensweise kann in jeder Stufe nur unter Beachtung der Haupteinflußgrößen Träger und Gegenstand der Istaufnahme geschehen.

24. Vorauswahl der Erhebungsmethoden

Die Vorauswahl und Vorgabe bestimmter Erhebungsmethoden (z. B. Interview, Fragebogenmethode usw.) muß mit der konkreten Situation in der Unternehmung abgestimmt werden. Die Frage, welche Erhebungsmethode grundsätzlich für eine Istaufnahme im Hinblick auf den Einsatz von ADV-Anlagen adäquat erscheint, und eine Beschreibung und Wertung dieser Methoden sollen in einem nachfolgenden Abschnitt (Durchführung der Istaufnahme) im einzelnen erörtert werden. In der Planungsphase ist jedoch im Hinblick auf die anzuwendenden Methoden eine gewisse Vorauswahl zu treffen, um einheitliche Erhebungsergebnisse zu gewährleisten und dadurch die Auswertung dieser Ergebnisse zu rationalisieren. Andererseits kann es der Qualität der Aufnahme förderlich sein, wenn der Entscheidungsspielraum für die Durchführenden, die mit den unterschiedlichen Verhältnissen in den einzelnen Bereichen oder Abteilungen der Unternehmung konfrontiert werden, nicht zu stark eingeengt wird.

Generell sollte daher jeweils die Methode zum Zuge kommen, mit der in einer festgelegten Zeit und mit einem vorgegebenen Aufwand das aussagefähigste Untersuchungsergebnis erzielt werden kann. Im einzelnen Fall müssen jedoch konkrete Bedingungen im Zeitpunkt der Planung der Istaufnahme beachtet werden, die die eine oder andere Methode nicht zur Anwendung gelangen lassen, obwohl es von der Sache her als gerechtfertigt erscheinen würde. Einige dieser Faktoren, anhand derer ggf. eine Vorauswahl der Methoden zu treffen ist, seien ihrer Bedeutung wegen kurz geschildert.

In Abhängigkeit von der Zielsetzung, z. B. der Einführung eines Standardverfahrens oder der Findung einer bisher noch nicht standardisierten Lösung, müssen auch die Erhebungsmethoden variiert werden. Dabei ist es nicht unerheblich, ob die Zielsetzung eine Planungskonstante (z. B. die Einführung eines bestimmten Standardverfahrens mit einem bestimmten Fabrikat) oder eine „Variable" (z. B. in Abhängigkeit von einer vorhergehenden informatorischen Istaufnahme) ist. Planungskonstante sind beispielsweise gesetzliche Vorschriften und in vielen Fällen Revisionsgesichtspunkte sowie z. B. Koordinationsrücksichten innerhalb eines großen Firmenverbandes.

Das Angebot internen Personals als Träger der Istaufnahme stellt einen weiteren Faktor dar. Je mehr qualifiziertes internes Personal zur Verfügung steht, um so mehr kann auf dessen Kenntnis des Gegenstandes der Istaufnahme zurückgegriffen werden, so daß die Erhebungsmethoden, mit denen das Personal bereits Erfahrungen gesammelt hat, als besonders prädestiniert erscheinen.

Die Notwendigkeit, auf externes Personal zurückgreifen zu müssen, wenn z. B. der qualitative und quantitative Personalbestand der eigenen Unternehmung nicht ausreicht, bestimmt ebenfalls die Auswahl der Methoden. Bei überwiegend externen Istaufnehmern sind solche Methoden weniger geeignet, die schon vor der Istaufnahme gute Kenntnisse der betrieblichen Besonderheiten voraussetzen. Um z. B. eine Konferenzmethode mit Erfolg anzuwenden, sollte bei externen Istaufnehmern die Inventurmethode vorausgehen, während beim Einsatz hauptsächlich internen Personals eine Inventurmethode zur erfolgreichen Anwendung der Konferenzmethode nicht immer notwendig ist. Bestimmte Methoden erweisen sich z. B. als durchführungsintensiv, d. h. die die Istaufnahme Durchführenden werden durch sie stark beansprucht, und es sind deshalb an sie besondere Anforderungen zu stellen. Sind diese Anforderungen aus irgendwelchen Gründen nicht zu erfüllen, wird man u. U. auf vorbereitungsintensive Methoden zurückgreifen, die geringere Anforderungen an den genannten Personenkreis stellen.

Die Dringlichkeit einer organisatorischen Neuordnung läßt es nicht in jedem Fall zu, die Planungsgesichtspunkte im Hinblick auf maximale Genauigkeit der Ergebnisse und Kostenminimierung zu durchleuchten, um nicht z. B. gesetzte Termine für die Einführung eines Datenverarbeitungsverfahrens zu gefährden. In solchen Fällen wird die Wahl der Methoden dem Gesichtspunkt termingerechter Abwicklung untergeordnet werden müssen. Die Dringlichkeit hat damit einen direkten Einfluß auf die Wahl der Methoden. Daneben können auch noch indirekte Wirkungen entstehen. Die termingerechte Abwicklung nämlich (um bei dem Beispiel des gesetzten Termins zu bleiben) hat wiederum Auswirkungen auf die Personalauswahl, und die getroffene Personalauswahl hat wiederum Auswirkungen auf die Methoden.

Bei hohem Organisationsstand hat eine Istaufnahme von bereits maschinell bearbeiteten Arbeitsgebieten innerhalb einer Unternehmung den Charakter einer Ergänzungs- und Kontrollerhebung und nur in bezug auf zusätzliche Aufgabengebiete den Charakter einer Istaufnahme ohne Vorergebnisse. Die anzuwendenden Methoden werden daher besonders unter diesem Aspekt ausgewählt werden müssen.

Nicht zuletzt spielen die bei den aufnehmenden und betroffenen Abteilungen durch die Anwendung bestimmter Methoden entstehenden Kosten für die Bevorzugung der einen oder der anderen Methode bei der Istaufnahme eine entscheidende Rolle. Als Entscheidungshilfen sind Kostenschätzungen notwendig, die zunächst nur den Charakter einer Grobschätzung haben können und erst z. B. nach einer informatorischen Istaufnahme detaillierter ausgebaut werden können.

25. Auswahl der Vorgehensweise

Die Planung bietet die Möglichkeit, die Erfassung der einzelnen Untersuchungsbereiche bei einer Istaufnahme unter einheitlichen Gesichtspunkten vorzubereiten. Dadurch wird der sachliche Zusammenhang bei der Aufnahme erkennbar. Außerdem gestaltet sich die Zusammenarbeit des Untersuchungsteams wesentlich wirkungsvoller. Beide Momente spielen im Hinblick auf eine spätere Integration der Datenverarbeitung mit Hilfe von ADV-Anlagen eine entscheidende Rolle.

Bei der Planung müssen mehrere denkbare Vorgehensweisen auf ihre Eignung hin geprüft werden, bevor eine Festlegung als Vorgabe für die Durchführung erfolgen kann.

Naheliegend und in der Praxis vielfach auch geübt ist eine Aufnahme des Istzustandes in der Unternehmung nach den einzelnen Abteilungen. Alle Aufgaben innerhalb der Abteilung werden erfaßt und beschrieben. Wenn beabsichtigt ist, nur eine oder einige wenige Abteilungen überhaupt in die Untersuchung einzubeziehen, kann ein solches Vorgehen im Einzelfall durchaus am Platze sein. Es birgt jedoch gerade im Hinblick auf die Erfassung von Datenverarbeitungsprozessen Gefahren in sich. Häufig werden die Zusammenhänge zwischen den Abteilungen nicht klar genug verfolgt. Außerdem ist die gegenwärtige Abteilungsbildung der Unternehmung aus verschiedenen Gründen meist nicht harmonisch mit dem Datenfluß abgestimmt. Eine spätere Sollkonzeption, die von der Zweckmäßigkeit des Datenflusses ausgehen muß, wird daher häufig auch den Abteilungszusammenhang und die Abteilungsgrenzen beeinflussen und entsprechende Änderungen bewirken. Unter

diesem Aspekt erscheinen ein Verfolgen des Datenflusses über die Abteilungsgrenzen hinweg und eine Zusammenfassung bzw. Gruppierung nach Datenverarbeitungsproblemen sinnvoller. Die Erfassung der Daten kann wiederum
nach Datenverarbeitungskomplexen oder nach Sachgebieten erfolgen (vgl.
Abb. 8). „Ausgehend von den vielfältigen Verbindungen zwischen den Ge-

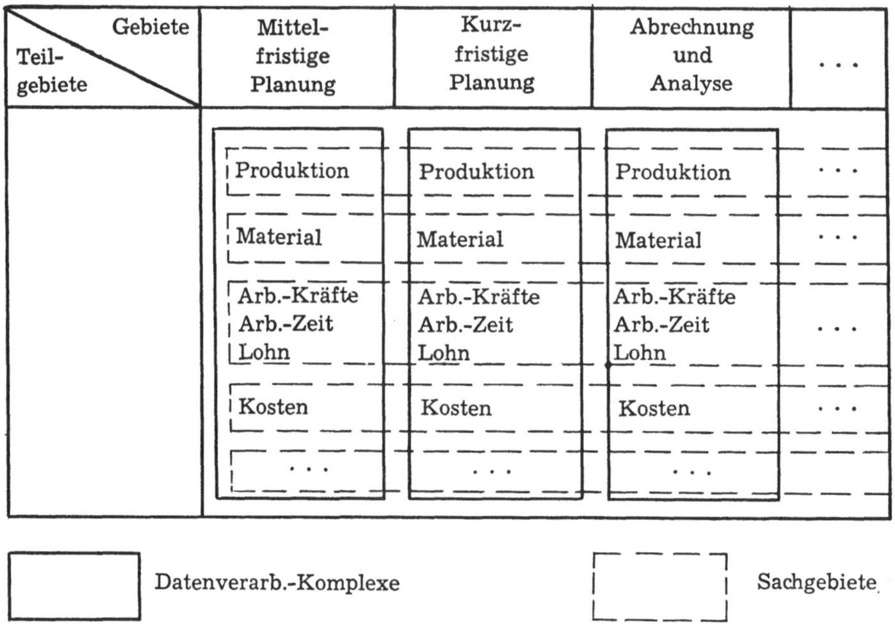

Teilgebiete \ Gebiete	Mittelfristige Planung	Kurzfristige Planung	Abrechnung und Analyse	...
	Produktion	Produktion	Produktion	...
	Material	Material	Material	...
	Arb.-Kräfte Arb.-Zeit Lohn	Arb.-Kräfte Arb.-Zeit Lohn	Arb.-Kräfte Arb.-Zeit Lohn	...
	Kosten	Kosten	Kosten	...
	...	...	...	

☐ Datenverarb.-Komplexe   ⌐ ┘ Sachgebiete

Schema der Unterteilung des Untersuchungsobjekts
nach Datenverarbeitungskomplexen und Sachgebieten[5])

Abbildung 8

bieten und Teilgebieten der Leitung wird im ersten Falle den Zusammenhängen innerhalb der einzelnen Sachgebiete, im zweiten Falle den Zusammenhängen zwischen diesen die größere Bedeutung beigemessen[6]).“

Derartigen, über einzelne Arbeitsplätze, über Abteilungen und sonstige
Bereiche hinausgehenden Ablaufanalysen ist im Zusammenhang mit automatisierten Datenverarbeitungsverfahren eine große Bedeutung beizumessen,
weil diese es in besonderem Maße gestatten, Arbeitsabläufe der verschieden-

---

[5]) Abbildung aus Runge, G.: Erfahrungen aus der Istzustandsuntersuchung zur Vorbereitung
des Einsatzes einer EDVA in Industriebetrieben. In: Rechentechnik Datenverarbeitung, 4. Jg.,
Heft 2, Berlin 1967, S. 15.

[6]) Runge, G.: Erfahrungen aus der Istzustandsuntersuchung zur Vorbereitung des Einsatzes
einer EDVA in Industriebetrieben ..., a. a. O., S. 15.

sten Art zusammenzufassen, die bei sonstigen Verfahren an unterschiedlichen Arbeitsplätzen oder in unterschiedlichen Abteilungen durchgeführt werden.

Wenn das Untersuchungsgebiet z. B. die Fakturierabteilung ist, so sind selbstverständlich auch — obwohl es sich hierbei um einen sich aus dem Aufbau der Unternehmung abzuleitenden Bereich handelt — Arbeitsabläufe aufzunehmen. Andererseits sind — wenn das Untersuchungsobjekt z. B. Auftragsbearbeitung heißt — auch die sich aus dem Aufbau der Unternehmung ableitenden Gegebenheiten der Fakturierung Gegenstand der Istaufnahme. Der Gegenstand Fakturierung wird dabei von der Vorgehensweise der Istaufnahme her in beiden Fällen anders zu sehen sein.

Aber auch bei den zuletzt geschilderten Vorgehensweisen müssen Nachteile in Kauf genommen werden. Es ergeben sich erhebliche Abstimmungsschwierigkeiten mit den einzelnen Istaufnehmern, die die einzelnen Datenverarbeitungskomplexe erfassen. Inhalt und Aufbau der Datenträger sowie die verwandten Nummern-Systeme sind schwierig zu koordinieren. Ähnliches gilt für eine Untersuchung nach Sachgebieten. Der Studienkreis folgt daher der Auffassung von Runge[7]), der eine Kombination der drei genannten Vorgehensweisen (Abteilung, Datenverarbeitungskomplex, Sachgebiet) vorschlägt. Bei dieser Vorstellung wird das gesamte Untersuchungsobjekt in einzelne Datenverarbeitungskomplexe aufgeteilt, die von den einzelnen Istaufnehmern oder Teamgruppen zu bearbeiten sind. Die Erfassung des Istzustandes wird nun auf die Abteilungen beschränkt, in denen die verteilten Datenverarbeitungskomplexe bearbeitet werden. Verarbeitungsprozesse innnerhalb einer Abteilung, die mit dem Datenverarbeitungskomplex nicht im Zusammenhang stehen, werden nicht untersucht. Dabei sollte man bemüht sein, den einzelnen Untersuchungsgruppen Abteilungen zuzuordnen, die soweit wie möglich mit den Datenverarbeitungskomplexen übereinstimmen, die von dieser Gruppe zu untersuchen sind. Auf diese Weise erscheint eine vollständige Erfassung als gesichert. Zugleich scheitert die einheitliche Erfassung eines Datenverarbeitungskomplexes nicht an Abteilungsgrenzen. Darüber hinaus kann weitgehend eine Erfassung von Tatbeständen vermieden werden, die mit dem zu untersuchenden Datenverarbeitungsproblem nicht in logischem Zusammenhang stehen.

26. Erarbeitung von Dokumentationsrichtlinien

An die Erhebung, bei der, wie noch gezeigt werden soll, sehr verschiedene Methoden zur Anwendung gelangen können, schließt sich die Darstellung und Auswertung der Erhebungsergebnisse an. Das sollte nach Meinung des Studienkreises gerade im Hinblick auf den evtl. späteren Einsatz von ADV-Anlagen besonders sorgfältig und nach einem einheitlichen Schema erfolgen. Deshalb wurde diesen Problemen im Abschnitt „Dokumentation" im Rahmen dieser Ausarbeitung breiter Raum gegeben.

---

[7]) Vgl. Runge, G.: Erfahrungen aus der Istzustandsuntersuchung ..., a. a. O., S. 16.

In der Planungsphase, von der hier die Rede ist, müssen gewisse Richtlinien erarbeitet und den Durchführenden bei der Istaufnahme als Orientierungshilfe an die Hand gegeben werden. Erst aufgrund eines solchen einheitlichen Rahmens wird oftmals die Fülle der Aufnahmedaten ausgewertet werden können und so zusammenstellbar sein, daß sie Unbeteiligten, sei es die Geschäftsleitung oder seien es die mit der Planung der ADV-Organisation Betrauten, Entscheidungsgrundlage sein und einen klaren Überblick über den Istzustand in der Unternehmung geben können. Im einzelnen soll auf die Möglichkeiten einer derartigen sinnvollen Dokumentation an dieser Stelle nicht eingegangen werden. Es ist jedoch der Hinweis hier angebracht, daß der Rahmen für die im Abschnitt „Dokumentation" dargestellten Techniken der Identifizierung, Klassifizierung und Darstellung von Datenverarbeitungsproblemen bereits in der Planungsphase geschaffen werden muß, um eine geordnete Abwicklung der Aufnahmetätigkeit zu garantieren.

Ausgangspunkt für die Erarbeitung von Dokumentationsrichtlinien ist die Bestimmung der Dokumentationsbedürfnisse. Wie weit von den später aufgeführten Möglichkeiten (siehe dazu Kapitel C. II. 3) für eine Dokumentation Gebrauch gemacht wird und in welchem Umfang die erfaßten Tatbestände überhaupt dokumentiert werden, hängt vom Einzelfall ab. Einige wesentliche Faktoren können jedoch unabhängig vom speziellen Fall in der Praxis als Orientierungshilfe dienen. Der Umfang der erforderlichen Dokumentation hängt demnach wesentlich ab

(1) vom Zweck der Istaufnahme:

Bei der Istaufnahme zum Zwecke der Vorbereitung der Entscheidung über die Umstellung nach dem Vorbild eines vorhandenen automatisierten Datenverarbeitungsverfahrens (Verfahrensübernahme) müssen lediglich die Abweichungen der Istabläufe von den vorgeschlagenen Abläufen und die erwarteten Verbesserungen dokumentiert werden.

Bei der Istaufnahme zum Zwecke der Vorbereitung einer Entscheidung über die Umstellung auf ein noch zu entwickelndes automatisiertes Datenverarbeitungsverfahren muß die Rohdokumentation (die durchaus formlos sein kann und in der Regel aus Zeitmangel auch sein wird) zu einem Abschlußbericht verdichtet werden.

Bei der Istaufnahme zum Zwecke der Verfahrensentwicklung müssen sowohl die Zahlen, Datenmengen, Termine als auch die Abläufe festgehalten werden. Das bedingt in der Regel eine Überarbeitung der ersten Aufschreibungen (Vereinheitlichung durch eine systematische Dokumentation).

(2) vom Umfang und Schwierigkeitsgrad des Untersuchungsgebietes:

Je umfangreicher ein Untersuchungsgebiet ist, um so wichtiger wird die Frage des Zugriffs zu den Aufnahmeergebnissen. Es gibt dann Fälle, z. B. Verkehrszählungen oder Untersuchungen von Marktforschungs-Instituten, bei denen es sich zwar um Istaufnahmen zum Zwecke der Entscheidungsvorbereitung handelt, die aber einen solchen Umfang annehmen, daß nur eine formgebundene Dokumentation zweckmäßig ist. Da man bei den großen Mengen von Daten, die bei derartigen Istaufnahmen anfallen, schon häufig maschinelle Hilfsmittel (ADVA) einsetzt, um die Auswertung der Sachverhalte zu beschleunigen, kann man aus einem weiteren Grund gezwungen sein, eine umfassende, systematische, auf Datenträger fixierte Dokumentation vorzunehmen. Erst unter dieser Voraussetzung ist nämlich der Einsatz von maschinellen Hilfsmitteln sinnvoll.

Der Schwierigkeitsgrad eines Untersuchungsgebietes wirkt sich vor allem bei der Istaufnahme zum Zwecke der Verfahrensentwicklung aus. Die anschauliche Aufzeichnung der Abläufe fordert hier gewöhnlich graphische Darstellungsmethoden. Aus der Fülle von Varianten, die dabei zur Verfügung stehen, muß diejenige ausgewählt werden, die über das Wesentliche des jeweiligen Sachverhalts am schnellsten und klarsten informiert.

(3) von der Qualifikation und den Fachkenntnissen der Istaufnehmer, der auskunftgebenden Personen und der Auswerter (für die Sollkonzeption):

Je weniger qualifiziert die an einer Istaufnahme und ihrer Auswertung beteiligten Personen sind, um so umfangreicher wird zwangsläufig die Dokumentation. Beteiligte mit genauen Kenntnissen des Untersuchungsgebietes brauchen nur wenige Angaben festzuhalten, da sie die meisten Zusammenhänge im Gedächtnis haben (vgl. jedoch C. II. 3. 31. Abs. 3).

(4) vom Umfang und der Güte der vorhandenen Organisationsunterlagen:

Kann auf eine bereits vorhandene gründliche und exakte Dokumentation der bestehenden Organisation zurückgegriffen werden, so kann eine zusätzliche Dokumentation unter Umständen gänzlich entfallen. Allerdings wird dieser Fall relativ selten sein, da auch bei hohem Dokumentationsniveau Anpassungen der Unterlagen an die sich ständig ändernden Tatbestände vorgenommen werden müssen.

(5) davon, ob die Auswertung der Istaufnahme durch die Istaufnehmer selbst oder durch anderes Fachpersonal erfolgen soll:

Bei der Istaufnahme zum Zwecke der Entscheidungsvorbereitung liegen Istaufnahme und Auswertung, in diesem Falle also die Entscheidung, immer in getrennten Händen. Eine Dokumentation für die Person, welche die Entscheidung fällen soll, ist daher unbedingt erforderlich.

Bei der Istaufnahme zum Zwecke der Verfahrensentwicklung können Istaufnahme und Entwicklung des Sollvorschlages personell in einer Hand liegen. In diesem Fall kann eine Dokumentation zur Unterrichtung von anderen (Systemplaner) entfallen. Die Tatsache, daß der Istaufnehmer selbst Unterlagen braucht, z. B. um die Vollständigkeit seiner Untersuchungen zu kontrollieren, oder daß zu einem späteren Zeitpunkt

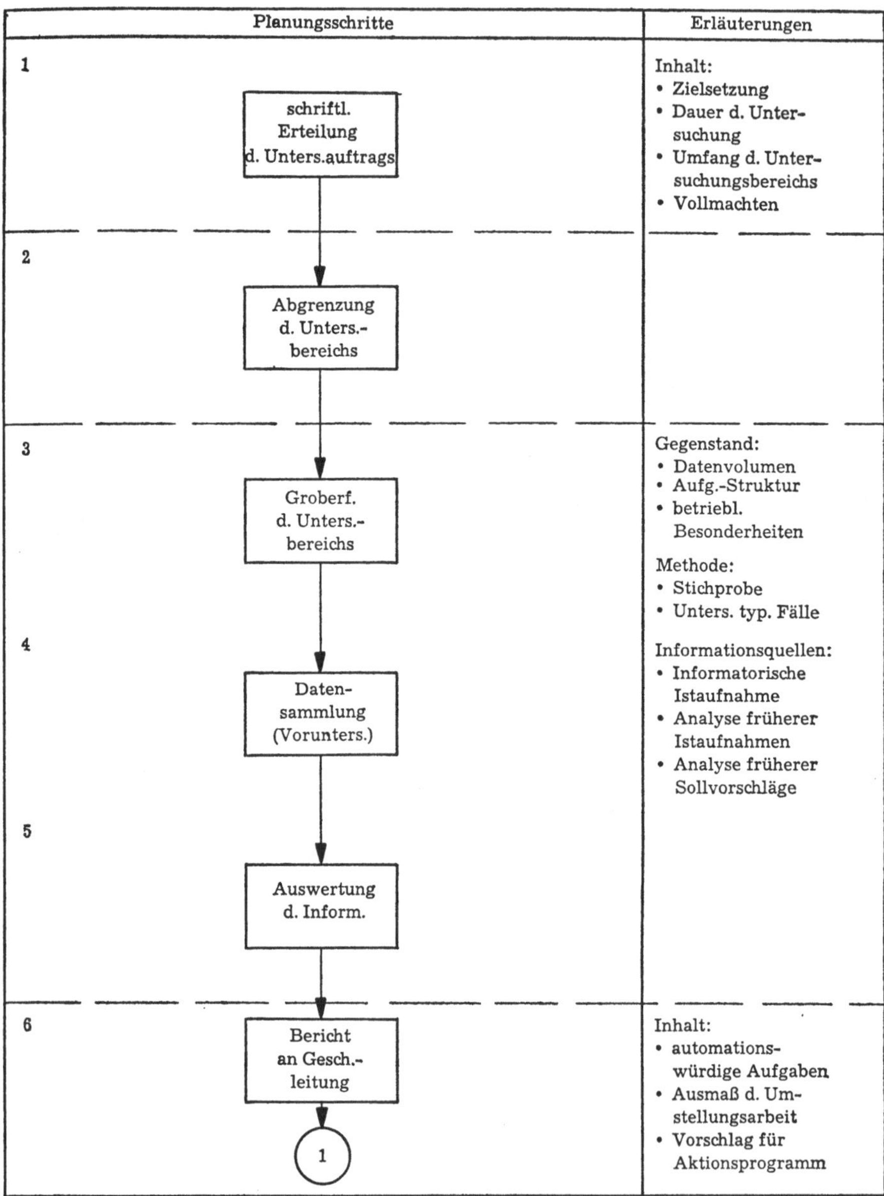

Abbildung 9

Planung der Istaufnahme

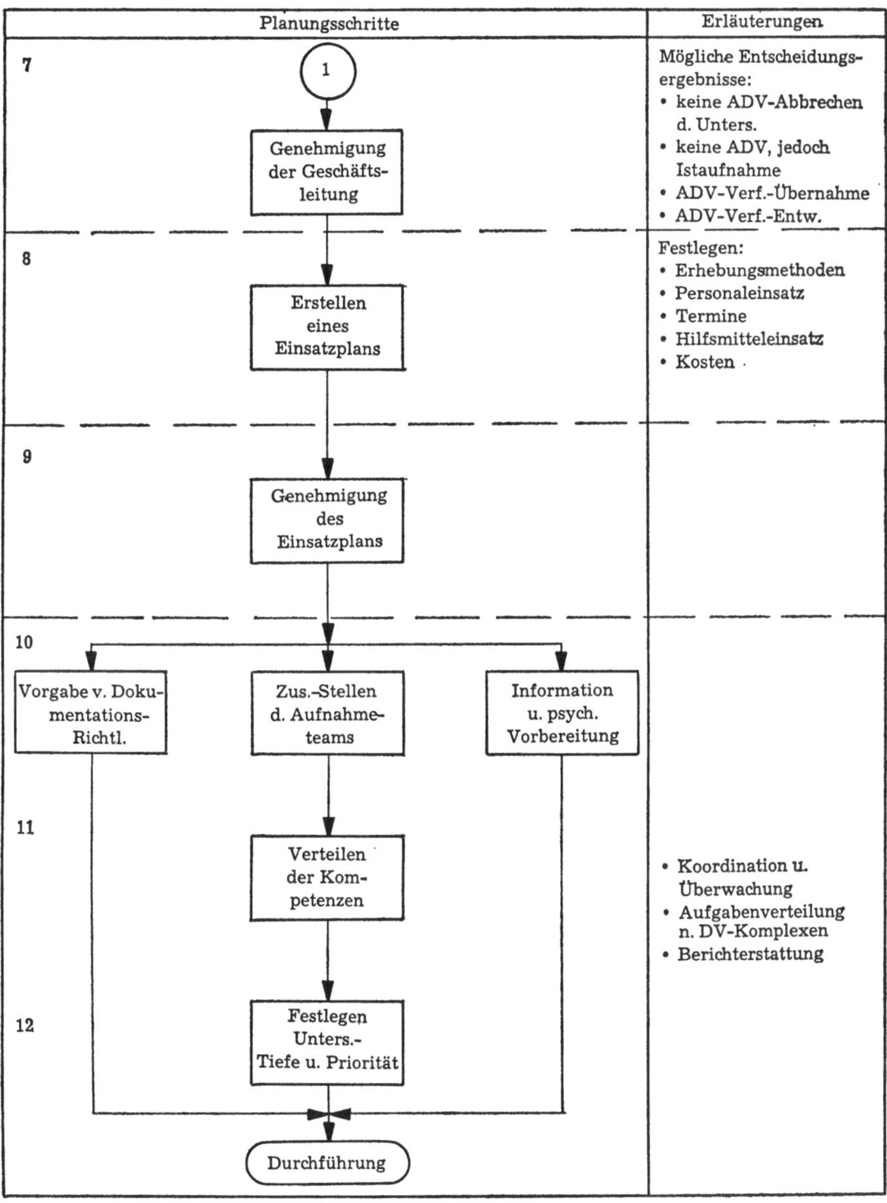

Abbildung 10

Planung der Istaufnahme

auf die Erfahrungen bei einer bestimmten Istaufnahme zurückgegriffen werden kann (Rekonstruierbarkeit), kann trotzdem eine formgebundene Dokumentation rechtfertigen.

Art und Umfang der benötigten Dokumentation müssen daher von Fall zu Fall jeweils von der eigentlichen Istaufnahme bestimmt werden.

Nach Festlegung der Anforderungen an die Dokumentation können Richtlinien für die einheitliche Bezeichnung und Darstellung der aufzunehmenden Tatbestände ausgearbeitet werden. Wenn es organisatorisch und von der Qualifikation her möglich ist, die Auskunftspersonen auf diese Richtlinien festzulegen, dann wird die eigentliche Dokumentation praktisch schon von den Auskunftspersonen selbst vorgenommen. Der Istaufnehmer hat in diesem Fall mehr eine vorbereitende und überwachende Funktion. Ein derartiges Vorgehen ist vor allem bei der Fragebogen-, bei der Berichts- und bei der Konferenzmethode denkbar. Ist dieses Vorgehen nicht möglich, so muß der Istaufnehmer die während der eigentlichen Istaufnahme in Form von Fragebögen, Berichten, Konferenzprotokollen und Interviewnotizen angefallene Rohdokumentation entsprechend den Dokumentationsrichtlinien selbst überarbeiten und die endgültige Dokumentation vornehmen.

27. Planung des Personaleinsatzes

Eine wichtige Voraussetzung für die Planung und Durchführung einer Istaufnahme ist, daß das erforderliche Personal in der richtigen Quantität und Qualität und zum richtigen Zeitpunkt bereitgestellt werden kann. Grundsätzlich muß der Personalbedarf im Zusammenhang mit der Aufgabenstellung bestimmt werden. Aus dieser Forderung ergibt sich eine Vielzahl von Problemen, denen wegen ihrer grundlegenden Bedeutung im Rahmen dieser Ausarbeitung ein eigenes Kapitel (D. „Träger der Istaufnahme") gewidmet ist. Die dort angestellten Überlegungen müssen sämtlich bereits im Planungsstadium der Istaufnahme einer Lösung zugeführt werden. Es handelt sich dabei vor allem um die Klärung der Anforderungen, die an das Personal zu stellen sind, um die Beschaffungsmöglichkeiten dieses Personals und deren Grenzen für die Unternehmung und darum, nach welchen Kriterien trotzdem eine arbeitsfähige Untersuchungsgruppe zusammengestellt werden kann. Wenn im Planungszeitpunkt über die Art der Vorgehensweise entschieden ist und eine gewisse Vorauswahl im Hinblick auf die anzuwendenden Methoden getroffen wurde, können die anstehenden Arbeiten auf das bereitstehende Untersuchungsteam aufgeteilt werden. Es sei hier betont, daß je nach dem Umfang der Istaufnahme ggf. auch ein Einsatzplan für das Personal bestehen muß, das sich vorab mit den Planungsarbeiten zu beschäftigen hat. In der Regel wird man jedoch mit einem kleinen Planungsteam auskommen, dessen Zusammenstellung und Zusammenwirken keiner formalen Planung bedarf.

28. Planung des zeitlichen Ablaufs

In der Praxis trifft man meist auf die Situation, daß ein Termin für den Zeitpunkt des Abschlusses der Istaufnahme bereits vorgegeben ist. Die Istaufnahme ist ja immer nur Teil der umfassenderen Vorbereitunsgarbeiten im Hinblick auf den Einsatz von ADV-Anlagen. Somit muß auch der Abschlußtermin für die Istaufnahme im Rahmen dieser gesamten Projektierung fixiert werden und stellt dann für die mit der Planung und Durchführung der Istaufnahme Betrauten ein Datum dar. In diesem Fall muß der voraussichtliche Zeitbedarf für die einzelnen Planungsschritte und für die Durchführung selbst ermittelt werden. Es muß dadurch verhindert werden, daß Detailproblemen eine zu große Aufmerksamkeit geschenkt wird und die versäumte Zeit auf Kosten eines anderen wichtigen Abschnitts der Istaufnahme verlorengeht.

Durch einen Zeitplan, der allen Istaufnehmern bekannt sein sollte, wird erreicht, daß allen Teilproblemen bei der Istaufnahme die erforderliche Aufmerksamkeit geschenkt wird und sie in einem Umfang erfaßt und analysiert werden, der ihnen im Rahmen der gesamten Istaufnahme zusteht[8]). Eine mögliche Überbewertung eines Teilbereichs durch einzelne Istaufnehmer kann auf diese Weise verhindert werden. Nur durch eine laufende Überwachung der vorgegebenen Termine allerdings erreicht man mit einer Terminplanung dieses Ziel. Es kann sich dabei einerseits zeigen, daß manche Zeitschätzungen korrigiert werden müssen, die im Zeitpunkt der Planung als angemessen erscheinen. Andererseits können unberechtigte Terminverschiebungen rechtzeitig aufgedeckt und Umdispositionen vorgenommen werden, bevor Konsequenzen bezüglich des Abschlußtermins hingenommen werden müssen.

Für umfangreiche Istaufnahmen bietet sich insbesondere in Großunternehmungen die Netzplantechnik als modernes Instrument zur Terminplanung und -überwachung an. Sie erleichtert insbesondere eine realistische Zeit- und Personalbedarfsplanung und liefert durch die graphische Darstellungstechnik zugleich eine gute Übersicht über die zeitlichen und sachlichen Zusammenhänge und Abhängigkeiten der einzelnen Gebiete bei der Istaufnahme. Die Anwendung der Netzplantechnik in irgendeiner Form liegt immer dann nahe, wenn sie im Rahmen der Planung der gesamten Umstellungsarbeiten zur Anwendung gelangt. Für die Phase der Istaufnahme ist in einem solchen Fall der erstellte Netzplan entsprechend zu verfeinern[9]).

29. Planung des notwendigen Aufwands

In der Regel wird ein bestimmter Fachmann für die Planung und Durchführung der Istaufnahme gegenüber dem Auftraggeber (z. B. Geschäftslei-

---

[8]) Vgl. Canning, Richard G.: Electronic Data Processing for Business and Industry. New York - London 1956, S. 139 f.

[9]) Vgl. Rossa, Manfred: Netzwerktechnik als praktisches Kontrollinstrument für die Planung und Einführung von EDV-Großsystemen. In: Führungspraxis, Heft 8, 1966, S. 52—55.

tung) verantwortlich zeichnen. Ist ihm innerhalb dieses Auftrags freie Hand gegeben, wird er den erforderlichen Aufwand entsprechend dem Umfang der Untersuchung kalkulieren können. Meist werden jedoch von der Geschäftsleitung bereits bestimmte Parameter vorgegeben, so daß der Entscheidungsspielraum dieses Fachmanns im Hinblick auf die Wahl der Mittel und Wege zur Aufgabenerfüllung (Information über den Istzustand) beschränkt ist. In der Praxis sieht das so aus, daß verschiedene Engpässe bestehen werden in bezug auf die zur Verfügung stehenden finanziellen Mittel, das einsatzfähige Personal und die verfügbare Zeit. Daher wird im Einzelfall die Planung nach dem Faktor ausgerichtet werden müssen, der den höchsten Knappheitsgrad besitzt. Es ist z. B. zu prüfen, ob bei einem bestimmten, von der Geschäftsleitung vorgegebenen Budget zu einem ebenfalls fixierten Termin die Untersuchungsergebnisse der Istaufnahme in einer aussagefähigen Form erstellt werden können. Notfalls müssen personelle Umdispositionen oder zusätzliche Freistellungen aus anderen Abteilungen erreicht und/oder eine Erhöhung des Budgets oder eine Verschiebung des Abschlußtermins in Kauf genommen werden.

Die Planungstätigkeit findet somit ihren Abschluß durch die Genehmigung eines Plans, in dem sämtliche Planungskomponenten beschrieben und bestimmt sind. Dieser Planungsrahmen muß zur Genehmigung

— die Auswahl der Methoden,

— die Auswahl der Träger der Istaufnahme,

— die Art der Vorgehensweise,

— die Aufstellung über den Gegenstand der Istaufnahme,

— die Aufstellung von Zeit- und Kostenplänen sowie

— die Planung des Personalbedarfs und des Personaleinsatzes

umfassen, um der Unternehmungsleitung die Möglichkeit zur Entscheidung über die Verwirklichung der geplanten Istaufnahme zu geben. Der Planungsrahmen kann grundsätzlich formfrei „vorgestellt" werden. Zweckmäßig ist eine verbale Beschreibung, ergänzt durch Kostenübersichten, Zeitdiagramme und Personalaufstellungen mit Qualifikationshinweisen und Herkunftsbeschreibungen. Wichtig für das „Genehmigungsverfahren" sind außerdem Betrachtungen über die Auswirkungen auf die zu untersuchenden Abteilungen.

3. Information und psychologische Vorbereitung

Parallel zur Planung der Istaufnahme muß eine Information und psychologische Vorbereitung der Belegschaft in der Unternehmung[10]) erfolgen. Auch in dieser Hinsicht müssen also Planungsüberlegungen angestellt wer-

---

[10]) Vgl. Böhrs, Hermann: Grundfragen und Methoden der Bürorationalisierung. Bern 1958, S. 102.

den. Denn mit Beginn der Untersuchung ist das Istaufnahmeteam zwangsläufig auf die Mitwirkung der einzelnen Angehörigen in den Abteilungen angewiesen. Über die Erhebungsergebnisse bzw. deren Qualität und Aussagefähigkeit ist der Erfolg der Istaufnahme wesentlich von dem guten Willen und dem Verständnis der Belegschaft abhängig.

Die Möglichkeiten der Information über die geplante und genehmigte Istaufnahme sind vielfältig und können unter Zuhilfenahme von

— Veröffentlichungen in der Hauszeitschrift,

— Rundschreiben an die betroffenen Abteilungsleiter,

— Rundschreiben an die betroffenen Abteilungen,

— Einzelgesprächen mit den betroffenen Abteilungsleitern,

— Einzelgesprächen mit den betroffenen Sachbearbeitern,

— Referaten,

— Besichtigungen u. a.

ausgeschöpft werden.

Die Information muß nicht für alle Instanzen den gesamten Planungsrahmen umfassen, sondern kann sich auf Teilinformationen beschränken, soweit diese für die Vorbereitung der Istaufnahme notwendig sind. Mit der Information kann bereits der „Appell" verbunden werden, den Gegenstand der Istaufnahme zu sichten und „zugänglich" zu machen.

Information und psychologische Vorbereitung hängen eng miteinander zusammen und können funktionsmäßig zusammengelegt werden. Mit der psychologischen Vorbereitung soll eine möglichst positive Einstellung zur Durchführung der Istaufnahme erreicht werden. Aus diesem Grund wird eine Information vielfach über das unbedingt Notwendige hinausgehen und in geeigneten Fällen auch eine Aufklärung geben über den Gegenstand, die Träger, das Ziel der Istaufnahme und die evtl. Vorteile für die zu untersuchende Abteilung selbst. Es müssen dadurch Widerstände aufgedeckt und soweit möglich beseitigt werden, die bei den einzelnen Beschäftigten aus verschiedenen Gründen gegen eine Untersuchung ihres Aufgabengebietes anzutreffen sind. Das kann daraus resultieren, daß der Beschäftigte durch die Befragung und Unruhe im Betrieb aus seinem gewohnten Arbeitsrhythmus gebracht wird und schon deshalb allen ungewohnten Eingriffen argwöhnisch gegenübersteht. In Einzelfällen kann befürchtet werden, daß anläßlich der Untersuchung aufgedeckt wird, daß bestimmte liebgewordene Arbeiten organisatorisch nicht mehr zweckmäßig sind und daher wegfallen können oder daß der Mitarbeiter mit dem vorgegebenen Arbeitspensum nicht ausgelastet ist. Gerade bei einer Istaufnahme im Hinblick auf die Einführung von automatisierten Datenverarbeitungsverfahren kommt noch die Angst des Mitarbeiters dazu, gegebenenfalls bei Einführung von ADV-Anlagen seinen Arbeitsplatz zu verlieren oder eine Abwertung seines Status

7*

in Kauf nehmen zu müssen. Gerade hier bedarf es eines großen Einfühlungsvermögens, um Befürchtungen in dieser Hinsicht mit Überzeugung auszuräumen.

Eine positive Einstellung zur Istaufnahme kann als Folge der psychologischen Vorbereitung auch dadurch erreicht werden, daß die Betroffenen mitverantwortlich gemacht werden, d. h. einen Auftrag zur Mitwirkung (z. B. bei der Fragebogenmethodik) und ein Mitspracherecht erhalten, soweit beim betroffenen Sachbearbeiter größeres Sachverständnis vermutet wird[11]). Um durch eventuell unwissentlich falsch gegebene Informationen des Bearbeiters den Fortgang der Istaufnahme nicht zu gefährden, ist hierbei eine geschickte Kombination der Aufnahmemethoden sowie eine entsprechende Zahl von Erhebungen vorzusehen. Die psychologische Vorbereitung soll neben der Überwindung von Widerständen gegen die Durchführung der Istaufnahme auch erreichen, daß im Verlaufe einer Istaufnahme grundsätzlich alle möglicherweise relevanten Informationen gesammelt werden können. Bei diesen Informationen kann es sich auch um subjektive Auffassungen und Erfahrungen der einzelnen Befragten handeln oder um objektive (nachprüfbare und/oder nachmeßbare) Tatbestände, die aber über den Rahmen des ursprünglich geplanten Fragenkomplexes hinausgehen. Zu den psychologischen Vorbereitungen für eine Istaufnahme kann es auch gehören, den Sachbearbeitern bei Fragen, welche die Regelung ihres Arbeitsablaufes betreffen, ein Vorschlagsrecht (hinsichtlich der Verfahren der Istaufnahme oder der Lösungsvorstellung) einzuräumen.

II. Durchführung der Istaufnahme

Wie bereits im Abschnitt „Planung und Vorbereitung" ausgeführt wurde, sind im wesentlichen die folgenden Einflußgrößen für die Auswahl des geeigneten Verfahrens bestimmend: Gegenstand, Träger, Zeitbedarf und Kosten der Istaufnahme. Als übergeordnetes Entscheidungskriterium ist die Zielsetzung der Istaufnahme zu beachten. Jedes der möglichen Verfahren weist im Hinblick auf diese Einflußgrößen bestimmte Eigenschaften auf, die das typische Erscheinungsbild eines Verfahrens[12]) kennzeichnen. Hinzu treten ergänzende Merkmale, die sich nur aus der speziellen Situation der einzelnen Unternehmung erklären (z. B. vorhandene Datenverarbeitungsorganisation, eigene ausgebaute Organisationsabteilung oder das Fehlen einer entsprechenden Einrichtung). Insofern kann also die Beschreibung eines Verfahrens durchaus durch die individuellen Gegebenheiten des Anwenders oder die spezielle Situation der Unternehmung modifiziert werden. Eine Vorstellung über die generell bei der Istaufnahme zu beachtenden Durchführungsschritte vermittelt Abb. 11—12.

---

[11]) Vgl. Böhrs, Hermann: Grundfragen und Methoden der Bürorationalisierung ..., a. a. O., S. 20 ff.

[12]) Unter Verfahren soll hier die in der Praxis anwendbare Kombination verschiedener Erhebungs- und Dokumentationsmethoden verstanden werden.

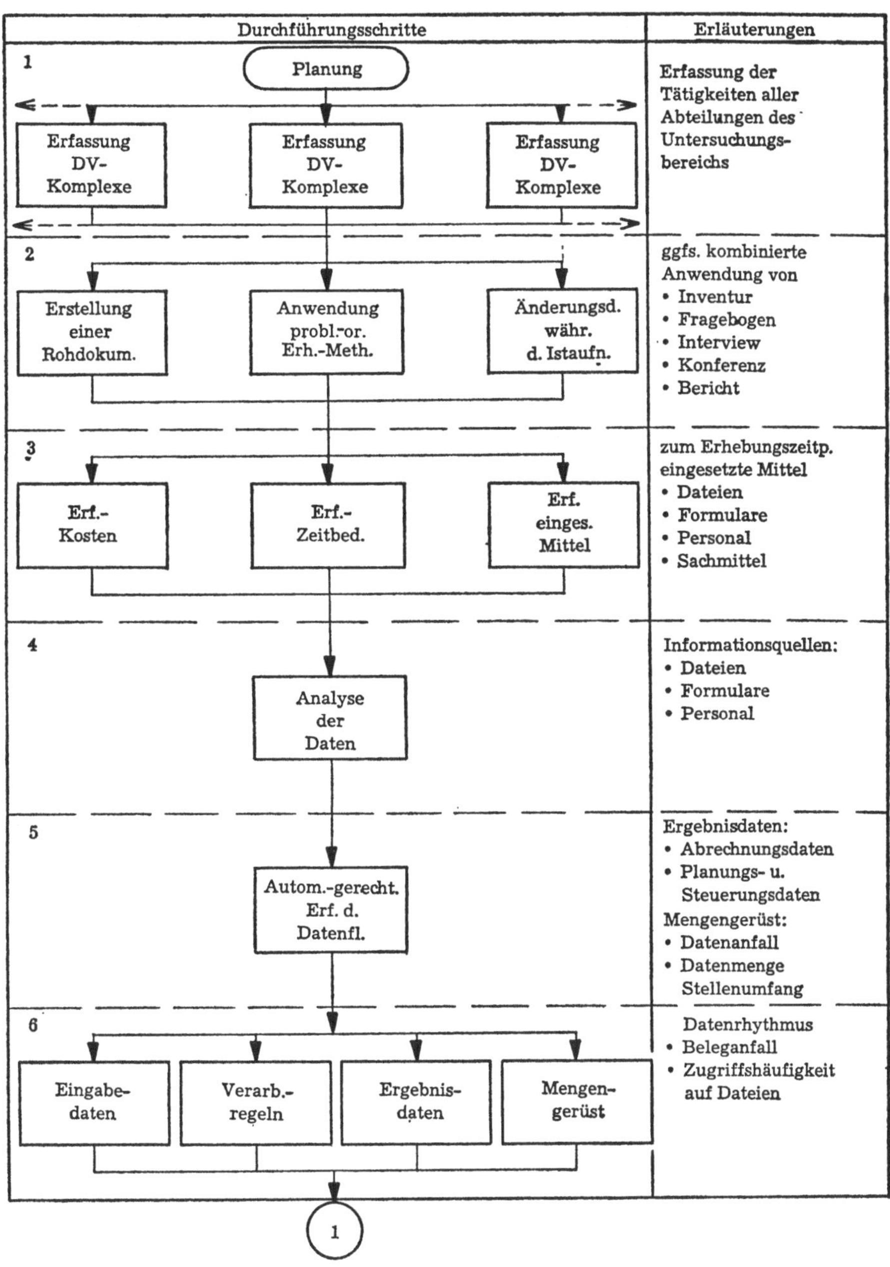

Abbildung 11

Durchführung der Istaufnahme

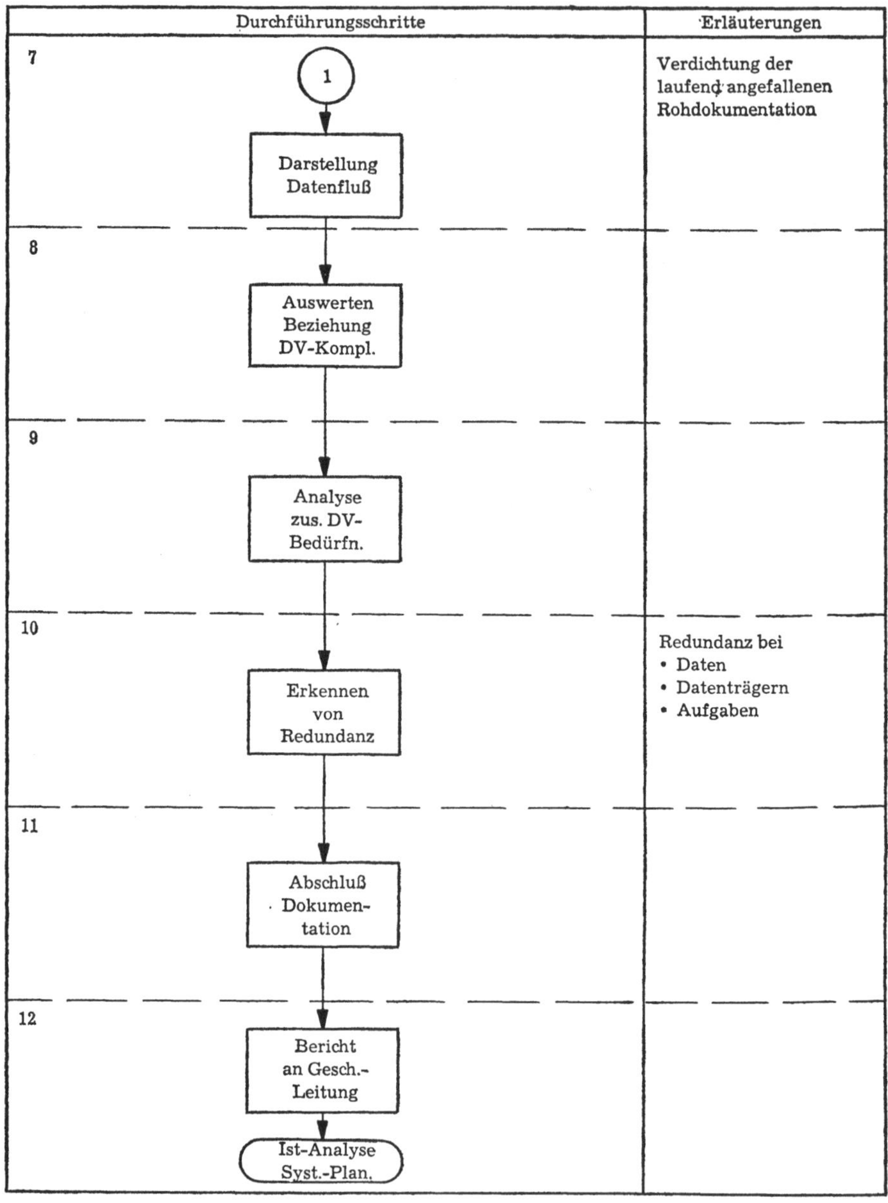

Abbildung 12

Durchführung der Istaufnahme

1. Erhebungsmethoden

Im folgenden soll versucht werden, die verschiedenen in der Praxis bei der Durchführung der Istaufnahme benutzten Erhebungsmethoden zu beschreiben und ihre bestimmenden Merkmale soweit als möglich gegeneinander abzugrenzen. Dazu ist anzumerken, daß in der Praxis meist gemischte Verfahren angewendet werden. Außerdem ist keine einheitliche Bezeichnung und Kennzeichnung der Verfahren zu erkennen.

Der gemischte Einsatz in der Praxis hat verschiedene Ursachen. Häufig kann er nur historisch begründet werden. Istaufnahmemethoden haben sich in der Vergangenheit aus der Erfahrung herauskristallisiert, und sie beruhten zunächst nicht auf der Anwendung bestimmter theoretischer Erkenntnisse. Eine einmal eingesetzte Methode, die zumeist eigenständig für eine Unternehmung entwickelt wurde, wird als Grundlage für weitere Istaufnahmen verwendet und ständig weiterentwickelt, d. h. häufig mit Elementen anderer Methoden durchsetzt. Des weiteren versucht man in der Praxis, durch gemischte Anwendung die Nachteile eines Verfahrens durch die Vorzüge eines anderen auszugleichen. Ebenso häufig wird der Einsatz eines Verfahrens durch die unterschiedliche Qualifikation und Ausrichtung der Träger der Istaufnahme beeinflußt. Dabei wird von einer bestehenden Besetzung des Istaufnahmeteams ausgegangen, und verschiedenen Mitgliedern werden auch u. U. verschiedene Verfahren zugeordnet.

Den gleichen Einfluß übt auch der Gegenstand der Istaufnahme aus. Je nach Organisationsstand und gewünschtem Ergebnis kommen entsprechend der spezifischen Merkmale der bestehenden Organisation mehrere Verfahren gemischt zum Einsatz. Versucht man dennoch eine Abgrenzung und Einordnung der verschiedenen Grundtatbestände vorzunehmen, so lassen sich fünf verschiedene Methoden unterscheiden:

— Inventurmethode,

— Fragebogenmethode,

— Berichtsmethode,

— Interviewmethode und

— Ableitungsmethode.

Diese nachfolgend zu beschreibenden Verfahren verfügen über eindeutig definierbare Grundtatbestände, die zu keiner Überschneidung führen. Dem steht nicht entgegen, daß einige Kennzeichen, die auf diesen Grundmerkmalen aufbauen, sich überschneiden oder sogar identisch sind. Die gemischte Anwendung ergibt sich nach dieser Definition also erst aus der gemeinsamen Verwendung unterschiedlicher Grundtatbestände.

Die wichtigsten Unterscheidungsmerkmale der Methoden resultieren aus sachlichen (Gegenstand der Istaufnahme) und personellen (Träger der Istaufnahme) Einflußgrößen, die als Grundtatbestände bezeichnet werden sollen.

Kosten- und Zeitbetrachtung hängen weitgehend von der unterschiedlichen Gewichtung und Zielrichtung der Grundtatbestände ab. Diese Unterscheidung sagt jedoch noch nichts Endgültiges über den Einfluß auf die Auswahl des Verfahrens aus. Vom Standpunkt des Trägers der Istaufnahme betrachtet, können die Methoden in zwei Gruppen unterschieden werden:

(1) Methoden mit Verschiebung der Hauptlast der Istaufnahme auf die Betroffenen, deren Arbeitsgebiet untersucht wird,

(2) Methoden mit Zuordnung der Aufnahmetätigkeit zum Istaufnahmeteam mit teilweiser oder völliger Ausschaltung der Betroffenen.

Die Unterscheidung ist dabei nicht in der Vorbereitung und Auswertung der Istaufnahme zu suchen, sondern liegt in der Durchführung. Vorbereitung und Auswertung der Erhebung liegen stets beim Istaufnahmeteam. In die erste Gruppe sind Fragebogen- und Berichtsmethode, in die zweite Gruppe Inventur- und Interviewmethode einzuordnen. Die Ableitungsmethode kommt ohne Aufnahmetätigkeit aus.

Im Hinblick auf den Gegenstand der Istaufnahme ist eine generelle Unterscheidung der Verfahren schwieriger. Denn die Abgrenzung des Gegenstandes und eine Bestimmung des Intensitätsgrades der Aufnahme hängen weitgehend von der Zielsetzung und Vorbereitung der Istaufnahme ab, weniger jedoch vom gewählten Verfahren.

11. Inventurmethode

Die Kriterien und Vorgehensweisen der Inventurmethode können in Anlehnung an die im Betrieb durchzuführenden körperlichen Bestandsaufnahmen fixiert werden. Grundlage des Verfahrens sind vor allem die Tätigkeiten Messen und Zählen; zusätzlich ist die Beschreibung anzuwenden. Die Inventur als Methode der Istaufnahme ist eine einseitig vom Istaufnahmeteam durchzuführende Tätigkeit, die auf eine Einschaltung von Informanten verzichtet. Sie besteht im wesentlichen aus dem Studium schriftlich fixierter Unterlagen (Dokumentenanalyse), die über die Arbeitsabläufe und die Struktur des Untersuchungsobjekts Auskunft geben können. Außerdem kann eine Inventur der bestehenden Organisation durch Beobachtung der Arbeitsabwicklung vorgenommen werden. Die Inventur ist ein vornehmlich statistisch-quantitatives Verfahren, das im Sinne einer Momentaufnahme zu verstehen ist. Daten der Vergangenheit werden insoweit erfaßt, als sie dokumentiert wurden; Entwicklungen der Zukunft werden nicht aufgenommen. Sie können lediglich in gewissem Umfang aus der Projektion der Vergangenheits- und Gegenwartsdaten abgeleitet werden.

Die Inventur wird durch das Aufnahmeteam durchgeführt, indem direkt am Ort des Datenanfalls und der Bearbeitung, also an den Arbeitsplätzen und in den Abteilungen, Belege, Karteien, Listen und Akten durchgesehen werden. Sämtliche ermittelten Daten werden in Aufnahmebögen erfaßt. Diese Aufschreibung kann dabei alle Daten erfassen, die erkennbar sind oder sich auf bestimmte auszuwählende Tatbestände erstrecken.

Je nach Vorgehensweise werden unterschiedlich gestaltete Aufnahmeunterlagen verwendet. Neben quantitativen und qualitativen Elementen der Informationen werden Bearbeitungsvorschriften und der Informationsfluß insoweit aufgenommen, als konkrete aktuelle Aufzeichnungen vorliegen oder aus Ergebnissen Schlußfolgerungen gezogen werden können. Schließlich ist es möglich, alle eingesetzten Hilfsmittel, die bisherigen Verarbeitungszeiten und das eingesetzte Personal aufzunehmen.

Wie bereits ausgeführt, liegt auch der gesamte Aufwand der Durchführung der Istaufnahme in Form der Inventur beim Istaufnahmeteam. Um in einem relativ kurzen Zeitraum die Aufnahme vollziehen zu können, was für die Aktualität der Ergebnisse unbedingt erforderlich ist, ist ein relativ großes Team notwendig. Die qualitativen Anforderungen sind von der Art des Vorgehens abhängig. Bei nicht spezifizierten Unterlagen sind die mit der Istaufnahme Betrauten zu einer Auswahl und Bewertung der zu untersuchenden Informationen gezwungen. Das setzt ein erhebliches Ausmaß an Erfahrung auf dem Gebiet der Istaufnahme und den jeweilig aufzunehmenden Fachbereichen voraus. Ferner werden die erfaßten Daten subjektiv gewertet sein. Bei Spezifizierung der relevanten Aufnahmedaten kann diese Wertung weitgehend ausgeschlossen werden; die qualitativen Anforderungen an den Istaufnehmer sind dann geringer. Die nachfolgende Auswertung wird durch die Verwendung einheitlich gestalteter Aufnahmeunterlagen erleichtert.

Bei Einsatz der Inventur ist die Vorbereitung der Betroffenen besonders wichtig, da der persönliche, klärende Dialog zwischen aufnehmenden und betroffenen Personen fehlt und die Inventur u. U. als „Schnüffelei" betrachtet wird.

Je nachdem, welche Unterlagen (allgemeine — spezifizierte) Verwendung finden, ist der Vorbereitungsaufwand unterschiedlich groß. Im Falle nicht spezifizierter Unterlagen werden einheitlich gestaltete Standardaufnahmebogen verwendet (siehe Tab. 5), die lediglich allgemeine Richtlinien für die Aufnahme geben, z. B. Anzahl, Umfang und Zusammensetzung der aufzunehmenden Informationen. Spezifizierte Aufnahmeunterlagen enthalten auf die aufzunehmenden Tatbestände bezogene Ausführungen, z. B. Akkordlohnbeleg, Aufbau der Personal-Nr., Akkordart usw. Speziell gestaltete Unterlagen können auf verschiedenen Wegen gewonnen werden:

— durch Zusammenarbeit mit den Fachbereichen im Rahmen einer Voruntersuchung,

Beispiel für einen Erhebungsbogen   Tab. 5

Istuntersuchung

Abteilung / Teilaufgabe: erstellt von:
Verantwortlich: geprüft von:

Ursprung der Information	Art des Beleges (Muster beifügen)	Umfang der Information			Beleganfall und Verarbeitung Zeit				Menge	Periode	Verarbeitungsphasen der Information	Empfangsort der Information	Kartei				
		Stellenzahl	konstant	variabel	max.	$\varnothing$	min.	Dauer der Bearb.					Art	Umfang	Änd. $\varnothing$	Zug. $\varnothing$	Abg. $\varnothing$
0	1	2.1	2.2	2.3	3.1	3.2	3.3	3.4	4	5	6	7	8.1	8.2	8.3	8.4	8.5

Eingesetzte Hilfsmittel	Kosten	Eingesetzte Mitarbeiter, Vorbildung	Anzahl	Kosten	Bemerkungen:

— durch Zusammensetzung des Aufnahmeteams mit Mitarbeitern aus den verschiedenen Fachbereichen,

— durch Ableitung aus einem bestehenden und realisierten Organisationsplan und

— durch Heranziehung von Istaufnahmeunterlagen vergleichbarer Bereiche und Unternehmungen.

Die Ergebnisse einer Inventur sind primär auf die Informationen und sekundär auf die Bearbeitungserfordernisse und den Informationsfluß ausgerichtet. Das ist darauf zurückzuführen, daß Bearbeitungserfordernisse und der Informationsfluß in vielen Fällen aus einem Unterlagenstudium nicht einwandfrei zu ersehen sind. Als vornehmliches Instrument der Mengenerfassung bietet sich die Inventur als Voruntersuchungsmethode an. Mit ihrer Hilfe lassen sich relativ einfach das Gesamtvolumen erfassen und abschätzen oder Stichproben ermitteln, von denen auf das Gesamtvolumen geschlossen werden kann.

Auch die direkte Beobachtung der Aufgabenerfüllung ist als eine Form der Inventur anzusehen und besonders im Stadium einer Voruntersuchung zur Entscheidungsfindung empfehlenswert. Rundgänge durch bestimmte Abteilungen verschaffen insbesondere dem externen Organisator einen ersten Überblick. Die genaue Beobachtung der Arbeitsabwicklung an den einzelnen Arbeitsplätzen[13]), z. B. das Zählen von in einer bestimmten Zeit eingehenden und zu bearbeitenden Belegen, gibt einen Einblick in den Umfang des Datenanfalls, ohne die Arbeitsabwicklung nennenswert zu stören. Die Technik der Multimomentaufnahmen[14]) erspart eine ständige Beobachtung durch Stichproben in bestimmten Abständen. Die Beobachtung als Inventurmethode ist im Verwaltungsbereich sicher nicht immer anwendbar und kann nicht zu allen Informationen verhelfen, die der Istaufnehmer braucht. In vielen Fällen kann sie jedoch zu anderen Methoden eine sinnvolle Ergänzung darstellen.

Der Zeitbedarf für die Durchführung der Inventur ist einerseits abhängig von der Anzahl und Qualität der Mitarbeiter des Teams, andererseits von der Qualität der Dokumentation der zu untersuchenden Unterlagen.

Der betriebliche Ablauf wird kaum gestört. Die Inventur zählt zu den kostengünstigsten Methoden.

---

[13]) Vgl. Das REFA-Buch. Band 1: Arbeitsgestaltung. München 1961, S. 75 ff.

[14]) Vgl. Weber, Ludwig: Das Multimomentverfahren und seine praktische Anwendung. (ÖKW-Veröffentlichung Nr. 41) Wien, o. J., S. 11 ff.

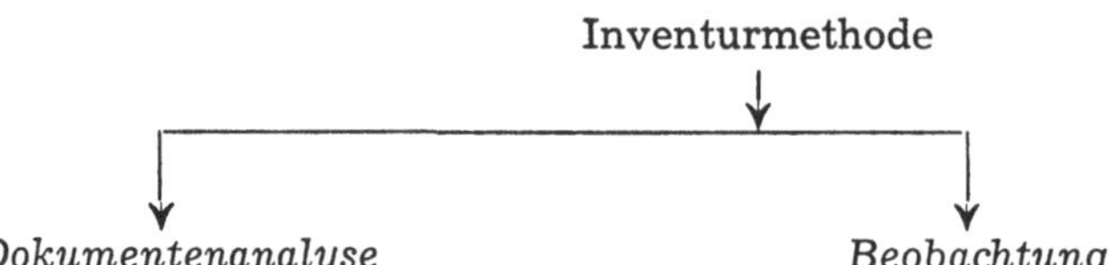

Inventurmethode

Dokumentenanalyse

- trägerintensiv
- abhängig von der Qualität der Dokumentation
- primär vergangenheitsbezogen
- wenig arbeitsbehindernd
- geeignet für Vor- und Hauptuntersuchung

Beobachtung

- trägerintensiv
- unabhängig vom Zustand der Dokumentation
- gegenwartsbezogen
- wenig arbeitsbehindernd
- primär für Vorstudie und als Ergänzungsmethode geeignet

Abbildung 13

12. Interviewmethode

Die Interviewmethode ist durch eine enge Beziehung zwischen den Mitarbeitern des Istaufnahmeteams und den Betroffenen gekennzeichnet. Im Mittelpunkt steht eine Befragung bestimmter Mitarbeiter oder Mitarbeitergruppen der Fachbereiche der Unternehmung. Die Befragung basiert auf einem systematisch aufgebauten Katalog von Fragen, der einseitig vom Team den Informanten vorgelegt und von diesen im Gespräch beantwortet wird. Die Antworten und Auskünfte werden vom Aufnahmeteam fixiert. Interviews können in verschiedener Form durchgeführt werden:

— Einzelbefragung (inkl. Gruppenleiterbefragung),

— Gruppenbefragung und

— Konferenzen.

Bei Anwendung der *Einzelbefragung* wird jeder einzelne Sachbearbeiter befragt, wobei der Befragende bis in die kleinste Tätigkeitszelle der Organisation, den Arbeitsplatz, vordringen kann. Die Befragung von Sachbearbeitern mit prinzipiell gleichen Funktionen bringt zwar eine Redundanz in den Aufnahmedaten, ergibt jedoch gleichzeitige Kontrollmöglichkeiten. Das Ausmaß der Redundanz läßt sich jedoch durch den Interviewer steuern. Dieses Vorgehen bringt umfangreiche Einzelergebnisse, erfordert jedoch aufgrund der großen Anzahl von Einzelinterviews einen erheblichen Zeitaufwand und ein großes Aufnahmeteam. Außerdem erhöht sich durch die große Anzahl aufgenommener Daten der Auswertungsaufwand beträchtlich.

Eine wesentlich stärkere Konzentration der Aufnahmedaten ergibt sich bei der Anwendung der Gruppenleiterbefragung. Durch die Ausrichtung **auf** bestimmte Schlüsselstellen eines Aufgabenbereichs wird die Befragung auf wenige Informanten beschränkt. Als Informanten kommen Referats-, Abteilungs- und Hauptabteilungsleiter in Frage, aber auch Mitarbeiter aus den angesprochenen Bereichen. Für die Auswahl des Informanten sind seine Kenntnisse des Gesamtbereichs und seine Qualifikation entscheidend. Er nimmt eine Zwischenstellung zwischen den anderen Betroffenen und dem Aufnahmeteam ein und ist gewissermaßen ein Sammelbecken aller Informationen. Allerdings steht dem Vorzug einer Verdichtung der Erfassung und einer Verkürzung der Aufnahmezeit die subjektive Wertung der Aufnahmedaten durch den Informanten gegenüber. Dem Interviewer bleibt teilweise der Einblick in bestimmte Arbeitsgebiete verschlossen, weil der Informant, insbesondere, wenn er für den Bereich verantwortlich ist, Schwachstellen verdecken kann.

Die *Gruppenbefragung* ist durch die Zusammenfassung bestimmter oder aller Mitarbeiter eines Arbeitsgebietes gekennzeichnet, die als Ganzes das Gegenüber des Interviewers darstellen. Von entscheidender Bedeutung ist dabei die Zusammenfassung von Mitarbeitern gleicher Stellung in der betrieblichen Hierarchie, um eine freiere Beantwortung der gestellten Fragen zu ermöglichen. In einem solchen Kreis lassen sich die Zweifelsfragen schneller klären als bei Einzel- und Gruppenleiterinterviews.

Außerdem zwingen sich die Mitglieder der Gruppe zu größerer Genauigkeit und Objektivität in der Beantwortung der gestellten Fragen, da praktisch auch jederzeit Kontrollfragen untereinander gestellt werden können. Die Schwachstellenerfassung rückt in den Vordergrund.

Die *Konferenzmethode* vereinigt eine Gruppe fachlich verschiedener Ebenen der Unternehmung als Gesprächspartner der einzelnen Mitglieder des Aufnahmeteams. Während bei den beiden zuvor genannten Interviewarten die einseitige Befragung im Vordergrund steht, wird in der Konferenz zusätzlich die Diskussion angestrebt. Die Mitglieder des Teams treffen mit einer Gruppe von Mitarbeitern der Sachbereiche zusammen, die in ihrer betrieblichen Stellung möglichst gleichrangig sein sollten. Neben der Ermittlung von Informationen, Arbeitsabläufen und des Informationsflusses steht insbesondere die Schwachstellenerfassung im Vordergrund. Die Diskussion bezieht auch zukünftige Entwicklungstendenzen mit ein. Schließlich können auch Vorstellungen und Anregungen für zukünftige Lösungen diskutiert werden. Die Schwierigkeiten der Aufnahme durch die Konferenz liegen vor allem in der exakten Aufschreibung der Aufnahmedaten und im Auswertungsaufwand, da nicht mit strikt systematischen Aufnahmeunterlagen gearbeitet werden kann. Vornehmlich eingesetzt wird die Konferenz als Interviewmethode im Bereich der mittleren und oberen Führungsebene.

Alle Formen der Interviewmethode verlagern die rein sachliche Erfassung stärker in den Persönlichkeitsbereich. Der Umfang und die Qualität der zu erwartenden Ergebnisse hängt entscheidend von drei Faktoren ab:

— starke Persönlichkeit und Durchsetzungsvermögen der Interviewer,

— exakte und einheitliche Gestaltung der Interviewunterlagen und

— ausreichende Rückendeckung durch die Geschäftsleitung.

Durch die Befragung werden die qualitativen Anforderungen an das Aufnahmeteam höher, da neben der Sachkenntnis auch die Fähigkeiten der Gesprächsführung verlangt werden müssen. Die Anforderungen an den Interviewer steigen mit der geringer werdenden Anzahl an Befragten und sind bei der Konferenz am höchsten. Das ist darauf zurückzuführen, daß sich bei einem nur kleinen Kreis von Informanten die aufzunehmenden Daten sehr stark konzentrieren und sich bei Gruppenbefragungen eine außergewöhnlich breite Bezugsgrundlage ergibt. Schließlich wird auch die Gesprächsführung bei Gruppeninterviews schwieriger. Als besondere Anforderungen an den Interviewer können eine gute und schnelle Auffassungsgabe, ausreichendes Wissen über die betrieblichen Zusammenhänge, Bestimmtheit im Auftreten und gute Personalführungseigenschaften gelten[15]).

Der Personalaufwand ist in Abhängigkeit von den verschiedenen Erscheinungsformen der Interviewmethode sehr unterschiedlich; er ist bei der Einzelbefragung wegen der großen Anzahl von Befragungen sowohl in der Durchführung als auch in der Ausführungsphase am größten.

Wie bei jeder anderen Aufnahmemethode kommt der Gestaltung von Aufnahmeunterlagen auch bei der Interviewmethode eine erhebliche Bedeutung zu. Für die Aufnahmeunterlagen kommen drei Formen in Betracht:

— detaillierte Fixierung aller zu stellenden Fragen mit allgemeiner oder spezieller Ausrichtung auf den aufzunehmenden Gegenstand,

— allgemein gehaltene Unterlagen mit einer systematisierten Aufstellung von Fragenkomplexen und

— die freie Form, wobei die Befragung individuell gestaltet wird und lediglich Antworten protokolliert werden.

Die erstgenannten Aufnahmeunterlagen werden mit einem Fragenkatalog versehen, der jeden aufzunehmenden Tatbestand charakterisiert. Die Fragestellung lautet beispielsweise: „Wieviel Zahlungseingänge haben Sie täglich zu bearbeiten?" Bei allgemeiner Fragestellung würde die Frage für jeden Sachbereich standardisiert sein und z. B. „Wieviel Belege haben Sie täglich zu bearbeiten, und wie setzen sie sich zusammen?" lauten können.

In beiden Fällen muß jedoch dafür Sorge getragen werden, daß dem Interviewer die Möglichkeit bleibt, Zusatzfragen zu stellen. Bei Aufbau der Unterlagen nach Fragenkomplexen bleibt es dem Interviewer überlassen, die ein-

---

[15]) Vgl. Kapitel D: „Träger der Istaufnahme".

zelnen Fragen zu formulieren. Es werden lediglich die Fragenkomplexe standardisiert und systematisiert. Dies kann z. B. in der Form geschehen, daß zunächst Fragen nach dem Ausgangsbeleg zu stellen sind, anschließend Fragen nach den in dem Beleg enthaltenen Informationen usw.

Die Erstellung von Protokollen ist vollkommen formfrei, sie wird in erster Linie bei Konferenzen Anwendung finden.

Die Aufnahmeunterlagen in ihren verschiedenen Erscheinungsformen haben lediglich Auswirkung auf den Auswertungsaufwand, der um so geringer sein wird, je detaillierter ihr Aufbau ist; nur dann stehen von vornherein einheitliche und vergleichbare Ergebnisse gegenüber. Detaillierte Unterlagen bewirken darüber hinaus eine objektive Erfassung der Daten; in allen anderen Fällen ist eine subjektive Gewichtung und Bewertung der Aufnahmedaten nicht auszuschließen. Diese Wirkung kann aber durchaus ein Vorzug sein, wenn der Interviewer über ein gutes Beurteilungsvermögen verfügt.

Durch den unmittelbaren Kontakt zwischen Interviewer und Befragten können beim Einsatz der Interviewmethode neben quantitativen Faktoren auch qualitative Einflußgrößen und Bearbeitungserfordernisse erfaßt werden. Daneben läßt sich die Einstellung der Mitarbeiter der Unternehmung zu der beabsichtigten neuen Organisation ermitteln sowie eine relativ genaue Schwachstellenanalyse durchführen.

Im einzelnen können insbesondere folgende Ergebnisse, die besonders charakteristisch für die Interviewmethode sind, erwartet werden:

— *Qualitative Erfassung:* Es werden auch nicht quantifizierbare Tatbestände aufgenommen, z. B. die Angabe: „täglich durchschnittlich 2000 Lohnscheine, jedoch häufig mit ungenauen Angaben der Personal-Nr. und Kostenstellenbezeichnung".

— *Verarbeitungserfordernisse werden offenbar:* Es können alle Verarbeitungsvorgänge mit allen auftretenden Problemen und Einflußgrößen erfaßt und belegt werden.

— *Trennung wichtiger und unwichtiger Tatbestände:* Eine solche Unterscheidung und damit Vorauswahl kann bereits während des Interviews vorgenommen werden. Die Stichhaltigkeit der Auswahl kann direkt durch Kontrollfragen nachgeprüft werden.

— *Verdichtung des zu erfassenden Datenmaterials während der Aufnahme:* Dadurch lassen sich redundante und duplikate Informationen weitgehend vermeiden. Allerdings ist eine Wertung durch den Interviewer dabei nicht auszuschließen, was u. U. die nachfolgende Auswertung erschwert. Detailliert und speziell aufgebaute Aufnahmeunterlagen können diesen möglichen Nachteil vermeiden.

— *Erfassung des Datenflusses:* Die zu erfassenden Informationen können über ihren gesamten Durchlauf durch die Organisation verfolgt, und die verschiedenen Stationen der Verarbeitung können fixiert werden.

— *Erfassung der zukünftigen Entwicklung:* Durch die Interviewmethode lassen sich auch die zukünftigen Entwicklungen der Unternehmungsbereiche in die Istaufnahme mit einbeziehen. Das bezieht sich sowohl auf die quantitative Seite (z. B. Steigerung des täglichen Arbeitsanfalls) als auch auf die qualitative Seite (z. B. Optimierungsrechnungen). Hierbei ist allerdings die Geschäftsleitung unbedingt einzubeziehen, um auch die Auswirkungen künftiger Politik der Unternehmung und ihrer Bereiche beachten zu können.

— *Aufnahme von Sollvorstellungen:* Im Gespräch hat jeder einzelne die Möglichkeit, bestimmte Sollvorstellungen zu äußern. Dabei geht es weniger um künftige Konzeptionen als vielmehr um die Feststellung mehr oder weniger inidividueller Wünsche. Daraus können wertvolle Anregungen für eine zukünftige Organisation entstehen. Außerdem bekommt der Mitarbeiter das Gefühl, an einer neuen organisatorischen Konzeption aktiv beteiligt zu sein.

— *Psychologische Aspekte:* Das Interview ist ein hervorragendes Mittel, um die Einstellung der Belegschaft zu geplanten organisatorischen Maßnahmen festzustellen. Durch den persönlichen Kontakt zwischen Aufnahmeteam und Betroffenen lassen sich relativ einfach Befürworter, Kritiker und Gegner der neuen Organisation ermitteln. Passive Widerstände aus Unkenntnis können gegebenenfalls bereits im Ansatz beseitigt werden. Mißverständnisse werden seltener.

Der Zeitbedarf für die Durchführung der Interviews hängt von der Vorgehensweise ab und ist bei der Einzelbefragung am aufwendigsten. In jedem Fall ist auch bei relativ hohem Personaleinsatz und für Gruppenbefragungen ein relativ langer Zeitraum anzusetzen, da die Interviewmethode auch auf die Termine der Betroffenen Rücksicht nehmen muß, um den betrieblichen Ablauf nicht zu stark zu beeinflussen. Hinzu kommen Faktoren wie Urlaub, Krankheit und Reisezeiten der Betroffenen. Die Durchführung der Istaufnahme mit Hilfe der Interviewmethode erfordert im allgemeinen einen hohen Kostenansatz, da nicht nur die Kosten des Aufnahmeteams, sondern auch die Kosten der Betroffenen anteilig zu ermitteln sind. Darüber hinaus ergibt sich ein hoher Auswertungsaufwand, da die Aufbereitung insbesondere der qualitativen Ergebnisse und ihre Systematisierung als zusätzliche Aufgabe vom Team zu lösen sind.

13. Fragebogenmethode

Die Fragebogenmethode basiert auf der Verteilung von Aufnahmebogen mit vorformulierten Fragen an die Mitarbeiter der aufzunehmenden Unternehmungsbereiche. Die Antworten werden von diesen auf den Fragebogen schriftlich niedergelegt. Das geschieht in Form quantitativer Angaben und/ oder in verbalen Kurzbeschreibungen[16]). Im Gegensatz zu Inventur- und Interviewmethode wird bei diesem Verfahren die gesamte Durchführung der Istaufnahme auf die Betroffenen verlagert. Dem Istaufnahmeteam obliegt die — allerdings aufwendige — Vorbereitung sowie die anschließende Auswertung. Während der Durchführung übernimmt das Team die Überwachung des Ablaufs; außerdem steht es den Betroffenen zur Erteilung von Auskünften und Erläuterungen zur Verfügung.

Als Empfänger der Fragebogen kommen in der Regel alle Mitarbeiter des aufzunehmenden Bereichs in Frage. Das trifft auch dann zu, wenn Mitarbeiter eines Bereichs mit gleichen Aufgaben betraut sind, da die quantitativen Angaben aller gleichartigen Aufgaben addiert werden bzw. auf Übereinstimmung überprüft werden müssen. (Z. B. Führung der Debitorenkonten Nr. 0001—4000: Mitarbeiter X, Konto-Nr. 4001 und folgende : Mitarbeiter Y.) Die Verteilung und Einziehung der Fragebogen erfolgt nach einem genau fixierten Zeitplan. In ihm sind für die Abwicklung der Aufnahme, die Vorbereitung der betroffenen Mitarbeiter, die Versandzeit und die Beantwortungszeit festgelegt.

Durch die Verlagerung der Istaufnahme bei Anwendung der Fragebogenmethode auf die betroffenen Mitarbeiter kann die personelle Besetzung des Istaufnahmeteams relativ klein gehalten werden. Die qualitativen Anforderungen sind hingegen außerordentlich groß, da nicht nur allgemeines organisatorisches Wissen, sondern auch ein ausgezeichnetes Fachwissen erforderlich ist. Darüber hinaus sollten zumindest einige Mitarbeiter eines Teams mit den betrieblichen Verhältnissen vertraut sein, um eine exaktere Fragestellung im Hinblick auf betriebliche Besonderheiten und Schwachstellen zu erzielen. Schließlich müssen die Mitglieder des Teams auch in der Lage sein, eindeutige Fragen zu formulieren und psychologische Aspekte der Betroffenen zu berücksichtigen. Da während der Aufnahme kein Mitglied des Teams eingreift, kommt der ausführlichen Unterrichtung und Einweisung der Betroffenen über ihre Tätigkeit eine entsprechende Bedeutung zu. Die Unterrichtung muß sich sowohl auf die Zielvorstellung und die geplante Istaufnahme als auch auf die formale Behandlung der Aufnahmeunterlagen beziehen. Weiterhin muß allen Mitarbeitern verdeutlicht werden, welche Folgen sich aus unvollständigen und fehlenden Angaben für die neue organisatorische Konzeption ergeben können.

Neben der Unterrichtung ist die Gestaltung der Fragebogen und die Formulierung der Fragen von außerordentlichem Einfluß auf die Qualität der Ergebnisse. Allgemein kann unterschieden werden zwischen generellen und speziellen Fragestellungen, die in der kombinierten Anwendung den größten Erfolg und einen relativ geringen Vorbereitungsaufwand versprechen. Bei genereller Fragestellung erfolgt keine Bezugnahme auf das jeweilige auf-

---

¹⁶) Vgl. Ausschuß für wirtschaftliche Verwaltung (Hrsg.): Organisatorischer Aufbau und Führung des Mittelbetriebes. AWV-Schriftenreihe Nr. 117. Frankfurt/M. 1967, S. 37.

zunehmende Arbeitsgebiet. Alle Fragen werden so standardisiert, daß sie alle vorkommenden Fälle erfassen. Den Vorteilen systematisierter Unterlagen und geringen Vorbereitungsaufwands steht der mögliche Nachteil subjektiv gefärbter Angaben gegenüber. Beispielsweise kann die Frage: „Welche Karteien werden geführt?" zwar alle vom Arbeitsablauf vorgeschriebenen Karteien offenlegen, jedoch Sonderbuchführungen häufig nicht erkennen lassen. Bei spezialisierter Fragestellung hingegen läßt sich ein stärkerer Beantwortungszwang erreichen. Wird z. B. die Frage nach Lagerkarteien speziell formuliert, so kann sich daraus folgender Fragenkomplex ergeben:

(1) Wird eine Bestandskartei geführt?

(2) Wird eine Zugangskartei geführt?

(3) Wird eine Abgangskartei geführt?

(4) Wird eine Dispositionskartei geführt?

(5) Wird eine Rückstandskartei geführt?

(6) Werden sonstige Hilfs- und Nebenkarteien geführt? usw.

Zu jeder einzelnen Frage werden dann noch weitere vertiefende Fragen zur näheren Spezifikation gestellt. Aus der spezifischen Kenntnis des Betriebes lassen sich zusätzliche Fragen nach vermuteten Schwachstellen formulieren. Dadurch können nicht nur offizielle Informationen und Bearbeitungsvorgänge, sondern auch inoffizielle Tatbestände aufgedeckt werden. Insbesondere läßt sich auch der tatsächliche Informationsfluß ermitteln. Ein inoffizieller Tatbestand liegt z. B. vor, wenn eine Disposition ohne Zuhilfenahme der eigentlich dafür bestimmten Dispositionskartei vorgenommen wird.

Im allgemeinen sind folgende Kriterien beim Aufbau der Fragebogen und ihrer Gestaltung zu beachten:

— *Aufbau und Gliederung der Aufnahmeunterlagen*

Um eine gezielte Erfassung durchführen zu können, empfiehlt es sich, die Fragebogen gemäß der Stellenbeschreibung im Organisationsplan zu entwerfen und abzugrenzen. Dabei kann als Nebenprodukt die Wirksamkeit eines bestehenden Organisationsplans überprüft werden. Für die Ordnung der Fragen empfiehlt es sich, eine klassifizierende Gliederung zu wählen. Die Fragen werden zunächst umfassend, auf den gesamten Bereich bezogen, gestellt und dann vom Allgemeinen zum Besonderen geführt. Dabei ist darauf zu achten, daß eine Frage zwangsläufig aus der vorangegangenen resultiert. Die klassifizierende Gliederung ist um so wirkungsvoller, je stärker die Klassifikation systematisiert wird. Dies gilt auch für spezialisierte Fragestellungen. Beispielsweise könnte die folgende Gliederung Anwendung finden:

1.   Welche Kartei wird geführt?

11.   Welche Informationen werden in jeder Karteikarte geführt?

111. Stellenanzahl und Zusammensetzung (z. B. numerisch/alphanumerisch) der Informationen? usw.

Eine einheitliche Klassifikation erleichtert die Einweisung der Betroffenen und die Auswertung der Istaufnahme erheblich. Außerdem wird der Einsatz von ADV-Anlagen als Auswertungsinstrument ermöglicht.

— *Exakte und zielgerichtete Fragestellung*

Die Fragen müssen in den Aufnahmeunterlagen so klar formuliert werden, daß eine eindeutige und weitgehend wertfreie Beantwortung zwangsläufig erfolgen kann.

Fragen, die unterschiedliche Auslegungen und Beantwortungen zulassen, sind zu vermeiden. Eine klare Formulierung läßt sich im allgemeinen durch eine tiefe Gliederung erreichen.

— *Einfügen von Kontrollfragen*

Da die Gefahr falscher, unvollständiger und abgesprochener Angaben nur schwer ausgeschlossen werden kann, sind Kontrollfragen einzuschalten, die, für den Beantworter nicht erkennbar, Überprüfungen erlauben. Diese zusätzlichen Fragen sind dann besonders wirksam, wenn die Antworten eine redundante Aufnahme ermöglichen. Gleichzeitig erweist sich eine Stichprobenkontrolle durch Interviews oder die Inventurmethode als sinnvoll.

Generell gilt, daß nur solche Daten aufgenommen werden, nach denen gefragt wurde. Deshalb sollte zusätzlich Gelegenheit gegeben werden, weitere Angaben zu machen, die u. U. das Bild eines aufzunehmenden Bereichs vervollständigen.

Wie bereits erwähnt wurde, ist für die Istaufnahme mit Hilfe der Fragebogenmethode eine außerordentlich exakte Planung erforderlich. Dies trifft insbesondere auf die zeitlichen Aspekte zu. Da bei Fragebogenaktionen das Istaufnahmeteam keinen direkten Einfluß auf die Durchführungszeit besitzt, ist die Zeit genau zu fixieren und auf eine strikte Einhaltung zu achten. Schwierigkeiten ergeben sich daraus, daß eine für die fundierte Beantwortung ausreichende Zeit gewährleistet sein muß, andererseits der Zeitraum nicht zu lang zu wählen ist. Die Bestimmung der Länge des Zeitraumes ist schwierig und kann normalerweise nur auf Schätzungen und Annahmen beruhen. Einige Einflußgrößen lassen sich jedoch herauskristallisieren. Ein zu lang gewählter Zeitraum kann zu einem Überholtsein der aufgenommenen Daten, ein zu kurzer Zeitraum zu flüchtiger Beantwortung führen. Darüber hinaus läßt ein zu langer Zeitraum zuviel Spielraum für unerwünschte Absprachen und verführt dazu, die Beantwortung bis zur „letzten Sekunde" hinauszuschieben. Weiterhin ist die Wahl des Zeitpunktes der Aktion entscheidend. Saisonale Besonderheiten der Unternehmung, Urlaubs- und Krankheitswellen sind zu berücksichtigen. Schließlich empfiehlt es sich zur

Vermeidung einer schlagartigen Belastung des Betriebes durch die Aktion, die Fragebogen gleitend zu verschicken und zurückzufordern.

Wie bei den übrigen Methoden ist die Kostenseite der Fragebogenmethode relativ schwer einzustufen. Die Höhe der anfallenden Kosten wird einerseits dadurch bestimmt, daß das Istaufnahmeteam relativ klein gehalten werden kann, andererseits jedoch durch eine relativ hohe Inanspruchnahme der Betroffenen und eine u. U. erhebliche Behinderung des betrieblichen Ablaufs. Außerdem können die Kosten dadurch beeinflußt werden, daß unterschiedlich gestaltete Unterlagen verwendet werden. Bei generellen, vereinheitlichten Fragen ist der Vorbereitungsaufwand geringer; der Durchführungsaufwand ist jedoch größer, da die Spezialisierung den Betroffenen überlassen bleibt. Bei spezialisierten Fragestellungen verhält es sich umgekehrt. Die Auswertung ist jedoch in beiden Fällen weniger arbeitsaufwendig als bei Einsatz der Interviewmethode.

14. Berichtsmethode

Vom Vorgehen und von der Durchführung aus betrachtet ist die Berichtsmethode der Fragebogenmethode verwandt. Die Berichtsmethode verlangt von den betroffenen Abteilungen eine ausführliche Beschreibung der in Frage kommenden Arbeitsgebiete. Letztlich kann davon ausgegangen werden, daß bei Einsatz dieser Methode eine ausführliche Beschreibung der tatsächlichen Arbeitsabläufe vorgenommen wird.

Auch bei diesem Verfahren liegt die gesamte Durchführung bei den Betroffenen, die allerdings hier auch die Verantwortung für die Vollständigkeit der Berichte übernehmen. Im Gegensatz zu allen anderen Methoden wirken bei diesem Vorgehen alle betroffenen Mitarbeiter indirekt an der zukünftigen Lösung in voller Verantwortung mit.

Innerhalb des Berichtes wird den Betroffenen auch die Möglichkeit gegeben, Schwachstellen offenzulegen und zukünftige Lösungen zu skizzieren und zu begründen.

Der Einsatz dieser Methode setzt bei den betroffenen Mitarbeitern nicht nur gute Kenntnisse des zu erfassenden Arbeitsgebietes und großes Verantwortungsgefühl voraus, sondern erfordert in der Regel auch gewisse Grundkenntnisse in der Datenverarbeitung sowie die Kenntnis des Umgangs mit Belegen und Ergebnissen der maschinellen Datenverarbeitung. Damit kann dieses Verfahren primär dort verwendet werden, wo bereits die maschinelle Datenverarbeitung eingesetzt wird.

Die Problematik der Berichtsmethode liegt in der überwiegend individuellen Erfassung und nachfolgenden Auswertung begründet. Dies steht im Zusammenhang mit der weitgehenden Formfreiheit der Aufnahmeunterlagen und der individuellen Darstellungsweise der Berichtenden. Ferner ist es äußerst schwierig, die Übergänge von einem Arbeitsgebiet zum folgenden festzustellen, da kein von vornherein erkennbarer Zusammenhang der Arbeitsgebiete in den Aufnahmeunterlagen vorliegt. Diese auftretenden Schwierigkeiten sind dann nicht von gravierender Bedeutung, wenn ein mit den tatsächlichen Verhältnissen übereinstimmender Organisationsplan vorliegt, aus dem der Informationsfluß durch die Unternehmung entnommen werden kann, und wenn die Arbeitsgebiete vorwiegend in sich geschlossen betrachtet werden können, d. h. die Zahl der Verknüpfungen sich in begrenztem Rahmen hält. In diesen Fällen können die Berichte über den Organisationsplan in Zusammenhang gebracht und nachträglich in der Auswertungsphase aufeinander abgestimmt werden. Beispielsweise wird in einem Bericht der Vertriebsabteilung von einer zu bearbeitenden Auftragsbestätigungskopie gesprochen, ohne daß dabei aufgezeigt wird, woher diese Kopie stammt. Aus dem Informationsfluß des Organisationsplans kann dann auf den Ursprungsort der betreffenden Kopie geschlossen werden. Schließlich ist es auch möglich, auf völlige Formfreiheit der Berichte zu verzichten und eine bestimmte Berichtsform zu wählen, die den Aufbau der verschiedenen Berichte vereinheitlicht und bestimmte Mindestbestandteile vorschreibt.

Die Wahl einer bestimmten Berichtsform erweist sich insbesondere dann als dringend erforderlich, wenn ein Organisationsplan und abgeschlossene Arbeitsgebiete nicht vorliegen und das Ziel der geplanten Reorganisation die Integration ist. Die Wahl der vorzuschreibenden Form erleichtert gleichzeitig die Auswertung der Aufnahme erheblich.

Die Berichtsmethode stellt in quantitativer und qualitativer Hinsicht in der Vorbereitung und Durchführung nur geringe Anforderungen an das Team. Dies gilt auch für die Wahl einer vorgeschriebenen Berichtsform. Die Anforderungen steigen erst in der Auswertungsphase, in der solche Teammitglieder am wertvollsten sind, die über die Gesamtzusammenhänge des Betriebes gut informiert sind. Um zweckentsprechende Berichte zu erhalten, ist es notwendig, auch den Berichtenden eine ausführliche Unterrichtung zu geben. Als Berichtende kommen dabei in erster Linie die Leiter von Arbeitsbereichen, Abteilungsleiter und Hauptabteilungsleiter, oder die besten Sachkenner aus diesen Gebieten in Frage. Dabei muß sichergestellt werden, daß der Berichtende nicht nur durch Verdichtung der Berichte untergeordneter Mitarbeiter ohne eigene Sachkenntnis den Bericht erstellt.

Hinsichtlich der Unterlagen ist eine Unterscheidung zwischen formfreien und mit einer zwingenden Gliederung versehenen Aufnahmeunterlagen vorzunehmen. Eine vorgeschriebene Berichtsform bietet die Möglichkeit, die Aufgliederung nach Muß-, Soll- und Kannbestandteilen vorzunehmen und innerhalb dieser Komplexe die aufzunehmenden Tatbestände zu spezifizieren. Dies könnte z. B. folgendermaßen geschehen:

(1) Ursprung der Belege und Beleginformationen,

(2) Mengen und Zusammensetzung der Daten,

(3) Bearbeitungsschritte,

(4) Zielort der Belege.

Durch diese Aufgliederung und die damit erreichbare Vereinheitlichung der Berichte vereinfacht sich die Auswertung; gleichzeitig wird die Gefahr der Unvollständigkeit vermindert.

Die Vorteile der Berichtsmethode liegen insbesondere in der stark von Sachkenntnis geprägten Beschreibung der Arbeitsgebiete, in der aktiven Einschaltung der Betroffenen auch für eine zukünftige Lösung und in der Gewinnung organisatorischer Anregungen, die auch von den Betroffenen anerkannt werden. Die zeitlichen Aspekte können in Anlehnung an die Fragebogenmethode betrachtet werden, wenngleich die Problematik des Zeitpunktes und des anzusetzenden Zeitraumes nicht in gleicher Strenge gesehen werden muß. Da der Bericht die zusammengefaßte Darstellung eines Arbeitsgebietes umfaßt, ist die Zahl der zu überwachenden Mitarbeiter geringer. Die geringere Vorbereitung und die Verlagerung der Durchführung auf die Betroffenen sowie die bereits während der Durchführung vorgenommene Verdichtung des Datenmaterials senken die Kosten für das Istaufnahmeteam erheblich. Auch die Kosten, die durch die Erstellung der Berichte entstehen, sind zumindest geringer als die entsprechenden Kosten bei der Fragebogenmethode, da durch die relativ geringere Anzahl von Berichtenden auch eine starke Behinderung des betrieblichen Ablaufes vermieden wird.

15. Ableitungsmethode

Nicht immer wird zur Entscheidungsfindung oder Verfahrensübernahme eine explizite Istaufnahme vorgenommen werden noch überhaupt erforderlich sein. Oft genügt es, nur einige wenige typische Tatbestände zu untersuchen, von denen man weiß, daß sie in einem gegebenen Fall das gesamte Datenverarbeitungssystem determinieren, und man kann dann aus diesen Angaben den vorliegenden Istzustand gewissermaßen deduktiv erschließen.

So kann einerseits in einer Unternehmung bereits einmal eine Istaufnahme im hier zugrundeliegenden Sinne durchgeführt worden sein. Dabei waren einige ganz bestimmte Punkte als die kritischen, ausschlaggebenden erkannt worden. Soll nun nach einer gewissen Zeit die Fragestellung des Einsatzes maschineller Datenverarbeitungsverfahren erneut überprüft werden, so genügt es häufig, diese als kritisch bekannten Punkte noch einmal zu untersuchen. Alle übrigen Angaben (qualitativer und quantitativer Natur) können dann sozusagen in Analogie zur bereits vorliegenden Istaufnahme gefolgert werden.

Zum anderen können ausführliche Istaufnahmen von einer ausreichenden Anzahl von Unternehmungen einer bestimmten Branche vorliegen. Daraus ist bekannt, welche Punkte in einer beliebigen Unternehmung dieser Branche determinierend für ein maschinelles Datenverarbeitungssystem sind. Es genügt dann meist, bei einer weiteren Unternehmung dieser Branche die kritischen Punkte aufzunehmen und im übrigen davon auszugehen, daß sich alles weitere analog zu den in den übrigen Unternehmungen angetroffenen Verhältnissen verhält.

Je homogener die Aufgaben in einem Wirtschaftszweig sind, um so eher wird man der Ableitungsmethode bei einer Untersuchung den Vorzug geben. Ein typisches Beispiel bildet der Banksektor, u. a. mit dem Kontokorrentverkehr. Zahlreiche Datenverarbeitungsaufgaben der Banken weisen das gleiche oder ein sehr ähnliches „Datenprofil" auf. Ist dieses Datenprofil aufgrund von früheren Untersuchungen bekannt, reicht es zumeist aus, die für die Datenverarbeitung wichtigen Parameter zu fixieren und sie in der einzelnen Unternehmung auf ihre Gültigkeit hin zu überprüfen.

Unabhängig von einer bestimmten Branche sind erfahrungsgemäß zahlreiche Datenverarbeitungsaufgaben mit Abrechnungscharakter (z. B. Lohnabrechnung) homogener Natur, so daß es auch hier genügt, bestimmte für die automatisierte Datenverarbeitung kritische Gesichtspunkte zu erfassen. Aufgaben dagegen, bei denen Planungs- und/oder Steuerungsdaten zu verarbeiten sind, weichen von Unternehmung zu Unternehmung sehr stark voneinander ab, sind also eher heterogener Natur. Parallelen sind hier schwerer zu finden, und die Ableitungsmethode wird bei der Untersuchung derartiger Aufgabengebiete weniger zum Einsatz kommen.

Selbstverständlich kann eine solche Vorgehensweise nur bedingt als „Erhebungsmethode" bezeichnet werden, da ja eben keine eigentliche Erhebung (bzw. nur in einem kleinen Ausschnitt) vorgenommen wird. Andererseits handelt es sich hierbei um ein in der Praxis anzutreffendes Verfahren, zu einer gewissen Vorstellung über den Istzustand in einer Unternehmung zu gelangen.

Querverbindungen bestehen zweifellos zu den Ausführungen über die Benutzung vorhandener Istaufnahme-Unterlagen (vgl. C. I. 2. 21), die Verfahrensübernahme (vgl. B. II. 1. 11.), die Teilerhebung (vgl. C. I. 2. 23.) und die Inventurmethode (vgl. C. II. 1. 11.).

Von der allgemeinen Benutzung vorhandener Istaufnahme-Unterlagen unterscheidet sich die Ableitungsmethode jedoch dadurch, daß sie nicht generell die im Zeitablauf eingetretenen Änderungen des Istzustandes unmittelbar feststellt, sondern vielmehr diese größtenteils deduktiv zu erschließen versucht.

Auch die Istaufnahme zur Verfahrensübernahme ist nicht mit der Ableitungsmethode identisch. Bei der Verfahrensübernahme ist eine *Sollkonzeption* vorgegeben, und es wird untersucht, inwieweit sich diese auf eine gegebene Unternehmung übertragen läßt. Bei der Ableitungsmethode hingegen ist eine mehr oder weniger hypothetische Vorstellung von einem *Istzustand* die Ausgangsbasis.

Danach, wie hier die Ableitungsmethode erklärt wird, enthält sie stets einen — nicht unerheblichen — Bestandteil, der mit einer Teilerhebung identisch ist. Von dieser unterscheidet sie sich, weil sie sich eben nicht auf diese beschränkt, sondern vielmehr den anschließenden Vorgang des Schließens (Deduzierens) auf einen angenommenen Istzustand (nicht Sollzustand!) begrifflich einschließt.

Schließlich ist noch der Unterschied zur Inventurmethode herauszuarbeiten. Während bei der Inventurmethode grundsätzlich auf alle vorhandenen Unterlagen zurückgegriffen wird (d. h. eben auch vorwiegend auf solche, die nicht im Zusammenhang mit einer Istaufnahme erstellt wurden), beschränkt sich die Ableitungsmethode auf solche Unterlagen, die ad hoc für Zwecke der Istaufnahme erarbeitet wurden.

Als alleinige Methode wird die Ableitung in der Praxis sich nur selten anwenden lassen. Sie bedarf im allgemeinen der Ergänzung durch andere Erhebungsmethoden.

Die entscheidenden Vorteile der Ableitungsmethode liegen insbesondere im geringen Personal- und Zeitaufwand, in der Nichtbeeinflussung des Betriebsablaufs sowie in der Vermeidung von Redundanz bei der Aufnahme.

Ihre Ergebnisse sind jedoch naturgemäß ungenau. Darüber hinaus ist im konkreten Fall nicht sicher, ob die in einer zurückliegenden Istaufnahme als kritisch erkannten Punkte es auch noch im gegenwärtigen Zeitpunkt sind und ob nicht vielleicht inzwischen andere, früher als unproblematisch angesehene Sachverhalte dominieren. Es sei nur daran erinnert, daß sich ja im Zeitablauf die technisch-organisatorischen Möglichkeiten der Datenverarbeitungsanlagen in erheblichem Maße weiterentwickeln (etwa im Beispiel Magnetband-/ Magnetplattenverarbeitung).

Die Aussagekraft einer Ableitung ist weitgehend von der Qualität der Bezugsgrundlagen abhängig. In jedem Fall aber müssen bei den Istaufnehmern umfangreiche Erfahrungen darüber vorliegen, wie aus diesen Unterlagen die richtigen Schlüsse auf den derzeitigen Istzustand gezogen werden können.

Insgesamt gesehen ist die Ableitungsmethode im Vergleich zu den übrigen hier beschriebenen Erhebungsmethoden als das kostengünstigste Verfahren anzusehen. Jedoch bleibt zu beachten, daß die Ergebnisse in Qualität und Quantität u. U. sehr eingeschränkt zu verwenden sind.

2. Kriterien für den Einsatz der Methoden in der Praxis

In der tabellarischen Übersicht „Beispiele für eine Bewertung von Aufwand und Ergebnis der Erhebungsmethoden" (vgl. Tab. 6) sind die wichtigsten Einflußgrößen auf der Aufwandseite und die Ergebnisse bei den fünf zur Diskussion stehenden Methoden gegenübergestellt worden. Dabei wurde davon ausgegangen, daß Aufwand und Ergebnis der Ableitungsmethode mit 1 festgesetzt werden können (mit Ausnahme der Qualität des Personals) und die übrigen Methoden in Relation dazu betrachtet werden. Dies erscheint

Aufwand	Ab-lei-tung	Inventur Gener.	Spez.	Interview Ein-zel	Grup-pe	Fragebogen Gener.	Spez.	Bericht Form-frei	Ge-glied.
Vorbereitung	1	2	3	2	3	3	4	1	2
Durchführung	1	3	3	4	3	3	2	2	2
Auswertung	1	3	3	3	2	4	3	4	3
Zeitbedarf	1	4	4	4	3	3	2	2	3
Personalbedarf									
quantitativ	1	4	4	4	3	2	2	2	1
qualitativ	4	3	3	4	4	3	3	3	2
Beeinflussung des Betriebsablaufes	1	1	1	4	4	3	3	2	2
Ergebnis									
Mengenerfassung	1	4	4	3	2	3	4	2	2
Erfassung des Bearbeitungserfolges	1	2	3	3	3	2	3	4	4
Erfassung des Informationsflusses	1	2	2	2	3	3	3	1	2
Schwachstellenerfassung	1	2	2	3	4	2	3	2	2

Tab. 6

Beispiel für eine Bewertung von Aufwand und Ergebnis
der Erhebungsmethoden

gerechtfertigt, da alle Faktoren der Ableitungsmethode in etwa ausgeglichen sind. Die Bewertung 1 kennzeichnet gleichzeitig den jeweils niedrigsten Wert, die Bewertung 4 den höchsten; die Angaben 2 und 3 sind Zwischenstufen. Um die Darstellung zu verfeinern, wurden außerdem Inventur- und Fragebogenmethode unter dem Gesichtspunkt genereller und spezieller Unterlagen betrachtet. Für die Interviewmethode ergeben sich als typisch unterschiedliche Komponenten Einzel- und Gruppeninterviews. Dabei wurden unter Einzelinterviews auch die Gruppenleiterbefragungen und unter Gruppeninterviews die Konferenzen mit erfaßt. Schließlich wurde die Berichtsmethode in Abhängigkeit von formfreien oder gegliederten Unterlagen betrachtet. Bei dieser Gegenüberstellung erweist sich als die aufwendigste Methode das Einzelinterview, als die kostengünstigste der gegliederte Bericht, wenn die Ableitungsmethode außer Betracht bleibt. Als gleichsam optimale Methode kristallisiert sich die Fragebogenmethode mit spezieller Fragestellung heraus.

Die Gegenüberstellung sagt damit noch nichts über den tatsächlichen Aufwand und die Qualität der Ergebnisse aus; sie gibt nur den ungefähren

Standort einer jeden Methode an und ist einer unter mehreren die Auswahl bestimmenden Faktoren.

In zumindest gleich starkem Ausmaß wird die Methodenauswahl durch die Zielsetzung, den Gegenstand und die Träger der Istaufnahme bestimmt. Die gleichzeitige Beachtung aller drei Einflußgrößen wird häufig zu einer gemischten Verfahrensanwendung führen. Die Zielsetzung wurde schon als bestimmendes Element für die Frage nach einer Gesamt- oder Teilerhebung hervorgehoben. Neben diesem allgemeinen Aspekt sind jedoch auch die besonderen Aspekte für die Methodenauswahl entscheidend. Wird beispielsweise eine umfangreiche Mengenerfassung mit möglichst geringem Personalaufwand als einzigem besonderen Aspekt gefordert, so wird wahrscheinlich die Fragebogenmethode mit speziellen Fragebogen bei einem optimalen Verhältnis von Aufwand und Ergebnis ausgewählt werden müssen. Wird jedoch der zusätzliche Aspekt einer möglichst geringen Beeinflussung des betrieblichen Ablaufs beachtet, so wird die Wahl auf die Inventurmethode fallen müssen. Unter Umständen wird es bereits an dieser Stelle zu einer gemischten Anwendung kommen, wenn die aufzunehmenden Arbeitsgebiete stärker differenziert werden können.

Als gleichrangigem Auswahlgesichtspunkt kommt weiterhin den Trägern der Istaufnahme eine maßgebliche Bedeutung zu. Entscheidend sind hierbei Quantität und Qualität des bestehenden Istaufnahmeteams bzw. die Einstellungs- und Ausbildungsmöglichkeiten für neue Mitarbeiter und Mitarbeiter aus der Unternehmung. Häufig wird man aufgrund der gegebenen Personalsituation gezwungen sein, sich auf die Verfahren zu beschränken, die der Personalsituation angepaßt oder anzupassen sind. Es ist sogar möglich, daß die Frage mangelnder Personalquantität und -qualifikation zu einer Modifizierung des gesetzten Zieles zwingt.

Der Gegenstand der Istaufnahme ist insoweit als Auswahlfaktor zu berücksichtigen, als schwerpunktmäßig ganz bestimmte Ergebnisse erwartet werden, z. B. die Erfassung von Schwachstellen. Zusätzlich von Bedeutung sind Einflußgrößen wie z. B. Organisationsstand der Unternehmung und Ausbildungs- und Erfahrungsstand der Mitarbeiter.

3. Dokumentation

In der weitesten Begriffsfassung beinhaltet Dokumentation zunächst einfach das schriftliche Festhalten von Tatbeständen[17]). Für die Istaufnahme bedeutet Dokumentation die Entwicklung von Aufnahmeformularen, die Archivierung der bei der Aufnahme angefallenen Unterlagen, Aufschreibungen usw.

---

[17]) Nähere Ausführungen zum Wesen der Dokumentation vgl. Pietsch, E.: Grundfragen der Dokumentation. Publikationswesen, Definition, Organisation. In: Dokumentation in Technik und Wirtschaft, hrsg. von der Arbeitsgemeinschaft für Rationalisierung des Landes Nordrhein-Westfalen, Heft 14, Dortmund 1964.

und schließlich die Verdichtung der Aufnahmeergebnisse. Die Dokumentation kann der Erhebungstätigkeit zeitlich vorausgehen, parallel laufen und/oder zeitlich nachgeordnet sein. So ist bereits vor Beginn einer Erhebung die Erarbeitung von Dokumentationsrichtlinien erforderlich (vgl. C. I. 2. 26.). Während der Erhebungstätigkeit gehören die Dokumentationsarbeiten mit zur Phase der Durchführung einer Istaufnahme. Eine Trennung von Erhebung und Dokumentation ist oft nur gedanklich möglich, da in der praktischen Aufnahmetätigkeit die erhobenen Tatbestände in der Regel gleichzeitig und von derselben Person dokumentiert werden. Auf diesem Wege ist die beste Gewähr dafür gegeben, daß die Dokumentation die aufgedeckten Sachverhalte auch wirklich widerspiegelt.

31. Gründe für eine Dokumentation des derzeitigen Datenverarbeitungssystems

In der Praxis wird häufig geäußert, daß eine Dokumentation der gegenwärtigen Abwicklung des Datenverarbeitungsprozesses als Grundlage für die Entwicklung eines automatisierten Datenverarbeitungsverfahrens von keinem großen Nutzen sei. Vielmehr trage eine solche Dokumentation dazu bei, an den althergebrachten Organisationsformen festzuhalten, und hemme so das Entstehen neuartiger organisatorischer Lösungen.

Nach Ansicht des Studienkreises kommt man jedoch besonders bei umfangreichen Untersuchungen nicht ohne eine Dokumentation aus. Diese kann auch bei den Umstellungsvorbereitungen für kleinere Arbeitsgebiete eine wertvolle Hilfe darstellen, wenn bestimmte Anforderungen erfüllt sind, die zu einem späteren Zeitpunkt noch genannt werden sollen.

Am augenscheinlichsten wird die Notwendigkeit einer Dokumentation, wenn es sich um die Istaufnahme einer Großunternehmung handelt, bei der nicht nur ein Teilbereich, sondern die gesamte Unternehmung in ihrem Istzustand erfaßt werden soll. Die zu erfassenden Tatbestände sind dann so vielschichtig, bzw. eine solche Vielzahl von Informationsquellen ist zu erfassen (hierbei kann es sich um Personen oder um Dokumente handeln), daß eine Übersicht über den Datenverarbeitungsprozeß nur durch eine geordnete, schriftliche Fixierung erreicht werden kann. Ein weiterer Grund für die Dokumentation liegt darin, daß in der Regel ein Team aus mehreren Istaufnehmern mit der Untersuchung beauftragt wird und nur durch eine einheitliche schriftliche Fixierung der erhobenen Tatbestände eine Koordination der Aufnahmetätigkeit gesichert erscheint und Doppelarbeiten oder Lücken in der Erhebung vermieden werden können[18]. Nicht zuletzt bedingt das zeitliche und personelle Auseinanderfallen von Ergebnisgewinnung und Ergebnisverwendung (Entwicklung des automatisierten Datenverarbeitungsverfahrens) eine Dokumentation.

---

[18] Vgl. Grochla, Erwin: Möglichkeiten einer Steigerung der Wirtschaftlichkeit im Büro, in: Bürowirtschaftliche Forschung, hrsg. von Erich Kosiol, Berlin 1961, S. 57.

32. Anforderungen an eine Dokumentation im Rahmen der Istaufnahme

Damit eine Dokumentation einen sinnvollen Bestandteil im Rahmen der Istaufnahme bildet, sind an sie bestimmte Anforderungen zu stellen. Sie ist schließlich nur dann wirtschaftlich zu vertreten, wenn die Zeiteinsparungen bei der Auswertung der dokumentierten Sachverhalte den Zeitaufwand für die Dokumentation selbst überkompensieren. Die Dokumentation darf niemals Selbstzweck sein, sondern soll die Auswertung der festgehaltenen Tatbestände erleichtern und beschleunigen. Wichtig ist in diesem Zusammenhang, daß Umfang und Art der Dokumentation der jeweiligen Problemstellung angepaßt werden können. Das bedingt, daß die Istaufnehmer über entsprechende Erfahrungen auf dem Gebiet der Dokumentationstechniken verfügen. Daneben muß bereits in der Planungsphase durch eine entsprechende Rahmengebung dafür gesorgt werden, daß der ganze Unternehmungsbereich einheitlich als ein Gesamtsystem gesehen und dokumentiert wird. Dies geschieht durch eine schriftliche Fixierung der Tatbestände, eine Gruppierung nach einem einheitlichen Ordnungssystem und eine Klassifizierung der aufgetretenen Merkmale. Nur so erfüllt die Dokumentation die Anforderung, wonach ein jederzeitiges und insbesondere schnelles Wiederauffinden von Einzeltatbeständen möglich sein muß.

Innerhalb dieses Rahmens, der eine eindeutige Identifizierung der Einzelfakten erlaubt, ist zusätzlich ein hohes Maß an Übersichtlichkeit in der Darstellung von Zusammenhängen zu verlangen, die im Hinblick auf die Zielsetzung der Istaufnahme von Bedeutung sind (z. B. Hervorheben von Summen, Durchschnittswerten, Häufigkeiten des Datenanfalls, Datenflußpläne). In den meisten Fällen ist eine Übersichtlichkeit und hohe Aussagefähigkeit in der Darstellung nur durch das Hervorheben eines Merkmals und durch das Vernachlässigen von anderen möglich (graphische Darstellung).

Die Dokumentationstechnik ist als solche neutral, d. h. mit ihrer Hilfe darf keine Wertung der organisatorischen Tatbestände vorgenommen werden. Sie muß vielmehr so angewandt werden, daß die Phänomene aus dem erfaßten Sachverhalt hervorgehoben werden, die als Unterlage für die Entwicklung einer neuen organisatorischen Lösung benötigt werden.

Das Ergebnis einer guten Dokumentation soll sein, daß sie die Ergebnisse der Istaufnahmetätigkeit sichert, die Kontrolle der Istaufnahmetätigkeit und der Istaufnahmeergebnisse ermöglicht und eine Auswertung (keine Bewertung) der erhobenen Tatbestände erleichtert.

33. Formulartechnik

Eine Anwendung von speziell für die Istaufnahme gestalteten Formularen kann dazu führen, die bei der Erhebung gewonnenen Erkenntnisse über das Untersuchungsobjekt auf Dauer übersichtlich und geordnet festzuhalten. Die Formulare für die Istaufnahme können sogar so gestaltet und zu einem Formularsystem erweitert werden, daß sie als Leitfaden für die Erhebungen dienen können, unabhängig davon, welche Erhebungsmethode im einzelnen angewandt wird.

Eine geschickte Kombination übersichtlich gestalteter Formulare gewährleistet so eine einheitliche und vollständige Erfassung aller relevanten Tatbestände. Verlangt werden muß allerdings eine gewisse Erfahrung in der Gestaltung von Formularen und eine Kenntnis der wesentlichen Merkmale, die es bei einer Istaufnahme zu erfassen gilt. Unter diesen Voraussetzungen und unter Berücksichtigung einer gewissen Vorbereitungszeit für die Gestaltung der Formulare wird diese Technik insbesondere dann von Vorteil sein, wenn man sich nicht auf die Erfassung eines Teilgebietes beschränken will, sondern eine integrierte Datenverarbeitung für die gesamte Unternehmung anstrebt.

Die Gestaltungsform der Formulare kann in der Praxis betriebsindividuelle Besonderheiten berücksichtigen. Generell sollten jedoch jeweils verschiedene Formulare für die Tätigkeiten der Abteilungen bzw. Stellen der verschiedenen Ebenen der betrieblichen Hierarchie benutzt werden. Durch das Verwenden von Nummernsystemen sollte dabei auf die Möglichkeit einer raschen Identifizierung und übersichtlichen Klassifizierung innerhalb des Formularsystems besonderer Nachdruck gelegt werden. Für jeden Sachbearbeiter ist ein Formular vorzusehen, das insbesondere Angaben über die Art und Weise der Bearbeitung der Daten, die Termine, den Arbeitsumfang und Angaben über Herkunft und Verbleib der Arbeitsunterlagen und Ergebnisse enthält[19]).

34. Archivierung

Die bei der Istaufnahme anfallenden Formulare, Organisationsanweisungen, Zähl-Listen, Berichte, Interviewnotizen und Konferenzprotokolle müssen so archiviert werden, daß sie jederzeit wieder aufgefunden werden können. Hierfür ist eine eindeutige Identifizierung der verschiedenen Unterlagen erforderlich.

Weiter muß der gesamte Unterlagenumfang zum Zwecke einer leichteren Auswertung gegliedert werden. Das erfolgt durch eine Klassifizierung der Unterlagen nach den gewünschten Auswertungsgesichtspunkten. Die Klassifizierung geht also über die Identifizierung hinaus. Sie ermöglicht die Einordnung des Einzeltatbestandes an den richtigen Platz im Rahmen eines Gesamtsystems.

---

[19]) Praktische Beispiele für die Anwendung der Formulartechnik bei der Istaufnahme finden sich u. a. bei: Bayer S.: Methoden zur Erfassung des Istzustandes mit Hilfe der SOP-Formulare. IBM-Nachrichten, Heft 184, 17. Jg. 1967, S. 628 ff. — Jordt, A.; Gscheidle, K.: Fernkurs für Organisation. Lehrbrief 2. Wiesbaden o. J., S. 48 ff. — Scholz, H.; Harrmann, A.: Die Aufnahme des organisatorischen Ist-Zustandes vor der Einführung der automatisierten Datenverarbeitung. Erleichterungen durch Numerierung der Werkstellen und der Vordrucke. In: elektronische datenverarbeitung, Heft 1, 1968, S. 1—13.

Identifizierung und Klassifizierung können in verbaler oder numerischer Form vorgenommen werden.

341. *Verbale Bezeichnung*

Meistens werden die Sachverhalte, die Gegenstand der Istaufnahme sind, von den Auskunftspersonen mit den verschiedensten Ausdrücken bezeichnet. Solche verschiedenen Bezeichnungen müssen vereinheitlicht werden. Bei der Istaufnahme durch einen Einzelnen kann die Vereinheitlichung direkt durch den Istaufnehmer erfolgen. Bei der Istaufnahme durch ein Team geschieht die Begriffsvereinheitlichung am zweckmäßigsten zentral über einen Begriffskatalog.

Organisatorisch gesehen ist die Aufstellung eines Begriffskatalogs einfach. Vor der Istaufnahme werden zentral Bezeichnungen für die wichtigsten Daten festgelegt und allen Istaufnehmern zur Benutzung vorgeschrieben. Treten während der Istaufnahme noch nicht bezeichnete Daten auf, so trägt der Istaufnehmer sie im zentralen Begriffskatalog mit der verwendeten Bezeichnung nach. Der Begriffskatalog wird in Abständen vervielfältigt und der letzte Stand an die Istaufnehmer verteilt. Zu diesem Zweck wird der Begriffskatalog häufig in Form von lochschriftübersetzten Lochkarten geführt, die jederzeit aufgelistet werden können.

Die Festlegung der Bezeichnung kann nach verschiedenen Gesichtspunkten vor sich gehen. Dient die Istaufnahme der Entwicklung des Sollvorschlages, der mit den betroffenen Abteilungen abgestimmt und deshalb für diese dokumentiert werden muß, so bietet es sich an, diejenigen Bezeichnungen in den für die Istaufnahme und den Sollvorschlag gültigen Begriffskatalog aufzunehmen, die in den Abteilungen am gängigsten sind. Der Begriffskatalog würde dann in Zusammenarbeit mit den untersuchten Abteilungen aufgestellt werden. Soll die Istaufnahme direkt Ausgangspunkt für die Programmierung sein, so können die Bezeichnungen bereits für die Istaufnahme auf die für die programmierte Abwicklung des Datenverarbeitungsprozesses zulässige Symbollänge abgekürzt werden.

342. *Nummern und Nummernsysteme*

Für viele der bei der Istaufnahme zu erfassenden Tatbestände, z. B. für Belege oder für Arbeitsgänge im Büro, gibt es überhaupt keine verbalen Bezeichnungen. Wenn man in der Dokumentation auf solche unbenannten Aufnahmeobjekte verweisen muß, ist es praktisch, sie zur Identifizierung mit einer fortlaufenden Zählnummer (Ident-Nummer) zu versehen[20]). Auf diese Weise erspart man sich unhandliche verbale Umschreibungen. Die fortlaufende Zählnummer steht stellvertretend für die verbale Beschreibung. Sie

---

[20]) Vgl. Peinze, K.; Niederhausen, H. P.: Informationsverarbeitung im integrierten Datenverarbeitungssystem — Identifikation von Informationen. In: elektronische datenverarbeitung, Heft 3, 1968, S. 153—155.

zeichnet sich durch Eindeutigkeit und größtmögliche Kürze aus und kann unter gewissen Bedingungen (Großraumspeicher) maschinell verarbeitet werden. In der Praxis werden noch überwiegend gemischte Schlüsselnummern verwendet, die aus einem identifizierenden und einem klassifizierenden Teil bestehen. Der Grund dafür liegt darin, daß ADV-Anlagen noch überwiegend ohne Großraumspeicher eingesetzt werden. Bei manuellen Datenverarbeitungsverfahren kommt man schon der Übersichtlichkeit wegen ab einem bestimmten Umfang der Begriffe nicht ohne eine Klassifizierung aus.

Die numerische Verschlüsselung kann dezentral erfolgen. Bei Team-Arbeit bekommt jeder Istaufnehmer hierfür einen besonderen Nummernkreis zugeteilt. Häufig kann auch auf bereits bestehende Schlüssel zurückgegriffen werden (z. B. Formular-Nummern).

Die Vorteile von Nummernsystemen zeigen sich natürlich nicht nur bei bisher unbenannten Aufnahmeobjekten. Ident-Nummern können auch neben verbale Bezeichnungen gesetzt werden. Auch die Kennzeichnung der Belege der Istaufnahme (Fragebogen, Berichte, Konferenzprotokolle, Interviewnotizen, Formulare) und ihre Ablage geschieht am zweckmäßigsten mit Hilfe der Ident-Nummern.

Für die Vergabe von Ident-Nummern und für das Vorgehen beim Aufbau von Nummernsystemen sollte folgenden Gesichtspunkten besondere Aufmerksamkeit geschenkt werden:

(1) dem Anstreben einer möglichst geringen Stellenzahl,

(2) dem Einhalten einer bestimmten maximalen Stellenzahl,

(3) der Vollständigkeit und Aussagefähigkeit des Nummernsystems,

(4) einer ausreichenden Erweiterungsmöglichkeit[21]).

35. Darstellungstechnik

Die wichtigsten Objekte einer Istaufnahme, entsprechend der hier verfolgten Zielsetzung, sind Daten und die Datenverarbeitung (Arbeitsablauf, Belegfluß). Bei Daten müssen praktisch nur die Zahlen, nämlich Datenmengen und Datenumfang (Stellenzahl der Begriffe), besonders festgehalten werden, da die Datenherkunft aus den Arbeitsabläufen hervorgeht und die Datenträger im Original erfaßt werden. Zahlen und Abläufe können in schriftlicher oder zeichnerischer Form dargestellt werden.

351. *Darstellung von Zahlen*

Bei der *schriftlichen* Darstellung von Zahlen gibt es zwei Möglichkeiten: die Darstellung in Form von Listen (Tabellen) und die Darstellung im Rahmen eines Berichts.

---

[21]) Vgl. Nimz, Wolfgang: Zum Aufbau von Nummernsystemen im Rahmen der Einsatzvorbereitung von elektronischen Datenverarbeitungsanlagen. In: Rechentechnik Datenverarbeitung, 4. Jg. 1967, Heft 4, S. 12 ff.

Die Darstellung in Listenform dient dem Festhalten von großen Zahlenmengen. Wegen der Menge der festgehaltenen Zahlen hat eine Liste vorwiegend die Funktion eines übersichtlichen Nachweises aller aufgenommenen Istzahlen.

Die Übersichtlichkeit von Listen kann durch Verdichtung der vielen Listenzahlen gesteigert werden. Eine Möglichkeit zur Verdichtung ist das Bilden von optisch hervorgehobenen Zwischensummen. Eine andere Möglichkeit der Verdichtung besteht in der Gegenüberstellung der eigenen Istzahlen mit anderen Werten, z. B. mit Branchenkennziffern. Bei einer solchen Gegenüberstellung können in einer besonderen Spalte die positiven oder negativen Abweichungen ausgewiesen werden, evtl. sogar nur die Abweichungen, die bestimmte Prozentsätze überschreiten. Prozentzahlen können für den Beschauer z. B. dadurch verdichtet werden, daß zusätzlich zu der eigentlichen Prozentzahl je angefangene 10 % ein Sternchen eingeschoben und die 100 %-Achse durch einen senkrechten Strich markiert wird.

In Berichten sollten eigentlich nur wenige, entsprechend verdichtete Zahlen erscheinen, da ein Bericht mit vielen Zahlen überladen und unübersichtlich wird. Die Berichtsform wird damit zur höchsten Dokumentationsstufe. Berichte sind im allgemeinen nur erforderlich bei Istaufnahmen, die eine Entscheidung über die Einführung zu übernehmender oder noch zu entwickelnder automatisierter Datenverarbeitungsverfahren vorbereiten sollen. Bei der Istaufnahme zum Zwecke der Verfahrensentwicklung dagegen wird man auf die Dokumentation in Berichtsform verzichten können.

Die schriftliche Darstellung eignet sich in erster Linie für die Beschreibung von Sachverhalten zu einem gegebenen Zeitpunkt.

Soll eine zeitliche Entwicklung (Entwicklungstendenzen, Belastungsschwankungen) festgehalten werden oder sind ganz allgemein zweidimensionale Zusammenhänge zu beschreiben, so ist die *zeichnerische* Darstellung mit Hilfe eines Koordinatenkreuzes überlegen (Kostendiagramme, Nachfragekurven, Balkendiagramme für Maschinenbelastung usw.).

Bei der zeichnerischen Darstellung kann durch Glättungsverfahren eine noch größere Übersichtlichkeit und Aussagefähigkeit erzielt werden.

Die Darstellung von Zahlen ist Gegenstand einer eigenen Wissenschaftsdisziplin, nämlich der Statistik. Daher erübrigt sich in diesem Zusammenhang eine ausführliche Behandlung.

352. *Darstellung des Datenverarbeitungsprozesses*

Bei der Dokumentation einer Istaufnahme liegt das eigentliche Problem immer wieder in der übersichtlichen und allgemeinverständlichen Darstellung von Abläufen und Zusammenhängen. Dabei ist weniger die Schilderung des einzelnen Arbeitsganges als vielmehr das Aufzeigen der Zusammenhänge und der gegenseitigen Abhängigkeiten zwischen den Arbeitsgängen und Arbeitsgebieten schwierig.

3521. Schriftliche Darstellungsform

Von den *schriftlichen* Aufzeichnungsmöglichkeiten für Abläufe ist der Bericht zwar gerade bei der eigentlichen Erhebung (Interview, Bericht, Protokoll) sehr häufig, für eine Dokumentation wegen seiner Unübersichtlichkeit aber weitgehend ungeeignet. In Berichten beschriebene Zusammenhänge sollten deshalb schon zum Zweck des besseren eigenen Verständnisses in anderer Form neu dokumentiert werden.

Im Fertigungsbereich, in dem laufend Arbeitsabläufe dokumentiert werden müssen, hat sich die Darstellung in Listenform durchgesetzt. Für jedes Teil existiert eine Liste, nämlich der Arbeitsplan, in dem Reihenfolge und Zusammenhang der einzelnen Arbeitsgänge durch die Aufeinanderfolge in den Zeilen aufgezeigt wird. Für jedes aus anderen Teilen montierte Gruppenteil besteht als zweite Beschreibungsstufe eine Liste aller zu dieser Baugruppe gehörenden Teile, die Stückliste. In der Baukastenstückliste erscheinen die Teile der vorhergehenden Fertigungsstufe, wobei der Zusammenhang durch die Sachnummer hergestellt wird. Die Strukturstückliste dagegen bietet einen Überblick über sämtliche in die Baugruppe eingehenden Teile von allen vorgelagerten Fertigungsstufen. Die vorgelagerten Fertigungsstufen werden dabei durch Einrücken oder auch mit zeichnerischen Mitteln, wie Pfeilen usw., gekennzeichnet.

Ein analoges Vorgehen läßt sich für die Beschreibung von Verwaltungsabläufen denken. Für umfangreiche oder komplexe Abläufe ist jedoch auch die Listenform zu unübersichtlich. Im übrigen ist die listenmäßige Beschreibung von Abläufen sehr aufwendig, da für jede mögliche Abweichung eine neue Liste (in der Fertigung: neue Zeichnung, Stückliste, Arbeitsplan) angelegt werden müßte.

Eine dritte Form der schriftlichen Beschreibung bei der Istaufnahme, vor allem von schwierigen Zusammenhängen, ist die Darstellung mit Hilfe von mathematischen *Modellen*. Sie ist die präziseste Problembeschreibung und hat außerdem den Vorteil, direkt (ohne Umweg über Sollvorschlag und Blockdiagramm) in automatisierte Datenverarbeitungsverfahren umgesetzt werden zu können. Bei vielen komplexen Aufgabenstellungen (Optimierungsprobleme, Prozeßsteuerungen usw.) können die Zusammenhänge überhaupt nur mit mathematischen Modellen verständlich gemacht werden[22]. Ein Nachteil der Darstellung mit Hilfe von mathematischen Modellen ist der mit ihr verbundene Aufwand. Die Problematik einer solchen Darstellung soll im folgenden anhand des Modells aufgezeigt werden, das von Kozmetsky und Kircher entwickelt wurde[23].

---

[22]) Vgl. Haberstroh, Chadwick: Organization Design and Systems Analysis. In: Handbook of Organizations, Chicago 1965, S. 1173. (Haberstroh sieht die Modellbildung im Rahmen der Systemanalyse nicht nur als eine Technik, sondern als eine Phase an, die der Erhebung und Dokumentation vorausgeht.)

[23]) Vgl. Kozmetsky, George; Kircher, Paul: Electronic Computers and Management Control. New York - Toronto - London 1956, S. 275 ff.

Das Modell soll insbesondere folgende Sachverhalte deutlich machen und die Arbeiten bei der Istaufnahme vereinfachen:

(1) Vereinfachung der Datensammlung,

(2) Verdeutlichung des Verhältnisses von Identifizierungen und Datenmengen,

(3) Erkennung der Folgen von Änderungen, bevor tatsächlich Änderungen im System vorgenommen werden (wichtige Hilfe für die spätere Systemplanung),

(4) Kostenreduzierung durch Vermeidung von Doppelinformationen,

(5) Beschleunigung der Berichterstattung,

(6) Bildung einer Grundlage für die spätere Auswahl der richtigen Maschinenausstattung,

(7) Ermöglichung einer besseren Aufteilung der Erhebungsarbeit bei der Istaufnahme auf die Untersuchungsgruppe, ohne daß der Gesamtzusammenhang verlorengeht.

Dem Modell, das auf der Darstellung der Zusammenhänge durch Matrizen beruht, liegen folgende Variablen zugrunde:

(1) Die Stellen bzw. Abteilungen der zu untersuchenden Unternehmung (W),

(2) Datenträger,

Sie werden unterschieden in solche, die

    a) der erstmaligen Fixierung von Daten dienen (Primärdatenträger, F_s), und solche, die

    b) Daten aufnehmen, die durch Verarbeitung von F_s mit anderen abgeleiteten Datenträgern gewonnen wurden (F_r).

(3) Daten (C),

Sie werden unterschieden in

    a) Identifizierungen (i), z. B. Datum, Rechnungsnummer, Personalnummer usw.,

    b) Mengen (q), z. B. Arbeitsstunden, Stückzahl, Kosten, Löhne usw.

(4) Die relative Zeit (t), zu der die einzelnen Daten verfügbar sein müssen, (Zur Vereinfachung des Modells wird der Zeitfaktor im folgenden ausgeklammert.)

(5) Informationskanäle (J).

Dabei handelt es sich um Mitteilungen, die ohne Zuhilfenahme von Datenträgern ausgetauscht werden.

Bei der Entwicklung des Modells ist im einzelnen wie folgt vorzugehen:

(1) Feststellen der Primärdatenträger Fs(1 ... n) und kennzeichnen der darauf befindlichen Datenart i oder q. Gleiche Datenträger und gleiche Daten erhalten die gleiche Nummer. Außerdem feststellen der Anforderungszeitpunkte für die Datenträger.

(2) Feststellen der abgeleiteten Datenträger (F_r). Kennzeichnung der jeweiligen Generation bei den Datenträgern (F_{r1}, F_{r2} usw.). Das Vorkommen mehrerer Datenträger gleichen Typs wird mit $F_{r1,1}$ bzw. $F_{r1,2}$ usw. gekennzeichnet.

(3) Ermitteln der Datenträger, die von jeder Abteilung erhalten bzw. abgegeben werden ($W_1 ... n$). Verschiedene hierarchische Ebenen werden durch $W_{1,1}$ bzw. $W_{1,2}$ usw. gekennzeichnet.

(4) Feststellen der Übertragung von Daten q und i, die ohne die Verwendung von Datenträgern erfolgt.

Aufgrund der Feststellungen 1—4 lassen sich die folgenden Beziehungen in Matrizenform herstellen:

Matrix M_0

Die gesammelten Daten werden zu den Primärdatenträgern in Beziehung gesetzt. Die Darstellung gibt Aufschluß darüber, wie häufig und auf welchen Primärdatenträgern die Daten in Erscheinung treten. Nullen kennzeichnen überflüssige Daten bzw. Datenträger (Tab. 7).

	F_{s1}	F_{s2}	F_{s3}	...	F_{sm}
$i = i_1$	1	0	1		1
i_2	0	0	1		0
i_3	1	1	1		1
.					
.					
.					
$i = i_n$	0	0	1		1
$q = q_1$	1	1	1		1
q_2	1	0	0		0
q_3	1	0	0		0
.					
.					
.					
$q = q_n$	0	0	0		0

Tab. 7

Matrix M_1

In gleicher Weise werden die Primärdatenträger zu den abgeleiteten Datenträgern in Beziehung gesetzt (Tab. 8). Dieselben Beziehungen werden zwischen den einzelnen Generationen von abgeleiteten Datenträgern hergestellt.

Ein abgeleiteter Datenträger wird in die Generation n eingereiht, wenn in ihm noch Daten aus dem Datenträger n—1 enthalten sind, auch dann, wenn er gleichzeitig noch Primärdaten enthält.

	F_{r11}	F_{r12}	F_{r13}	...	F_{r1p}
F_{s1}	1	1	0		0
F_{s2}	1	0	0		0
F_{s3}	0	0	1		1
.					
.					
.					
F_{sm}	0	1	0		1

Tab. 8

Matrix M_2

Die abgeleiteten Datenträger der letzten Generation werden zu den Abteilungen in Beziehung gesetzt, um zu erkennen, inwieweit diese von den Informationen auf den Datenträgern Gebrauch machen (Tab. 9).

	W_1	W_2	W_3	...	W_s
F_{R31}	1	0	1		1
F_{R32}	1	0	0		0
F_{R33}	0	1	1		0
.					
.					
.					
F_{R3w}	0	0	0		1

Tab. 9

Im einzelnen ermöglicht die Matrizendarstellung nun folgende Erkenntnisse:

(1) Die Summen der Zeilen der Matrix M_0 zeigen an, welche Daten nahezu oder vollständig überflüssig sind (Tab. 10). Die Summen der Spalten zeigen, wie informationsintensiv die einzelnen Datenträger sind (Tab. 11).

Zeile	Σ
i_1	3
i_2	1
i_3	4
.	
.	
.	
i_n	2
q_1	4
q_2	1
q_3	1
.	
.	
.	
q_n	0

Tab. 10

Spalte	i	q	ges.
F_{s1}	2	3	5
F_{s2}	1	1	2
F_{s3}	4	1	5
.			
.			
.			
F_{sm}	3	1	4

Tab. 11

(2) Die einzelnen Matrizen M_0 bis M_n können miteinander multipliziert werden. Die Zahlen in den Feldern größer 1 kennzeichnen dann redundante Informationen (Tab. 12). Die gleichen Daten erscheinen auf mehr als einem Primärdatenträger.

	F_{r11}	F_{r12}	F_{r13}	F_{r1p}
i_1	1	2	1	2
i_2	0	0	1	1
i_3	2	2	1	2
.				
.				
.				
i_n	0	1	1	2

	F_{r11}	F_{r12}	F_{r13}	F_{r1p}
q_1	2	2	1	2
q_2	1	1	0	0
q_3	1	1	0	0
.				
.				
.				
q_n	0	0	0	0

Tab. 12

Abbildung 14 erklärt die Erscheinung, die aus der Matrix zu entnehmen ist, daß z. B. einer Abteilung oder Stelle (hier W_z) auf 19 verschiedenen Wegen die gleichen Daten zugeführt werden.

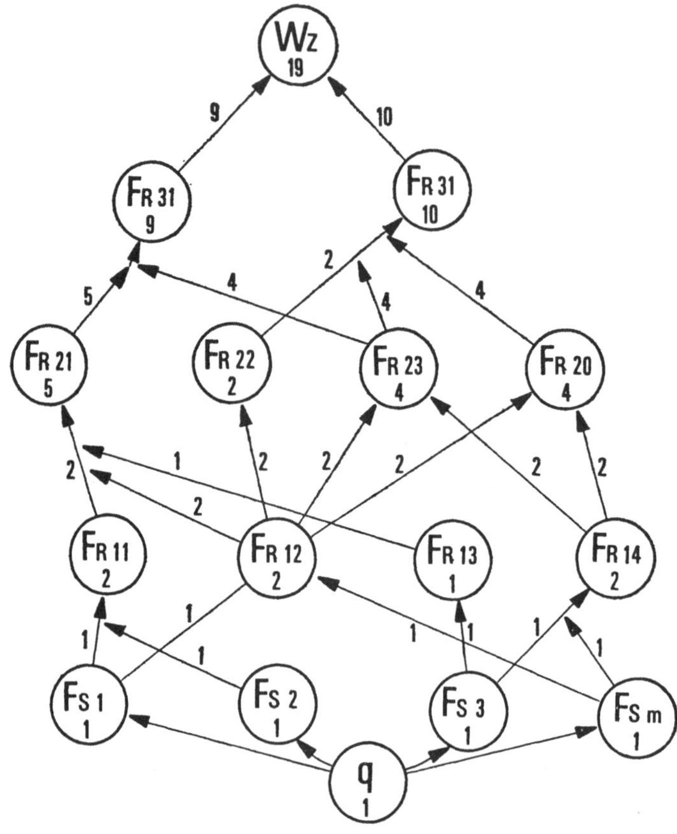

Abbildung 14

Außer den Daten, die auf Datenträgern fixiert sind, müssen auch die regelmäßigen Mitteilungen, die bisher ohne Datenträger zwischen den einzelnen Stellen ausgetauscht wurden, erfaßt werden. Die nachstehende Matrix zeigt, welche Stellen derartige Informationen austauschen. Sie kann verfeinert werden, indem die Daten in i- und q-Daten unterschieden und den jeweiligen Sende- bzw. Empfangsstellen unter Angabe des für den Datenaustausch erforderlichen Zeitpunkts zugeordnet werden (Tab. 13 siehe S. 135).

Das kurz skizzierte mathematische Modell gibt zwar in dieser Form keinen Aufschluß über die Verarbeitungsweise der Daten, es kennzeichnet aber den derzeitigen Informationsfluß und gibt Aufschluß über die verschiedenen Stationen, die die Daten im Laufe des Verarbeitungsprozesses durchlaufen.

Die sogenannten *Entscheidungstabellen* sind eine weitere Form der schriftlichen Darstellung. Entscheidungstabellen arbeiten mit einer gewissen Standardisierung und vermeiden damit die formlose Darstellungsweise der

	W$_1$	W$_2$	W$_3$	...	W$_n$
W$_1$	0	1	0		1
W$_2$	1	0	0		0
W$_3$	0	0	0		1
.					
.					
.					
W$_m$	1	0	1		0

Tab. 13

Berichte. Sie stellen eine Verdichtung der Berichte dar, machen die Verarbeitungslogik sichtbar und bilden somit eine Vorstufe für die Entwicklung mathematischer Modelle.

Da die Technik der Entscheidungstabellen noch weitgehend unbekannt ist, soll sie nachstehend kurz beschrieben werden.

Entscheidungstabellen setzen sich aus 4 Bestandteilen zusammen, die durch waagerechte und senkrechte Doppellinien voneinander abgetrennt werden. Die waagerechte Doppellinie trennt die Bedingungen (oben) von den Tätigkeiten (unten), die senkrechte Doppellinie die Problemspezifikation (links) von den einzelnen Lösungen (rechts) (vgl. Tab. 14).

In der Problembeschreibung sind oberhalb der Trennlinie alle auftretenden Bedingungen und unterhalb der Trennlinie alle erforderlichen Tätigkeiten aufgeführt. In den nebeneinander geschriebenen Lösungsregeln wird festgelegt, welche Tätigkeiten aufgrund welcher Bedingungen erfolgen müssen. Bedingungen und Tätigkeiten stehen also in einer „wenn — dann"-Beziehung. Aufbau und Bezeichnung einer Entscheidungstabelle sind in der nachstehenden Abbildung dargestellt:

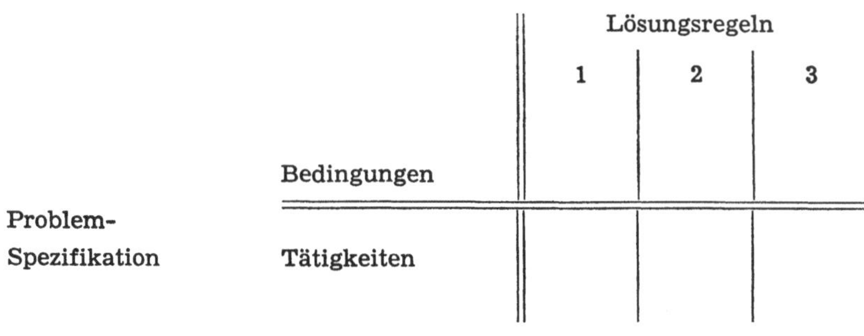

Tab. 14

Entsprechend dem Umfang der Eintragungen in den Lösungsregeln spricht
man von 3 Arten von Entscheidungstabellen:

Bei den begrenzten Entscheidungstabellen wird in den Lösungsregeln bei den
Bedingungen nur ja oder nein (blank für nicht zutreffend) eingetragen; die
Tätigkeiten werden nur angekreuzt oder freigelassen (lange und schmale
Tabellenform). Diese Darstellungsform ist zweckmäßig bei Tabellen mit
vielen Lösungsregeln (vgl. Abbildung 15).

Steht ein Teil der Bedingungen oder der Tätigkeiten in den Lösungsregeln,
so werden die Tabellen als erweiterte Entscheidungstabellen bezeichnet (kurze
und breite Tabellenform).

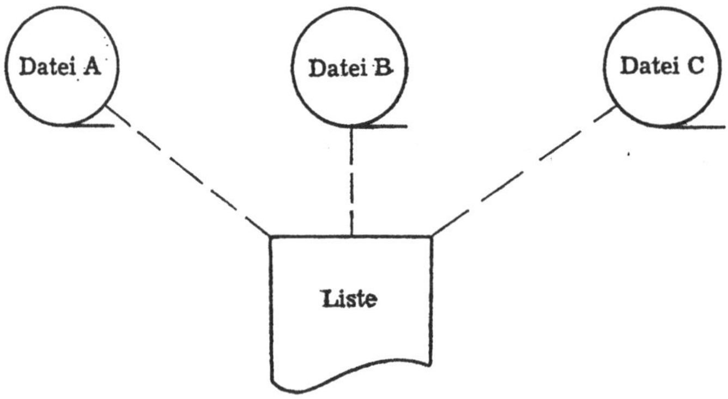

Ermittlung aller Datei-Ende-Möglichkeiten

Wenn	Datei A zu Ende	N	N	N	N	J	J	J	J
	Datei B zu Ende	N	N	J	J	N	N	J	J
	Datei C zu Ende	N	J	N	J	N	J	N	J
Dann	Erledige Vorschrift	R1	R2	R3	R4	R5	R6	R7	R8

Abbildung 15

*Beispiel für die Darstellung von Verarbeitungsregeln mit Hilfe von
begrenzten Entscheidungstabellen*

Gemischte Entscheidungstabellen enthalten sowohl begrenzte als auch erweiterte Eintragungen in den Lösungsregeln.

Unbedingte Entscheidungstabellen sind Tabellen ohne Bedingungen. Sie
stellen praktisch eine Auflistung von Tätigkeiten dar, die auf jeden Fall erfolgen müssen.

Hinsichtlich des Abschlusses einer Tabelle unterscheidet man zwischen offenen und geschlossenen Entscheidungstabellen. In der offenen Tabelle ist die letzte Tätigkeit einer jeden Lösungsregel eine unbedingte Verzweigung. Diese unbedingte Verzweigung fehlt bei der geschlossenen Tabelle. Die geschlossene Tabelle ist einem in sich abgeschlossenen Unterprogramm vergleichbar, bei dem nach Erledigung zur aufrufenden Tabelle zurückgesprungen wird.

Die Verwendung von Entscheidungstabellen kann zu einer sehr kompakten und standardisierten Dokumentation sowohl von Datenmengen (wenn man diese über der einzelnen Regel anschreibt) als auch von logischen Zusammenhängen und Abläufen führen.

3522. Zeichnerische Darstellungsform

Bei der Beschreibung von Abläufen und Zusammenhängen ist die zeichnerische Darstellung übersichtlicher als die schriftliche. Ihr grundsätzlicher Vorteil liegt in der Möglichkeit, Zusammenhänge gut überschaubar zu machen. Die zeichnerische Darstellung kann jedoch bei umfangreichen Untersuchungsgebieten nicht die Vielzahl der Einzelinformationen ausdrücken. Für umfangreiche Arbeitsabläufe kombiniert man daher meistens schriftliche und zeichnerische Darstellungsmittel. Die Masse der Einzelinformationen, z. B. die ausführliche Beschreibung der einzelnen Arbeitsgänge, wird schriftlich festgehalten. Die Zusammenhänge zwischen den nur noch summarisch bezeichneten, aber nicht mehr im einzelnen beschriebenen Arbeitsgängen werden zeichnerisch veranschaulicht.

Es gibt eine ganze Reihe von zeichnerischen Darstellungsverfahren für Abläufe. Keines dieser Verfahren hat sich allgemein durchsetzen können. Allen zeichnerischen Darstellungsverfahren ist gemeinsam, daß sie mit Hilfe von Symbolen und verbindenden Linien oder Pfeilen den Arbeitsablauf oder Belegfluß zu verdeutlichen versuchen. Dabei sind die Symbole nichts anderes als eine Art von zeichnerischer Kurzschrift zur abgekürzten Darstellung von Tatbeständen. Die Unterschiede liegen, abgesehen von der Darstellungsrichtung — von links nach rechts (Netzwerk), von oben nach unten oder beide Richtungen kombiniert (Blockdiagramm) — in der Bedeutung, die den verwendeten Symbolen beigelegt wird.

Vom Standpunkt der Übersichtlichkeit her ist die zeichnerische Form am günstigsten, die außer mit einem Minimum an Text auch mit den wenigsten und am einfachsten verständlichen Symbolen auskommt. Eine Ergänzung der zeichnerischen Symbole durch klassifizierende Bedeutung vermindert die Übersichtlichkeit und ist deshalb nicht zu empfehlen. Die Verbindung zwischen Symbol und beschreibender Einzelinformation sollte daher über eindeutige und leicht verständliche Bezeichnungen erreicht werden.

Tatsächlich verwenden die am häufigsten benutzten zeichnerischen Darstellungen von Zusammenhängen, nämlich Datenflußpläne, Blockdiagramme und Netzwerke, nur wenige zeichnerische Symbole (die Blockdiagramme hauptsächlich Rechtecke und Rauten, die Netzwerke nur Kreise)[24].

Bei der zeichnerischen Darstellung treten je nach Gegenstand verschiedene typische Formen auf, z. B. die Pyramide bei Strukturzusammenhängen, das Netzwerk zur Beschreibung der Aufeinanderfolge von Tätigkeiten, kreisförmig angeordnete Übersichten bei Regelungs- und Steuerungsproblemen und kolonnenförmig aneinandergesetzte Zweige bei der Beschreibung von Verarbeitungsvariationen. Gebräuchliche Darstellungsmittel sind die „Raute" für logische Verzweigungen aufgrund von Rechen-, Vergleichs- oder Prüfergebnissen und die „Scheintätigkeit" zum Aufzeigen von mittelbaren Abhängigkeiten.

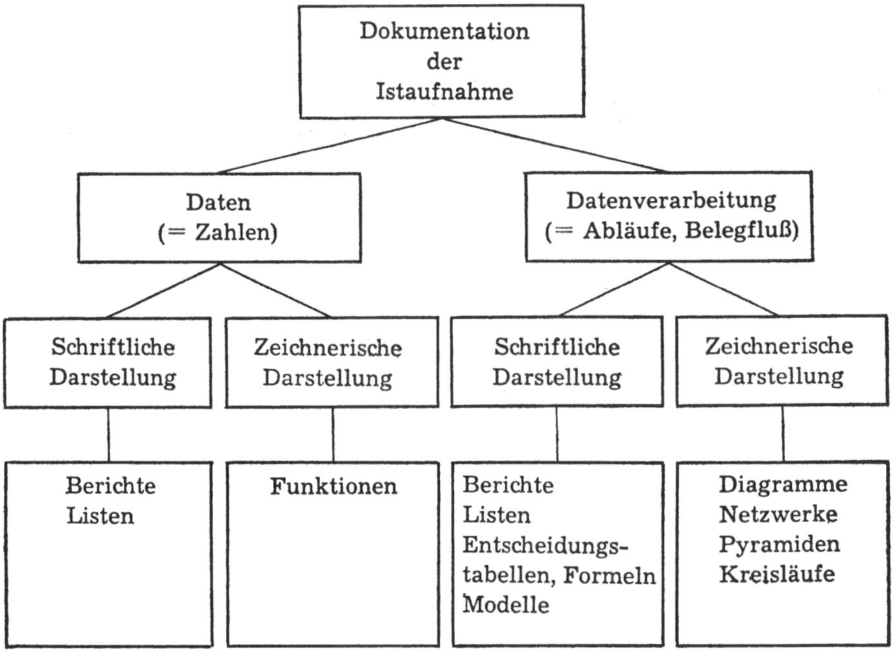

Abbildung 16

Darstellungsmöglichkeiten bei der Istaufnahme

Für die übersichtliche, logisch klar gegliederte zeichnerische Darstellung gibt es Beispiele, aber keine allgemein anerkannten Regeln.

---

[24] Vgl. Deutscher Normenausschuß: Deutsche Normen DIN 66 001, Berlin, September 1966.
Der Deutsche Normenausschuß bemüht sich durch seine Veröffentlichungen auch um die Vereinheitlichung zeichnerischer Darstellungsformen auf dem Gebiet der Informationsverarbeitung.

Eine gute zeichnerische Darstellung erfordert ein intensives Durchdringen und Gliedern der Zusammenhänge. Das gilt letzten Endes auch für die anderen Darstellungsformen, insbesondere für die Darstellung durch Formeln oder durch Entscheidungstabellen.

III. Kontrolle bei der Istaufnahme

1. Kontrolle der Aufnahmetätigkeit

Neben einer durchdachten Planung und einer konsequenten Durchführung sind es wirksame Kontrollmaßnahmen, die den Erfolg einer Istaufnahme ausmachen. Dazu gehört eine ständige Überwachung des aufgestellten Plans in bezug auf den veranschlagten Bedarf an Personal, Zeit und finanziellen Mitteln. Bei Abweichungen ist nach den Ursachen zu forschen. Übersteigen die Abweichungen vom Plan ein gewisses, noch vertretbares Maß, so sind Umdispositionen hinsichtlich des Personaleinsatzes vorzunehmen oder möglicherweise die Vorgehensweise bei der Untersuchung zu ändern, oder es ist auf eine andere Erhebungsmethode auszuweichen. Wichtig ist, daß durch eine regelmäßige Überwachung eine rechtzeitige Reaktion auf Datenänderungen erfolgen kann, die zum Zeitpunkt der Planung nicht vorhersehbar waren[25]). In solchen Fällen muß dann der Plan aufgrund der Kontrollergebnisse einer Revision unterzogen, und es müssen evtl. Terminverschiebungen in Kauf genommen werden. Unter diesen Voraussetzungen ist es sinnvoll, die Kontrolle der Aufnahmetätigkeit in engem Zusammenhang mit der Planung der Istaufnahme zu sehen und zu erörtern (vgl. C. II. 2. „Die Komponenten einer Planung der Istaufnahme").

2. Kontrolle der Istaufnahme-Ergebnisse

Neben einer Kontrolle, die eine geordnete und termingerechte Abwicklung aller mit der Istaufnahme verbundenen Tätigkeiten gewährleisten soll, ist eine Kontrolle der Ergebnisse der Istaufnahme unbedingt erforderlich. Es muß sichergestellt werden, daß der Aufwand für die Istaufnahme durch vollständige und richtige Ergebnisse bezüglich der Erfassung, Darstellung und Analyse des organisatorischen Istzustandes gerechtfertigt ist und nicht durch mangelhafte Ermittlungen falsche Unterlagen als Grundlage für die Entwicklung einer neuen organisatorischen Lösung entstehen und verwendet werden.

21. Ursachen für verfälschte Ergebnisse

Bei einer Istaufnahme gibt es grundsätzlich zwei Fehlermöglichkeiten: falsche Auskünfte oder Aufschreibungen einerseits und Lücken in der Ist-

---

[25]) Vgl. Frese, Erich: Kontrolle und Unternehmensführung. Entscheidungs- und organisationstheoretische Grundfragen. Wiesbaden 1968, S. 65; Chamberlain, Neil W.: The Firm: Micro Economic Planning and Action. New York - San Francisco - London - Toronto 1962, S. 299.

Fehlerursachen (begründet in:) \ Fehlermöglichkeiten	Falsche Auskünfte	Falsche oder unvollständige Aufschreibungen	Lücken
Aufnahmeteam	Falscher Gesprächspartner	Störungen, Arbeitsunterbrechnungen, Termindruck	Mangelnde Kenntnisse, entweder des Untersuchungsgebietes oder der ADV
Informanten	Fehlschätzungen, psychologische Widerstände, abweichende Ziele		Vergeßlichkeit, absichtliches Verschweigen
Kommunikation (Terminologie)	Mißverständnisse		

Tab. 15

Fehlerquellen bei der Istaufnahme

aufnahme andererseits. Diese Fehlermöglichkeiten sind um so geringer, je gründlicher schon bei der Planung der Istaufnahme der Aufnahmeumfang und der Fragenkatalog (vorbeugende Kontrollfragen!) festgelegt sind. Die Übersicht über die Fehlermöglichkeiten und ihre Ursachen gibt Hinweise, wo die Kontrolle ansetzen kann (vgl. Tab. 15).

Zu falschen Auskünften kann es auch bei bestem Wissen der befragten Personen kommen, vor allem dann, wenn keine Zahlen vorliegen und deshalb geschätzt werden muß. Es ist daneben durchaus möglich, daß Auskünfte mehr oder weniger bewußt gefärbt werden, weil die Auskunftsperson gegen den Zweck der Istaufnahme überhaupt oder speziell gegen den Istaufnehmer eingestellt ist.

Falsche Aufschreibungen können ihre Ursache in Verständigungsschwierigkeiten zwischen Auskunftgeber und Istaufnehmer haben, beispielsweise wenn die eine Seite etwas anderes unter einem Begriff versteht als die andere. Unvollständige Aufschreibungen können das Ergebnis von schlechten Aufnahmebedingungen sein, z. B. Zeitdruck, dauernden Störungen während des Interviews (Telefon) oder Widerständen im Betrieb gegen die Istaufnahme. In diesen Fällen kann es geschehen, daß der Istaufnehmer sich nicht die Zeit zu gründlichen Aufzeichnungen nehmen und später das Erfragte nicht mehr genau rekonstruieren kann.

Lücken bei der Istaufnahme können aus zwei Situationen heraus entstehen. Entweder ist der Istaufnehmer nicht genügend mit dem Untersuchungsgebiet vertraut, oder seine Kenntnisse der automatisierten Datenverarbeitung sind nur oberflächlich. Die unvollständigen Kenntnisse und Erfahrungen ziehen dann schon bei der Planung einen nicht genügend umfassenden Untersuchungsumfang oder einen unvollständigen Fragenkatalog für die Interviews und die Fragebogen nach sich.

In Sonderfällen kann sich der Istzustand während der Istaufnahme ändern und zu Lücken bei der Istaufnahme führen, sofern der Untersuchungsumfang den veränderten Bedingungen nicht angepaßt wird. So mußte beispielsweise die Fragestellung für eine Istaufnahme der Depotverwahrung von Wertpapieren erweitert werden, nachdem während der Istaufnahme die Kuponsteuer eingeführt wurde.

22. Möglichkeiten zur Fehlererkennung

221. *Plausibilitätskontrolle*

Fehlerhafte Auskünfte oder Aufschreibungen sind eher bei den geschätzten Zahlen als bei den festliegenden Abläufen wahrscheinlich. Eine Kontrolle der aufgenommenen Zahlen durch ein dem Kollationieren ähnliches Vorgehen verbietet sich bei der Istaufnahme, da ein solches Vorgehen praktisch auf die Wiederholung der Istaufnahme hinauslaufen würde. Eine Kontrolle aufgenommener Zahlen ist daher nur durch eine Plausibilitätskontrolle, d. h. durch eine Gegenüberstellung und einen Vergleich mit Schätzungen oder

Zahlen von dritter Seite möglich[26]). Gegenüberstellung und Vergleich werden entweder stichprobenweise oder lediglich für Schlüsselzahlen erfolgen. Herrscht zwischen den untersuchten Abteilungen eine gewisse Rivalität, so kann sich die Konferenzmethode (vgl. C. II. 1. 12.) für das Abstimmen von Schätzungen besonders gut eignen und zur Reduzierung von übertriebenen Schätzungen führen. Allerdings ist die Konferenz als Kontrollmittel ungenau und außerdem nicht immer zuverlässig.

Wo nur irgend möglich, sollten geschätzte Zahlen anhand von Zahlen von dritter Seite auf ihre Richtigkeit überprüft werden. Wird zum Beispiel die Zahl der monatlichen Lagerbewegungen vom Lagerverwalter geschätzt, so kann diese Zahl durch Schätzungen des Einkaufs über die monatlichen Zugänge und der Fertigung über die monatlichen Abgänge kontrolliert werden. Diese sehr grobe Kontrolle kann verfeinert werden, indem man bei der Istaufnahme festhält, unter welchen Annahmen die Schätzungen eigentlich zustandegekommen sind. Meistens legt der Auskunftgeber seiner Schätzung unbewußt einen Durchschnittsfall (Mix) zugrunde, dessen Zusammensetzung und Berechtigung häufig relativ einfach kontrolliert werden kann (z. B. durch Auszählen von Stichproben).

Häufig liegen interne Zahlen bei Abteilungen vor, die mit der Istaufnahme gar nichts zu tun haben und bei denen man diese Zahlen auf den ersten Blick auch gar nicht vermutet. Das Aufspüren solcher Zahlenhorte setzt eine sehr gute Kenntnis der Organisation der untersuchten Unternehmung voraus. So konnten z. B. in einer Großunternehmung des Einzelhandels aufgenommene Istzahlen anhand von Zahlen überprüft werden, welche die Refa-Abteilung bei Zeitstudien in den Firmen-Supermärkten ermittelt hatte.

In manchen Fällen ist an eine maschinelle Gewinnung von internen Kontrollzahlen zu denken, z. B. durch Einbau von Zählwerken in Maschinen, Drehkreuzen usw.

Die Überprüfung der aufgenommenen Istzahlen anhand von externen Zahlen, d. h. von überbetrieblichen Kennziffern, ist nur in Branchen mit ähnlich gelagerten Verhältnissen möglich, also z. B. bei Kommunalverwaltungen oder Sparkassen, bei denen zumindest die Organisationsvorschriften weitgehend gleich sind, bei Versorgungsunternehmungen, deren technische Aufgaben sich wenig unterscheiden, und in ähnlichen Fällen. In diesen Branchen liegen häufig veröffentlichte und überbetriebliche Kennziffern vor, oder es gibt zentrale Organisationsstellen wie z. B. die Kommunale Gemeinschaftsstelle für Verwaltungsvereinfachung (KGst).

Fehlen veröffentlichte und allgemein verfügbare Kennziffern, so kann vielleicht auf die Erfahrungen spezialisierter Organisationsberater zurückgegriffen werden. Viele Organisationsberater sind auf bestimmte Branchen spezialisiert. Auch bei den Herstellern automatischer Datenverarbeitungsanlagen

---

[26]) Vgl. Vollberg, Johannes: Praxis der elektronischen Datenverarbeitung. II. Teil. Oberursel 1967, S. 51.

gibt es interne Branchenspezialisierung. Durch die Spezialisierung sammelt sich natürlich im Laufe der Zeit ein Vorrat von Erfahrungen und Kennziffern an, der häufig für die Kontrolle der Istaufnahme nutzbar gemacht werden kann.

222. *Vollständigkeitskontrolle*

Die Vollständigkeitskontrolle soll die lückenlose Erfassung des Istzustandes gewährleisten. Es wurde schon darauf hingewiesen, daß Lücken bei der Istaufnahme meistens auf eine geringe Kenntnis des Untersuchungsgebiets oder der automatisierten Datenverarbeitung zurückgehen und sich schon bei der Planung der Istaufnahme niederschlagen. Fehlende eigene Kenntnisse kann man am besten dadurch kompensieren, daß man auf die Kenntnis anderer zurückgreift. Bei fehlenden Kenntnissen des Untersuchungsgebiets ist der Rückgriff auf andere durch die Berichtsmethode möglich. Um die Zuverlässigkeit der Istaufnahme-Ergebnisse zu heben, ist es empfehlenswert, die Istaufnahme-Berichte durch die Unterschrift der Abteilungsleiter bestätigen zu lassen.

Bei fehlenden Kenntnissen der automatisierten Datenverarbeitung kann man die Untersuchungsergebnisse mit Fachleuten (von Herstellern, Organisationsberatern oder befreundeten Firmen) abstimmen. Ganz allgemein spricht wegen der unterschiedlichen Kenntnisse und Erfahrungen vieles für den Einsatz von gemischten Aufnahmeteams aus eigenen Mitarbeitern und außenstehenden Fachleuten.

Bei Untersuchungsgebieten mit sehr vielen möglichen Abweichungen von der normalen Bearbeitung eines Geschäftsvorfalles wird aber auch ein hochqualifiziertes Aufnahmeteam Schwierigkeiten haben, die Erfassung aller möglichen Arbeitsabweichungen sicherzustellen. Diese Abweichungen müssen jedoch erfaßt werden, damit sie später bei der Verfahrensentwicklung berücksichtigt werden können. Bei dieser Schwierigkeit können die bereits erwähnten Entscheidungstabellen aufgrund ihres schematischen Aufbaus eine große Erleichterung bringen. Die Zahl der überhaupt möglichen Verarbeitungsvariationen ergibt sich nämlich, wenn man die Zahl der Bedingungszeilen einer Entscheidungstabelle als Exponent zur Zahl zwei benutzt. Eine Entscheidungstabelle mit drei Bedingungszeilen muß demnach $2^3 = 8$ mögliche Fälle in der Form der Regel beschreiben.

Bei der Istaufnahme zum Zwecke der Verfahrensentwicklung gibt es zur Vollständigkeitskontrolle auch ein Gegenstück, die Prüfung nämlich, ob nicht auch Tätigkeiten und Anforderungen erfaßt wurden, die im Zusammenhang mit der Untersuchung nicht von Belang sind.

23. **Zeitpunkte für Kontrollmaßnahmen**

Selbstverständlich müssen die bei einer Kontrolle festgestellten Fehler berichtigt und die entdeckten Lücken geschlossen werden. Das bedingt Rückfragen zur genaueren Feststellung unwahrscheinlicher Zahlen oder eine Ergänzung oder Ausweitung der Untersuchung zur Aufnahme fehlender Zusammenhänge.

In jedem Fall werden die befragten Abteilungen aufs neue behelligt.

Um eine dauernde Belastung der Abteilungen mit Rückfragen zu vermeiden, kann man die Ergebnisse der Istaufnahme sofort nach Untersuchung des einzelnen Sachgebietes kontrollieren und berichtigen. Bei einer Istaufnahme durch ein Team ist es möglich, daß ein — in der Regel besonders erfahrenes — Team-Mitglied ausschließlich für die Kontrolle und Berichtigung der Ist-aufnahmeergebnisse eingesetzt wird. Die eigentliche Istaufnahme und die erforderlichen Rückfragen liegen dann dicht hintereinander, so daß die Abteilungen nur kurz mit der Istaufnahme belastet sind.

Gerade bei umfangreichen Istaufnahmen kann es aber vorkommen, daß sich Lücken erst am Ende der gesamten Istaufnahme herausstellen. In diesem Fall wird es zweckmäßig sein, anstelle der fortlaufenden Kontrolle und Rückbefragung eine einmalige Kontrolle aller Ergebnisse nach Beendigung der Istaufnahme durchzuführen und dann in einer Art zweiter Istaufnahme oder Nachuntersuchung Unstimmigkeiten zu klären.

Allgemein kann man feststellen, daß die Plausibilitätskontrolle laufend erfolgen sollte, damit nicht evtl. falsche Zahlen während der gesamten Ist-aufnahme mitgeschleppt werden. Die Vollständigkeitskontrolle dagegen sollte nach Beendigung der eigentlichen Istaufnahme vorgenommen werden. Auf diese Weise ist es möglich, etwa während der Istaufnahme eingetretene Änderungen (z. B. neue Gesetze) zu berücksichtigen.

Wie die Dokumentation wird auch die Kontrolle einer Istaufnahme aus Zeitmangel häufig vernachlässigt. Letzten Endes wird eine Istaufnahme aber immer kontrolliert, und zwar an der Tauglichkeit oder Untauglichkeit der aufgrund der Istaufnahme entwickelten neuen Organisation.

Kontrollmöglichkeiten bei der Istaufnahme

	Plausibilitätskontrolle	Vollständigkeitskontrolle
Vorwiegender Kontrollgegenstand	Zahlen, Schätzungen	Lücken, fehlende Varianten von Abläufen
Kontrolltechniken	Stichprobenverfahren, Prüflisten	Variantenmatrix (bei Entscheidungstabellen)
Üblicher Zeitpunkt	Fortlaufend nach jedem Teilabschnitt	Einmalig nach Abschluß der Istaufnahme

Tab. 16

D. Träger der Istaufnahme

Grundsätzlich könnte man der Meinung sein, eine Istaufnahme im hier zugrundeliegenden Sinne könne — da es sich lediglich um die Aufnahme von etwas Bestehendem handele — von jedem ausgeführt werden, der dazu die allgemeinen Fähigkeiten und die spezielle Kenntnis der einschlägigen Vorgänge aufweist. Das ist jedoch nicht der Fall:

Erstens ist eine Istaufnahme nicht neutral, beziehungsfrei, sondern wird stets im Hinblick auf ein bestimmtes Ziel vorgenommen. Dieses Ziel beeinflußt in gewissem Maße auch die Art des Vorgehens bei der Istaufnahme. Es ist somit erforderlich, daß der die Istaufnahme Durchführende mit den speziellen Untersuchungsmethoden vertraut ist. Er muß, abgesehen von den Hilfskräften, mehr als nur flüchtige — wenn auch nicht unbedingt immer spezielle — Kenntnisse der automatisierten Datenverarbeitung aufweisen.

Zweitens ist eine Unternehmung kein physikalisches Objekt, das sich gegenüber der Untersuchungsmethode indifferent verhält. Vielmehr gehören spezielle Erfahrungen und Kenntnisse dazu, um eine Istaufnahme im hier betrachteten Sinne so durchzuführen, daß die Ergebnisse die Wirklichkeit genügend genau widerspiegeln. Es ist also durchaus angebracht, sich einmal näher anzusehen, welche allgemeinen und speziellen Qualifikationen die eine Istaufnahme Durchführenden haben sollen, damit gewährleistet ist, daß die Ergebnisse der Istaufnahme den Anforderungen genügen.

Vor einer derartigen systematischen Untersuchung muß jedoch auf eine wichtige Tatsache hingewiesen werden: Den Beruf eines *„Istaufnehmers"* gibt es nicht, obgleich in den vorausgehenden Kapiteln häufig davon die Rede war. Eine Istaufnahme wird, im hier betrachteten Sinn, durchweg von *Organisatoren* ausgeführt. Dennoch kann in diesem Zusammenhang für den Begriff „Istaufnehmer" nicht einfach „Organisator" gesetzt werden; denn die Istaufnahme ist eine ganz spezielle Tätigkeit des Organisators, die besondere Anforderungen an ihn stellt, denen nicht jeder Datenverarbeitungs-Organisator ohne weiteres gewachsen ist. Auch der in jüngerer Zeit aufgekommene Begriff des Systemanalytikers ist nicht genau identisch mit dem des „Istaufnehmers". Zur Aufgabe des Systemanalytikers gehört nämlich(als wichtigster Bestandteil) die *Analyse* der Istaufnahmeergebnisse, die einem (hypothetischen) „Istaufnehmer" keineswegs zu obliegen braucht.

I. Istaufnahme als Teamarbeit

Eine Istaufnahme wird im allgemeinen nicht von einem einzigen Organisator vorgenommen. Häufig sind mehrere Organisatoren beteiligt. Hinzu kommen verschiedene spezielle Fachleute, Hilfskräfte und ein Teamleiter. Daneben

gibt es noch Personen, die — obwohl nicht selbst zum Istaufnahmeteam gehörig — an der Istaufnahme mitwirken.

Die Notwendigkeit zur Durchführung einer Istaufnahme (als Teil der organisatorischen Vorarbeiten bei der Einführung automatisierter Datenverarbeitungsverfahren) in Teamarbeit ergibt sich vorwiegend in Unternehmungen,
deren Größenordnung es von vornherein als unzweckmäßig erscheinen läßt,
daß die Istaufnahme von einer einzigen Person durchgeführt wird. Das gilt
nicht nur im quantitativen, sondern vor allem im qualitativen Sinn, da bei
einer Istaufnahme Arbeiten von sehr unterschiedlichem Schwierigkeitsgrad
auftreten. Da man aber im Extremfall des „Ein-Mann-Teams" die Qualifikation des Untersuchenden nach dem höchsten Schwierigkeitsgrad ausrichten
müßte, würde man diesen bei der Ausführung der Istaufnahme größtenteils
unterwertig beschäftigen.

Dennoch gibt es Fälle, in denen ein einzelner eine Istaufnahme sinnvoll vornehmen kann, insbesondere in Klein- und Mittelbetrieben.

Im allgemeinen wird also ein Istaufnahmeteam eingesetzt werden. Seine
Zusammensetzung ergibt sich im Einzelfall aus dem Umfang und der Komplexität des zu durchleuchtenden Problems, d. h. der Unternehmung und der
spezifischen Aufgabenstellung (vgl. hierzu auch Abschnitt IV. dieses Kapitels: Probleme der Teambildung).

1. Die organisatorische Einordnung eines Istaufnahme-Teams

Der Frage der Eingliederung des etablierten Aufnahmeteams in den Verant-
wortungsbereich der richtigen Instanz auf der richtigen Ebene der unternehmerischen Hierarchie ist das Problem der Ausgliederung von Linien-
und Stabs-Angehörigen aus der regulären Organisation vorgelagert.

Die Notwendigkeit für eine solche Ausgliederung liegt in der besonderen
Aufgabenstellung des Istaufnahmeteams begründet, zu dem der ausgeglie-
derte Personenkreis zusammenzustellen ist. Diese Aufgabenstellung ist weitgehend mit den Merkmalen identisch, mit denen Kosiol[1]) das Kollegium
(den Ausschuß) kennzeichnet. So sind die Angehörigen des Teams, soweit es
sich um unternehmungseigene Mitglieder handelt, für eine *Sonderaufgabe*
(hier eben die Durchführung der Istaufnahme eines ganz bestimmten Ge-
biets) von ihrer üblichen Tätigkeit freizustellen. Diese Freistellung erfolgt
jedoch nur auf Zeit, d. h. sie endet in der Regel mit der Erledigung der
Sonderaufgabe „Istaufnahme". Dabei kann ein Austausch und eine Rück-
gliederung von Teammitgliedern bereits während der Durchführung der
Istaufnahme angebracht sein, wenn die dem einzelnen übertragene Teilaufgabe gelöst ist.

---

[1]) Vgl. Kosiol, Erich: Organisation der Unternehmung. Wiesbaden 1962, S. 157 ff.

Vgl. Kosiol, Erich, und Mitarbeiter: Kollegien als Organisationsformen der Entscheidung,
Beratung und Information. In: Organisation des Entscheidungsprozesses, Berlin 1959, S. 111 ff.

Diese derart ausgegliederten Mitarbeiter sollten während der Zeit ihres Ausgegliedertseins aus der normalen Unternehmungshierarchie in sachlicher Hinsicht dem Teamleiter unterstehen. Nicht eindeutig beantwortet ist hingegen die Frage, wie es sich während der Zeit ihrer Team-Mitgliedschaft mit der rein disziplinarischen Zuständigkeit verhält. Es kann zwar gefordert werden, daß auch die disziplinarische Unterordnung unter den Teamleiter gegeben sein sollte. Das stößt jedoch, da es sich eben nur um eine Ausgliederung auf Zeit handelt, auf nicht unerhebliche praktische Schwierigkeiten; Probleme wie die Freihaltung des Arbeitsplatzes und ähnliche praktisch bedeutsame Dinge sind hier mit von Bedeutung. Man wird keine feste Regel aufstellen können, sondern vielmehr von Fall zu Fall nach dem unter den gegebenen Umständen geeignetsten Kompromiß suchen müssen.

Die ausgegliederten unternehmungseigenen Kräfte und die evtl. heranzuziehenden unternehmungsfremden Berater müssen zu einer Arbeitsgruppe (einem Team) zusammengeführt werden. Dieses Team umfaßt somit einen Personenkreis, der sich äußerst heterogen nicht nur in bezug auf seine Herkunft, sondern auch auf seine fachliche Qualifikation (Organisator, Hilfskraft usw.) zusammensetzt. Die zahlreichen Überlegungen, die anzustellen sind, um dieses Team optimal zu organisieren und arbeitsfähig zu machen, werden an anderer Stelle ausführlich erörtert[2]).

Unabhängig von den hier angeschnittenen, vielfältigen Fragen bei der Aufstellung des Istaufnahmeteams besteht weiterhin das Problem der Einordnung des Teams in die Unternehmungsorganisation. Dabei ist zunächst zu klären, welche Art der organisatorischen Einordnung für das Istaufnahmeteam überhaupt in Frage kommt. Die Antwort darauf leitet sich ohne Schwierigkeiten aus dem Begriff des Ausschusses ab, der sich nämlich niemals in der Linie befindet, sondern stets gewissermaßen „Stabsstellencharakter" hat. Sodann muß die Frage beantwortet werden, auf welcher Ebene das Istaufnahmeteam eingeordnet werden soll (denn es gibt ja zweifellos auch eine Hierarchie der Stabsstellen — Vorstandsstab, Abteilungsstab usw.). Dabei ist zu berücksichtigen, daß dem Istaufnahmeteam die Durchführung der Istaufnahme obliegt, einschließlich u. U. der Durchführungsplanung im engeren Sinne, nicht jedoch die Planung der Istaufnahme als Ganzes. Daraus ergibt sich von vornherein, daß das Istaufnahmeteam nicht höher eingeordnet werden darf als die dieses Team planende und zusammenstellende Instanz, etwa der Leiter der Organisationsabteilung oder Datenverarbeitungsstelle[3]).

Abgesehen von dieser Einschränkung gilt für das Istaufnahmeteam der Grundsatz: „Je höher, desto besser". Das hat den Zweck, Abteilungsrivalitäten zu verhindern und den Angehörigen des Teams die nötige Autorität zu sichern, und läuft praktisch darauf hinaus, daß das Istaufnahmeteam nicht einem Bereich unterstellt werden darf, der selbst Gegenstand der Istaufnahme ist.

---

[2]) Siehe Abschnitt IV.

[3]) Vgl. Studienkreis Dr. Meller: Die Gliederung der Datenverarbeitungsstelle und ihre Einordnung in die Organisation der Unternehmung. Wiesbaden 1967, S. 127 ff.

10*

2. Die personelle Zusammensetzung eines Istaufnahme-Teams

In den folgenden Abschnitten wird auf die verschiedenen möglichen Mitglieder des Istaufnahmeteams sowie auf die nur passiv an der Istaufnahme Beteiligten eingegangen.

21. Der Teamleiter

Der Teamleiter wird von der Instanz, die für die Genehmigung der Planung, Durchführung und Kontrolle der Istaufnahme zuständig ist, benannt und verantwortlich mit der Durchführung der Istaufnahme betraut.

Zu seinen Aufgaben gehört einmal die Mitwirkung an der *Planung* der Istaufnahme, was im allgemeinen einschließt, daß er auch über die allgemeine Zielsetzung der gesamten Untersuchung informiert wird. Seine Hauptaufgabe besteht jedoch in der Steuerung und *Überwachung* der Durchführung, und zwar in sachlicher, personeller und terminlicher Hinsicht. Darüber hinaus kann er in heiklen Situationen selbst an der Durchführung der Istaufnahme teilnehmen. Schließlich ist es seine Aufgabe, die zuständigen Stellen über den Fortgang der Arbeiten und Zwischenergebnisse zu informieren.

22. Die Teammitglieder

Die Teammitglieder setzen sich zunächst aus Angehörigen der untersuchten Unternehmung, d. h. aus Mitarbeitern von Fachabteilungen oder, falls vorhanden, aus der Organisations- bzw. Datenverarbeitungsstelle zusammen; ferner können Angehörige der Hersteller von Datenverarbeitungsanlagen sowie von Beratungs- und Organisationsfirmen, die aktiv die Istaufnahme durchführen, dazugehören. Dabei kann es sich um ausgebildete Organisatoren, um ad hoc herangezogene, geeignet erscheinende Mitarbeiter, die dem Team zur Ausbildung und evtl. Bewährung beigestellt werden, um Hilfskräfte (etwa Zeichner) und schließlich u. U. noch um Fachleute für Spezialaufgaben handeln.

3. An der Istaufnahme beteiligte Nicht-Teammitglieder

Neben den Angehörigen des Istaufnahmeteams, die die eigentliche Istaufnahme durchführen, ist auch das Verhalten der von der Istaufnahme Betroffenen für deren erfolgreiche Durchführung von Bedeutung. So selbstverständlich diese Aussage auch ist, es wird doch oft dagegen verstoßen, indem insbesondere nicht die für die Untersuchung geeigneten Informanten ausgewählt werden. Informanten sind diejenigen Personen, die den Istaufnehmern die erforderlichen Informationen verschaffen. Dabei gibt es die verschiedensten Möglichkeiten, an die Informationen heranzukommen. Sie können im Extremfall darin bestehen, daß der Informant den ihn betreffenden Bereich selbst aufnimmt und nur die Ergebnisse zur Verfügung stellt (vgl. C. II. 1. 14.).

Nach dieser allgemeinen Definition ist Informant gleich Befragter zu setzen. Der Begriff Informant kann jedoch auch eine spezifische Bedeutung haben: Die Befragten verfügen zwar häufig über genügend Detailkenntnisse, kennen jedoch nicht oder nicht vollständig den Gesamtzusammenhang. Es ist dann für den Untersuchenden sehr nützlich, wenn er sich an jemanden wenden kann, der ihm die nötigen Zusammenhänge erläutert. Ähnlich ist es, wenn sich beim Untersuchenden der Verdacht regt, er habe eine subjektiv gefärbte Auskunft erhalten; auch dann kann ein geeigneter Informant dazu beitragen, viel Arbeit einzusparen. Es ergibt sich daraus, daß es sich bei diesem Typ des Informanten nicht selten um sehr qualifizierte Personen handeln wird.

Der zuletzt genannte Typ des Informanten wird bei der Durchführung einer Istaufnahme oft vorübergehend institutionalisiert, indem den Untersuchenden eine *Kontaktperson* zugeordnet wird[4]). Diese Kontaktperson stellt Untersucher und Befragte einander vor, erläutert kurz den Zweck der Istaufnahme, das jeweilige Gebiet oder die erlangten Informationen, gibt möglicherweise auch spezielle Auskünfte über die befragten Personen usw. Daraus ergibt sich, daß diese Form des Informanten vornehmlich dann wichtig ist, wenn die Istaufnahme von externen Untersuchenden vorgenommen wird.

Schließlich gibt es noch vielerlei Hilfskräfte, die vorübergehend an der Durchführung einer Istaufnahme beteiligt sein können, ohne daß diese ausdrücklich zum Istaufnahmeteam gehören. Solche Hilfskräfte zieht man heran, wenn bei der Planung des Istaufnahmeteams die entsprechenden Aufgaben nicht vorherzusehen waren oder aber zu erwarten war, daß sich das Abstellen einer fest zum Team gehörenden Hilfskraft nicht lohnen würde. Die Skala reicht von „echten" Hilfskräften für einfachere Arbeiten (Schreiben, Zeichnen usw.) bis zu „ad hoc" zur Verfügung gestellten speziellen Fachkräften und Organisatoren auf Zeit — hier wird dann die Grenze zu den zur Ausbildung und Bewährung bereitgestellten eigenen Organisatoren fließend.

II. Abgrenzung des Personenkreises in Abhängigkeit von der beruflichen Qualifikation

1. Allgemeine Anforderungen an die Qualifikation der Untersuchenden

Es wurde bereits angeführt, daß nicht von vornherein jeder Organisator auch für die Durchführung einer Istaufnahme geeignet ist, daß vielmehr allgemeine und spezielle Kenntnisse und Erfahrungen betriebssoziologischer und -psychologischer Art erforderlich sind. Im folgenden sollen zunächst die

---

[4]) Vgl. Heilmann, H. u. W.; Reblin, E.: Einsatzplanung für eine Datenverarbeitungsanlage. Stuttgart 1968, S. 48.

allgemeinen Anforderungen, getrennt für die einzelnen Ebenen, auf denen Personen an der Durchführung von Istaufnahmen beteiligt sind, eingehend untersucht werden.

11. Der Teamleiter

Entsprechend den bereits oben beschriebenen Tätigkeitsschwerpunkten des Leiters eines Istaufnahmeteams stehen bei diesem nicht spezielle Fachkenntnisse auf dem Gebiet der automatisierten Datenverarbeitung im Vordergrund, sondern vielmehr die allgemein-organisatorischen Erfahrungen und die Fähigkeit, Untergebene zweckentsprechend einzusetzen, zu überwachen und zu leiten sowie das Zusammenwirken mehrerer Beteiligter sinnvoll zu koordinieren[5]).

Als ganz spezifische Eigenschaft eines Teamleiters ist dessen Geschick im Umgang mit Menschen der verschiedensten hierarchischen Ebenen anzusehen. Der Teamleiter steht ja als Mittler zwischen Personen auf hoher oder sehr hoher Ebene (Vorstand, Geschäftsführung), Personen auf Abteilungsleiterniveau und Sachbearbeiter auf der einen Seite und den Teammitgliedern, die wiederum unterschiedlichen hierarchischen Ebenen angehören, auf der anderen Seite. Dies ist eine Situation, die für Leiter von betrieblichen Kollegien (Ausschüssen) typisch ist bzw. sein sollte.

Demnach wird es sich bei dem Leiter eines Istaufnahmeteams in der Regel um einen erfahrenen Organisator mit guten Kenntnissen auf dem Gebiet der automatisierten Datenverarbeitung handeln, der über dieses Fachwissen hinaus befähigt ist, auch eine aus hochqualifizierten Spezialisten bestehende Gruppe zweckentsprechend zu leiten. Er muß also über eine ausgesprochene Gabe zur Koordination verfügen, was wiederum die Fähigkeit zum Denken in größeren Zusammenhängen voraussetzt. Nach heutigem Sprachgebrauch würde man von einer „Projektleiter"-Qualifikation sprechen. Im allgemeinen wird man die angegebenen Fähigkeiten bei einem Akademiker am ehesten erwarten, wobei allerdings das akademische Studium weder unabdingbare Voraussetzung noch gar eine Garantie dafür ist.

12. Die Teammitglieder

Entsprechend den Ausführungen in Abschnitt I. 2 sind hierbei zu unterscheiden: ausgebildete Organisatoren, auszubildende Organisatoren, Hilfskräfte, spezielle Fachleute.

121. *Ausgebildete Organisatoren*

Die qualifizierten Arbeiten, die im Zusammenhang mit der Durchführung einer Istaufnahme anfallen, sollten von ausgebildeten Organisatoren erledigt werden. Da es sich hier um eine Istaufnahme mit der speziellen Blickrich-

---

[5]) Vgl. Heilmann, H. u. W.; Reblin, E.: Einsatzplanung für eine Datenverarbeitungsanlage. Stuttgart 1968, S. 45.

tung „automatisierte Datenverarbeitung" handelt, genügt hier nicht der Organisator mit allgemeinen Kenntnissen, sondern es muß sich um einen „Datenverarbeitungs-Organisator" handeln. Denn eine Istaufnahme im Sinne der automatisierten Datenverarbeitung weist gegenüber einer solchen im Sinne der Betriebsprüfung grundlegende Unterschiede im Gegenstand und im Verfahren auf. Eine explizite Ausbildung zum Datenverarbeitungs-Organisator gibt es gegenwärtig noch nicht. Deshalb müssen einschlägige allgemeine Kenntnisse (etwa ein betriebswirtschaftliches Studium) durch zielgerichtete praktische Tätigkeit und Weiterbildung ergänzt werden. Dieser Punkt ist deshalb erwähnenswert, weil in der Praxis häufig zu beobachten ist, daß angehende Datenverarbeitungs-Organisatoren mit der Durchführung einer Istaufnahme betraut oder darin eingeschaltet werden — gewissermaßen übungshalber und in der Annahme, der „Neuling" könne auf diesem Gebiet am wenigsten Schaden anrichten. Man vergißt dabei leicht, daß die Istaufnahme das Fundament aller weiteren Maßnahmen darstellt und somit eine fehlerhafte Istaufnahme genauso wie eine fehlerhafte Interpretation der Ergebnisse der Istaufnahme zu folgenschweren Fehlmaßnahmen führen kann. Außerdem ist zu bedenken, daß zwar der Istaufnehmer nicht notwendigerweise auch die Istanalyse durchführt und den Sollablauf entwickelt (das wird sogar häufig als unangebracht bezeichnet), daß er jedoch genügend Kenntnisse von maschinellen (Soll-) Abläufen aufweisen muß, um die Istaufnahme mit einem Höchstmaß an Effektivität durchzuführen. Das setzt naturgemäß nicht unerhebliche Erfahrungen voraus, die der Anfänger eben nicht besitzt. Sofern es sich allerdings um die Einordnung des Anfängers in das Istaufnahmeteam handelt, kann dieses Verfahren nur gutgeheißen werden.

Es ist somit festzustellen, daß gerade die Durchführung einer Istaufnahme praktische Vorkenntnisse voraussetzt. Dafür gibt es noch einen zweiten Grund. Wie der Teamleiter, so muß auch der an der Istaufnahme beteiligte Organisator über erhebliche allgemein- und betriebssoziologische und -psychologische Kenntnisse verfügen. Nun sind aber alle an der Istaufnahme Beteiligten — Istaufnehmer so gut wie Informanten — in ihren Charakteren und Denkweisen verschieden. Der Befrager muß also nicht nur allgemein von der Technik der Befragung etwas verstehen (das kann in gewissem Umfang theoretisch erlernt werden), sondern auch speziell herausfinden, wie er selbst beim Befragten am besten „ankommt".

Dieses „optimale" Verhalten — das ja noch auf die jeweiligen Gegebenheiten abgestimmt sein muß — ist sicherlich größtenteils nur in der Praxis zu erkennen und zu erwerben.

Nun ist, wie schon mehrfach erwähnt, auch ein erfahrener Organisator nicht schon automatisch auch ein guter Istaufnehmer. Vielmehr werden als besondere Voraussetzungen für diese Tätigkeit Wendigkeit (aber nicht Opportunismus), Kontaktfähigkeit (ohne „Kumpelei"), Anpassungsfähigkeit und Zähigkeit angesehen werden dürfen. Zähigkeit ist hier gleichzusetzen mit dem „dicken Fell", das es dem Befrager ermöglicht, z. B. einem Sachbearbeiter die gleiche Frage ein dutzendmal zu stellen, bis er sich darüber Klarheit verschafft hat. Dazu gehört aber vor allem Autorität, die sich in überlegenem allgemeinen Wissen und Können und in souveräner Gesprächsführung manifestieren sollte, und die Fähigkeit, die eigene Unkenntnis spezieller Zusammenhänge offen einzugestehen.

Die mehr formalen Voraussetzungen an den Organisator brauchen an dieser Stelle nicht ausführlich erörtert zu werden. Es sei nur angedeutet, daß es sich dabei in der Praxis häufig um akademisch geschulte Personen handelt (Diplom-Kaufleute, Diplom-Volkswirte, Diplom-Wirtschaftsingenieure, Diplom-Ingenieure usw.), häufig aber auch um nicht akademisch ausgebildetes Personal, das sich in der Praxis als für den Beruf des Organisators geeignet erwiesen hat. Man wird in diesem Zusammenhang oft die Beobachtung machen können, daß die externen Organisatoren Akademiker sind, während bei den internen Organisatoren der Mann aus der Praxis seine Domäne hat.

122. *Auszubildende Organisatoren*

In diesem Zusammenhang können zwei Gruppen unterschieden werden. Die erste besteht aus solchen Personen, die schon bei der Einstellung zur Ausbildung als Organisator vorgesehen sind und eingearbeitet werden müssen. Sie finden sich vorwiegend bei den Herstellern, Beratungsfirmen und Organisationsabteilungen größerer Firmen. Über deren Ausbildung wurde soeben gesprochen.

Die zweite Gruppe ist die hier eigentlich interessante. Bei der Zusammenstellung von Istaufnahmeteams kann man meist nicht in vollem Umfang auf erfahrene Organisatoren zurückgreifen: Intern nicht, weil sie ganz einfach nicht zur Verfügung stehen, extern nicht, weil dadurch einmal der Aufwand zu hoch würde, zum anderen, weil es ja gerade bei Hinzuziehen von externen Organisatoren anzustreben ist, sobald wie möglich für deren Ablösung durch interne Kräfte zu sorgen (vgl. C. III.).

Es bietet sich daher gleichsam von selbst das Verfahren an, geeignet erscheinende Kräfte aus den eigenen Reihen dem Istaufnahmeteam zuzuordnen. Man erreicht dadurch erstens, daß die Kosten für die externen Organisatoren vermindert werden, zweitens eine einführende Ausbildung der betreffenden Mitarbeiter, die erkennbar werden läßt, ob sich die weitere Ausbildung lohnt oder nicht.

Dementsprechend wird man nach geeignetem Personal Ausschau halten. Dabei wird man vornehmlich auf solche Personen achten, die sich durch Aufgewecktheit, Interesse, Wendigkeit, Vielseitigkeit und durch die Fähigkeit zum Denken in allgemeineren Zusammenhängen auszeichnen. Es wird sich meist nicht um den ausgefuchsten Fachmann mit langjähriger Betriebserfahrung, sondern eher um jüngere, anpassungsfähige, mit Initiative versehene Personen handeln.

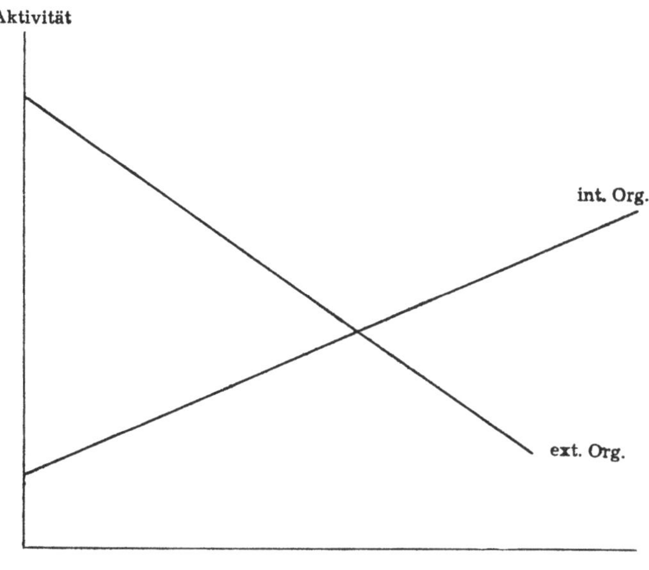

Abbildung 17

*Zweckmäßiges Einsatzverhältnis interner und externer Organisatoren
im Verlauf der Istaufnahme*

Im übrigen kann nie genau vorhergesagt werden, ob eine Wahl richtig oder
falsch ist. Denn auch durch erprobte Testverfahren kann der Unschärfe-
bereich in dieser Hinsicht nur eingeengt, nicht beseitigt werden.

123. *Spezielle Hilfskräfte*

Hierzu zählen etwa technische Zeichner und Schreibkräfte, die in einem Istaufnahmeteam mitwirken. Sie müssen im Grunde nur — über ihr allgemeines Berufswissen hinaus — mit den speziellen Methoden der Darstellung
(vgl. C. II. 3.) vertraut gemacht werden, d. h. sie bedürfen einer Einarbeitung.

124. *Spezielle Fachleute*

Sie werden gegebenenfalls hinzugezogen, wenn Dinge zu untersuchen sind,
die das Können des Organisators übersteigen. In der Praxis häufig anzutreffen ist der Fachmann auf dem Gebiet des Operations Research (der
Unternehmensforschung), der für die Verwendung mathematischer (Opti-
mierungs-) Verfahren in Wirtschaft und Verwaltung zuständig ist. Daneben
kann man hierzu in gewissem Umfang die stark spezialisierten Organisatoren rechnen, wie es sie etwa auf den Gebieten der Arbeitsvorbereitung und
der Fertigungssteuerung gibt. Welcher Fachrichtung auch eine solche spezielle Fachkraft entstammt, es ist allgemein erforderlich, daß sie über grund-

legende Kenntnisse über die Einsatzmöglichkeiten automatischer Datenverarbeitungsanlagen verfügt. Hingegen ist es nicht erforderlich, daß sie auch organisatorisch ausgebildet ist.

2. Spezielle Anforderungen an die Qualifikation der Untersuchenden

An vorderster Stelle ist hier die alte Streitfrage zu diskutieren, ob ein Organisator spezielle Branchenkenntnisse aufweisen sollte oder nicht. Hier und im folgenden wird darauf Bezug genommen, daß es eben nicht den Beruf des „Istaufnehmers", sondern nur generell den des Datenverarbeitungs-Organisators gibt. Die Vor- und Nachteile der beiden Konzeptionen sind bekannt: Der branchenerfahrene Organisator kann viel schneller und besser auf die speziellen Bedürfnisse des untersuchten Betriebes eingehen, sieht viel eher den „springenden Punkt", kennt vielleicht schon moderne Vergleichsspiele usw.

Andererseits besteht aber die Gefahr der „Branchenblindheit", die u. U. darauf hinauslaufen kann, daß man in fest vorgegebenen Bahnen verbleibt und unkonventionelle, möglicherweise sehr günstige Lösungen übersieht. Per Saldo wird meist eine gewisse Branchenerfahrung vorzuziehen sein. Sie steht jedoch in der Wertigkeit eindeutig hinter den allgemeinen Fähigkeiten und der Erfahrung auf organisatorischem und Datenverarbeitungsgebiet, die der Organisator aufweist.

Spezielle Vorkenntnisse sind u. U. auch erforderlich oder nützlich im Hinblick auf das Untersuchungsobjekt in funktioneller Hinsicht, womit im wesentlichen an den Unterschied zwischen Produktions-, Handels-, Versorgungsbetrieb, Verwaltung usw. gedacht ist. Ebenso ist oftmals der untersuchte Bereich ein relevanter Faktor im hier betrachteten Sinne; es wurde schon erwähnt, daß auch etwa auf den Gebieten Arbeitsvorbereitung und Fertigungssteuerung Spezialkenntnisse erforderlich sein können.

Auch die Größe der untersuchten Unternehmung (Betrieb, Bereich) kann in diesem Zusammenhang eine Rolle spielen. Insbesondere ist hiervon natürlich die qualitative und quantitative Zusammensetzung des Istaufnahmeteams abhängig. Spezielle Erfahrungen des Organisators selbst werden vornehmlich in Mittel- und Kleinbetrieben vorausgesetzt, in denen er als „Ein-Mann-Team" die Istaufnahme durchführt. In diesem Fall nämlich muß er insofern besonders vielseitig sein, als er die Funktionen von Teamleiter, Organisator und Hilfskraft in sich vereinigen muß.

Schließlich verlangen noch das vorhandene und das angestrebte Datenverarbeitungssystem in der untersuchten Unternehmung eine spezielle Qualifikation des Untersuchenden. Das ist im folgenden Sinn offensichtlich: Es werden mit Sicherheit höhere Anforderungen an den Organisator (wenn auch nur in zweiter Linie im Zusammenhang mit der Istaufnahme) gestellt, wenn es um die Frage Magnetband- oder Magnetplattensystem geht, als im Fall der Umstellung von manueller auf Lochkarten-Datenverarbeitung.

Die Tatsache, daß sich die aufgezählten Faktoren als spezielle Anforderungen an die Mitglieder des Istaufnahmeteams bemerkbar machen können, ist auch noch ein gewichtiges Argument gegen das schon mehrfach zitierte „Ein-Mann-Team". Es versteht sich nämlich von selbst, daß alle geforderten Eigenschaften nur sehr selten in einem einzigen Mann vereinigt sein dürften. Beim Team hingegen ist es möglich, die Zusammensetzung auf die jeweilige gegebene Lage abzustellen.

Der Teamleiter wird sicherlich am meisten von den o. g. Faktoren beeinflußt, und zwar in dem Sinne, daß bei ihm die Betonung mehr auf der Branchen- und Untersuchungsobjekt-Erfahrung in funktionaler und quantitativer Hinsicht liegt. Bei dem einzelnen Organisator liegt sicherlich der Schwerpunkt mehr auf der organisatorisch-datenverarbeitungstechnischen Seite.

III. Zugehörigkeitsverhältnis der DV-Organisatoren zur untersuchten Firma

Problematisch sind in diesem Zusammenhang nur die zur Bildung eines Ist-aufnahmeteams heranzuziehenden Datenverarbeitungs-Organisatoren. Wir beschränken daher unsere Ausführungen im folgenden auf diesen Personenkreis. Dabei ergeben sich ganz natürlich als erstes die beiden Begriffe des internen und des externen Organisators.

1. Interne Organisatoren

Interne Organisatoren sind solche, die dem untersuchten Objekt (Konzern, Unternehmung, Behörde usw.) im rechtlichen Sinne als Mitarbeiter angehören. Und zwar gibt es hier wiederum grundsätzlich zwei Möglichkeiten: Die erforderlichen Organisatoren sind bei Erteilung des Untersuchungsauftrags vorhanden, oder sie sind es nicht. Je nachdem besteht eine ganz spezielle Problematik, die nachstehend kurz diskutiert werden soll.

11. Einsatz vorhandener DV-Organisatoren

Auf vorhandene Datenverarbeitungs-Organisatoren kann man im Regelfall dann zurückgreifen, wenn in der untersuchten Unternehmung bereits Datenverarbeitungsanlagen eingesetzt sind. Dieser Fall ist in der Praxis nur dann problematisch, wenn Organisationsabteilungen auf verschiedenen Ebenen bestehen.

In großen Unternehmungen und in Konzernen findet man nämlich teilweise mehrere Organisationsabteilungen, die zueinander in einem bestimmten Über- bzw. Unterordnungsverhältnis stehen, je nach der Ebene der Unternehmungs- bzw. Konzernhierarchie, auf der sie etabliert sind. Ein Beispiel dafür ist etwa ein Konzern, der eine Organisationsabteilung auf der Holding-

Ebene hat, bei dem aber auch die einzelnen Tochtergesellschaften wiederum eigene Organisationsabteilungen aufweisen; dabei können die Töchter wiederum jeweils mehrere Werke o. ä. umfassen, die gleichfalls eigene Organisationsabteilungen haben können; usw.

Hier stellt sich dann die Frage, wer im gegebenen Fall die Istaufnahme durchzuführen hat. Das hängt vom untersuchten Objekt selbst ab bzw. davon, auf welcher Ebene es sich befindet. In der Regel ist es zweckmäßig, nur Organisatoren der gleichen oder einer höheren Ebene damit zu beauftragen, um einerseits die hier mutmaßlich vorhandene Sachkenntnis auszunutzen oder um andererseits zentrale Belange wahrzunehmen und den Untersuchenden die nötige Autorität und Unabhängigkeit von vornherein zu sichern.

In der Praxis findet man häufig sog. Konzernorganisatoren auf der einen (zentrale Belange) und Bereichs- oder Werksorganisatoren auf der anderen Seite.

12. Neubeschaffung von DV-Organisatoren

Organisatoren auf dem Gebiet der maschinellen Datenverarbeitung sind knapp. Es besteht also ein ausgesprochenes Beschaffungsproblem auf diesem Gebiet. Wie immer, gibt es dabei die beiden Möglichkeiten, entweder ausgebildete Fachkräfte neu einzustellen oder aber geeignet erscheinende Mitarbeiter aus den eigenen Reihen selbst auszubilden bzw. ausbilden zu lassen.

121. *Ausbildung*

Bei der Ausbildung von Mitarbeitern aus den eigenen Reihen ergeben sich zwei Möglichkeiten. Entweder es wird jemand von vornherein mit der Absicht eingestellt, ihn zum Organisator auszubilden, oder es werden bei gegebenem Anlaß aus dem vorhandenen Personalbestand geeignet erscheinende Mitarbeiter zur Ausbildung zum Organisator ausgewählt.

Bei der Ausbildung selbst kann es sich um interne Maßnahmen, um externe Verfahren oder um eine Kombination beider Möglichkeiten handeln. Die rein interne Ausbildung (in Lehrgängen und während der praktischen Arbeit) ist naturgemäß nur möglich, wenn im eigenen Haus auch entsprechende Ausbildungsmöglichkeiten, einschließlich geeigneter Ausbilder, vorhanden sind. In der Praxis sind daher die Ausbildungslehrgänge der einschlägigen Herstellerfirmen die am weitesten verbreitete Ausbildungsart für Mitarbeiter kleiner, mittlerer und z. T. auch großer Firmen, die vor Umstellungsproblemen stehen.

Warum wird man im Einzelfall den Weg der Eigenausbildung einschlagen?

Zunächst einmal gibt es dafür den ganz einfachen Grund, daß der Markt keine geeigneten Fachleute aufweist. Jedoch wird auch unabhängig davon der Weg der Eigenausbildung beschritten.

Das hat verschiedene Gründe. Der erste liegt in der Person des ausgewählten Mitarbeiters selbst. Seine allgemeinen Eigenschaften sind bekannt, und es wird angenommen, daß er — falls sich seine rein fachliche Qualifikation nach Beendigung der Ausbildung als geeignet erweist — später den Anforderungen gewachsen sein wird. Bei neu eingestellten Mitarbeitern ist dies dagegen nie vorhersehbar. Zudem schätzt man seine speziellen Branchen- und Firmenkenntnisse, die sich ein Betriebsfremder — zumindest teilweise — erst erarbeiten müßte; ob dieses Argument tatsächlich immer stichhaltig ist, steht allerdings dahin (vgl. D. II. 2.). Weiter erhofft man sich von einem internen Mann, daß er das Betriebsklima wie das Gehaltsniveau nicht empfindlich stört. Was das Betriebsklima betrifft, so sind jedoch tatsächlich zwei Reaktionen möglich: Entweder überwiegt die Sympathie für den „Mann aus den eigenen Reihen", dem man den Aufstieg gönnt, oder aber man sieht in ihm vorwiegend den Emporkömmling oder Protégé, zumal es sich dabei oft um jüngere Leute handelt, die u. U. schon als Lehrling in der betreffenden Firma angefangen haben.

Um diesen Weg einschlagen zu können, müssen natürlich geeignet erscheinende Mitarbeiter überhaupt vorhanden sein. Sodann müssen Möglichkeiten gegeben sein, diese ganz oder teilweise von ihren normalen Tätigkeiten zu entbinden — auch das kann u. U. ein kritischer Punkt sein. Schließlich muß die Zeit, die zu ihrer Ausbildung benötigt wird, zur Verfügung stehen; denn bei laufenden oder unmittelbar bevorstehenden Untersuchungen kann ja nicht erst die Ausbildungszeit abgewartet werden.

122. *Neueinstellung*

Der zweite Beschaffungsweg besteht in der Neueinstellung. Analog gilt hier die Aussage, daß dieser Weg eingeschlagen werden muß, wenn keine Möglichkeit zur eigenen Ausbildung von Organisatoren besteht, sei es, daß keine geeignet erscheinenden Mitarbeiter vorhanden sind, daß sie nicht aus dem normalen Arbeitsprozeß herausgenommen werden können oder daß ihre Ausbildungszeit nicht abgewartet werden kann.

Jedoch gibt es unabhängig von den genannten Faktoren weitere Gründe, die im Einzelfall eher für eine Neueinstellung geeigneter Fachleute sprechen können. Als ein solcher Grund ist z. B. anzusehen, daß bei einem ausgebildeten Organisator, der neu eingestellt wird, im Regelfall ein gewisses fachliches Niveau vorausgesetzt werden darf, wohingegen keinesfalls von Anfang an sicher ist, ob die zur eigenen Ausbildung ausgewählten Mitarbeiter jemals ein vergleichbares Niveau erreichen werden. Außerdem können von einem neu eingestellten, fachlich versierten Mitarbeiter positive Impulse auf Tätigkeit und Leistung der vorhandenen Belegschaft erwartet werden; dies ist allerdings nicht sicher, denn ebenso kann es zu einer Abwehrreaktion gegen den „Eindringling" kommen. Schließlich rechnet man häufig mit positiven Impulsen in Richtung auf die Überwindung von Erscheinungen der Betriebsblindheit durch die Einstellung eines neuen Organisators.

Von der Kostenseite her wird man (in Knappheits-Situationen wie der heute auf diesem Gebiet vorliegenden) bei einer Neueinstellung häufig eine allgemeine Anhebung des Gehaltsniveaus befürchten müssen — was zweifellos oft ein entscheidendes Argument gegen eine Neueinstellung darstellt.

Generell muß bei einer Entscheidung darüber, ob eine eigene Ausbildung oder eine Neueinstellung vorgenommen werden soll, die jeweilige Situation auf dem Arbeitsmarkt beachtet werden. Darüber hinaus sind für die Beschaffung weitere spezielle Gesichtspunkte zu beachten, je nachdem, ob es sich um eine schrumpfende, stagnierende oder expandierende Unternehmung handelt.

In der Praxis wird man die hier aufgezeigten gegensätzlichen Gesichtspunkte dadurch, zumindest ungefähr, auszugleichen versuchen, daß man sich gemischter Verfahren bedient, also etwa einen erfahrenen Organisator einstellt (schon um sofort mit den Arbeiten beginnen zu können) und daneben noch eine Kraft oder mehrere aus den eigenen Reihen aussucht und ausbilden läßt. Dieses Verfahren hat sich in der Praxis auch gut bewährt. Anzumerken ist vielleicht noch, daß die Rolle dieses neueingestellten erfahrenen Organisators nicht selten einem externen Organisator übertragen wird.

2. Externe Organisatoren

Die externen Organisatoren spielen in der Praxis eine große Rolle. Dies ist darauf zurückzuführen, daß häufig die zu untersuchende Unternehmung zum Zeitpunkt der Untersuchung über keine entsprechenden eigenen Fachleute verfügt, sie nicht freistellen und sie auch nicht rechtzeitig beschaffen kann. Daneben ist oft von Bedeutung, daß man dem externen Spezialisten eine höhere fachliche Qualifikation zutraut; in vielen Fällen werden nämlich externe Fachleute auch dann herangezogen, wenn die untersuchte Unternehmung durchaus über eigene Organisatoren verfügt. Schließlich ist noch der Umstand wichtig, daß es sich bei einer Istaufnahme (wie überhaupt bei einer Umstellung) um eine befristete Arbeit handelt; für diese befristete Arbeit jedoch will man u. U. keine Mitarbeiter freistellen oder gar neu einstellen.

Nachfolgend sollen im wesentlichen drei Gruppen von externen Organisatoren unterschieden werden; nämlich Verbands-Organisatoren, Hersteller-Organisatoren und Organisatoren von Beratungsfirmen.

21. Verbands-Organisatoren

Mit der Bezeichnung Verbands-Organisatoren soll ausgedrückt werden, daß die Einrichtung, der die Organisatoren angehören, in irgendeiner Weise über die normalen Geschäftsbeziehungen hinaus mit der zu untersuchenden Unternehmung in Verbindung steht. Dabei kann es sich also um echte Verbände handeln, etwa Berufs- oder Branchenvereinigungen ,aber auch um freiwillige Zusammenschlüsse in der Art von Handelsketten o. ä. Viele solcher übergeordneten Einrichtungen bemühen sich gegenwärtig um die Rationalisierung der angeschlossenen Unternehmungen, so auch auf dem Gebiet der automatisierten Datenverarbeitung. Häufig arbeiten sie dabei mit den Herstellerfirmen eng zusammen, oft aber auch verfügen sie über eigene Datenverarbeitungs-Organisatoren.

22. Hersteller-Organisatoren

Auf dem Gebiet der kaufmännischen Datenverarbeitung ist es heute üblich, daß den Kunden nicht nur die maschinelle Ausrüstung, sondern mehr oder weniger vollständige organisatorisch-maschinelle Einsatzsysteme angeboten werden. Das bedeutet natürlich, daß die betreffenden Herstellerfirmen über geeignete Datenverarbeitungs-Organisatoren verfügen sollten. Denn die Güte des Organisationsstabes einer Herstellerfirma entscheidet oft in stärkerem Maße über einen geglückten oder nicht geglückten Vertragsabschluß als die Eigenschaften der Datenverarbeitungsanlage selbst.

23. Organisatoren von Beratungsunternehmen

Der Beruf des Datenverarbeitungs-Organisators ist sowohl spezialisiert als auch qualifiziert. Es liegt daher durchaus im Rahmen der üblichen Entwicklung, daß sich in bestimmtem Umfang spezialisierte Unternehmungen mit qualifizierten Mitarbeitern auf das Feld der automatisierten Datenverarbeitung begeben haben — ebenso wie es z. B. auf steuerlichem und rechtlichem Gebiet der Fall ist. Auf dem Gebiet der ADV ist diese Erscheinung in den USA sehr weit verbreitet, jedoch auch in Europa und damit auch in Deutschland haben sich solche Beratungs- und Organisationsunternehmungen in nicht unerheblichem Maße etabliert[6]).

Größenordnungsmäßig gibt es Gesellschaften mit bis zu hundert Mitarbeitern und mehr auf dem einen, „Ein-Mann-Unternehmen" auf dem anderen Ende der Skala.

IV. Probleme der Teambildung

In den vorhergehenden Abschnitten wurde erläutert, daß eine Istaufnahme im Regelfall Teamarbeit bedeutet und welche Qualifikationen die einzelnen Teammitglieder aufweisen sollten. Schließlich wurden die einzelnen Arten von internen und externen Organisatoren aufgezählt und kurz beschrieben.

Es verbleibt noch, einige Hinweise darauf zu geben, wie eine Unternehmung im Einzelfall bei der Bildung eines solchen Teams vorgehen soll. Es sei an-

---

⁶) Vgl. Wittreich, Warren J.: How to Buy/Sell Professional Services. In: Harvard Business Review, Vol. 44, 1966, S. 127 ff.

gemerkt, daß es sich dabei eben nur um Hinweise handeln kann. Universalrezepte gibt es nicht, letztlich entscheiden immer die konkreten Umstände des jeweiligen Falles.

Grundsätzlich hängen Art und Umfang eines aufzustellenden Istaufnahmeteams ab:

— von der Aufgabenstellung und Zielsetzung der Istaufnahme (Entscheidungsvorbereitung, Verfahrensentwicklung, Verfahrensübernahme),

— von der Beschaffenheit des untersuchten Objekts (Bereich, Werk, Unternehmung),

— vom bestehenden Datenverarbeitungssystem (manuell, konventionell, automatisiert)

und sind daher diesen Gegebenheiten anzupassen.

Es ist ferner im Grunde selbstverständlich, daß ein solches Team so aufzustellen ist, daß sich nach Art und Umfang möglichst weder Unter- noch Überdeckungen gegenüber dem der Aufgabenstellung entsprechenden, gewissermaßen optimalen Team ergeben.

Allerdings steht dem ebenso offensichtlich entgegen, daß hierbei die Frage der *Verfügbarkeit* des (theoretisch erforderlichen) Personals nicht selten Abweichungen vom theoretischen Optimum erzwingt.

Außerdem ist zu beachten, daß der effektive Umfang und der effektive Schwierigkeitsgrad einer gegebenen Istaufnahme sich im voraus häufig nicht genau ermitteln lassen; dies führt zu der Erkenntnis, daß man nicht selten gezwungen ist, während der Durchführung der Istaufnahme erneut zu disponieren, um sich erst nach Beginn der Arbeiten offenbar gewordenen Tatbeständen anzupassen.

Auf der einen Seite steht der Fragenkomplex, wie ein Istaufnahmeteam denn nun unter verschiedenen Voraussetzungen in seiner Struktur festzulegen (qualitative Zusammensetzung) und in seinem Umfang (quantitative Bemessung) zu bestimmen sei und welche Zusammenhänge zwischen diesen beiden Aspekten bestehen. Auf der anderen Seite ist — für den Personenkreis der Teamleiter und Organisatoren — die Frage besonders bedeutungsvoll, ob und in welchem Umfang man internes bzw. externes Personal heranzieht.

1. Quantitative Bemessung und qualitative Zusammensetzung des Teams

Abgesehen vom noch zu erörternden Problem „internes/externes/gemischtes Team" stellt sich vordringlich die Frage nach der quantitativen Bemessung und der qualitativen Zusammensetzung des Istaufnahmeteams.

Dabei scheint es klar zu sein, daß der allgemeine Grundsatz für die Beantwortung beider Fragestellungen der der Wirtschaftlichkeit ist. Wird dieser

Gedanke weiter verfolgt, so stößt man jedoch sehr bald auf große Schwierigkeiten, die diesen Grundsatz für praktische Zwecke unbrauchbar machen. Es sei nur daran erinnert, daß im Sinne der Wirtschaftlichkeit das Istaufnahmeteam so zusammengestellt werden müßte, daß *das gesamte Datenverarbeitungsprojekt* optimal durchgeführt wird — eine Aufgabe, deren Problematik ohne weiteres einleuchtet. Es werden daher im folgenden nur einige Punkte kurz diskutiert, die in der Praxis bei den Überlegungen zur optimalen Zusammenstellung eines Istaufnahmeteams grundsätzlich beachtet werden sollten.

11. Gesichtspunkte für eine quantitative Bemessung

Die Größe des Istaufnahmeteams hängt zunächst ab vom Umfang und vom Schwierigkeitsgrad des untersuchten Objekts, also von der Menge der anfallenden Arbeiten.

Weiter wirkt die Zeit, innerhalb der die Istaufnahme vorgenommen werden soll, unmittelbar auf den Umfang des Teams ein: Je schneller die Untersuchung durchgeführt werden soll, desto größer muß cet. par. das Istaufnahmeteam gewählt werden.

Drittens spielt schließlich die im nächsten Abschnitt besprochene qualitative Zusammensetzung des Teams für dessen Umfang eine ausschlaggebende Rolle: Je höher qualifiziert die einzelnen Teammitglieder ausgewählt wurden, desto kleiner kann cet. par. das Team bleiben.

Dabei wird man eine zwar nicht allgemein in Zahlen angebbare, praktisch jedoch stets vorhandene Obergrenze für die Anzahl der Teammitglieder nicht überschreiten. Vielmehr wird man bei sehr großen Projekten eher dazu neigen, mehrere Istaufnahmeteams zu bilden. Gänzlich neuartige Probleme werden dadurch nicht aufgeworfen.

Die Untergrenze schließlich bildet, schon aus logischen Gründen, das schon mehrfach erwähnte „Ein-Mann-Team". Dessen Verwendung ist praktisch auf die Untersuchung von Sonderfragen sowie auf kleinere, als Ganzes überschaubare Untersuchungsobjekte beschränkt.

Es sei noch angemerkt, daß für die Dimensionierung des Istaufnahmeteams (und damit auch für die Intensität, mit der eine Istaufnahme durchgeführt werden soll) der einschränkende Grundsatz gilt, daß die laufenden Arbeiten in der untersuchten Unternehmung durch die Istaufnahme nicht mehr als zulässig beeinträchtigt werden dürfen. Was zulässig ist und was nicht, ergibt sich im konkreten Fall entweder von selbst aus sachlogischen Gründen oder wird von der dafür zuständigen Instanz festgelegt.

12. Gesichtspunkte für die qualitative Zusammensetzung

Hierbei geht es hauptsächlich um den jeweiligen Anteil der Organisatoren und der Hilfskräfte am Istaufnahmeteam.

Es gilt hier die Grundregel: Je höher der Anteil der Organisatoren am Istaufnahmeteam ist, desto geringer ist cet. par. der Gesamtumfang des Teams,
bzw. desto kürzer ist, bei gegebenem Umfang des Teams, cet. par. die zur
Durchführung der Istaufnahme benötigte Zeit.

Generelle Aussagen darüber, ob es wirtschaftlicher ist, möglichst viele Organisatoren bei möglichst wenigen Hilfskräften oder umgekehrt einzusetzen,
können nicht getroffen werden. Zwar kann davon ausgegangen werden, daß
ein Organisator im allgemeinen teurer ist als eine Hilfskraft; es läßt sich
jedoch nicht allgemein angeben, wieviel Hilfskräfte eingesetzt werden müssen, um die Ergebnisse zu erlangen, die ein Organisator in der gleichen Zeit
und in gleicher Qualität gewonnen haben würde.

In der Praxis wird diese Fragestellung dadurch überdeckt, daß erstens
Organisatoren knapp sind, zweitens keine völlige Substituierbarkeit Organi-
sator — Hilfskraft besteht. Der erste Umstand spricht dafür, so wenig
Organisatoren und soviel Hilfskräfte wie möglich einzusetzen. Der zweite
Tatbestand schließlich zwingt dazu, soviel Organisatoren wie nötig einzu-
setzen. Letztlich wird das Verhältnis Organisatoren — Hilfskräfte durch den
Schwierigkeitsgrad der untersuchten Aufgabenstellungen sowie durch die
angewandte spezielle Untersuchungsmethode bestimmt. Je formloser die
Untersuchung durchgeführt wird, um so höher muß die Qualifikation des
Untersuchenden sein; je stärker formalisiert das Untersuchungsverfahren
ist, um so eher können es Hilfskräfte anwenden.

2. Zur Frage des Einsatzes von externem Personal

Für die Praxis außerordentlich wichtig ist die Frage, ob man rein interne,
rein externe oder gemischte Aufnahmeteams aufstellen soll. Dabei ist zu
beachten, daß diese Frage nicht für alle qualifikatorischen Ebenen der Teammitglieder in gleichem Maße gilt. So kann man allgemein sagen, daß Hilfskräfte wohl nur in seltenen Fällen von außen hinzugezogen werden. Bei den
speziellen Fachleuten, von denen die Rede war, reduziert sich die Frage
„intern/extern" in den meisten Fällen rein auf die Verfügbarkeit, wobei man
vielfach davon ausgehen kann, daß in der zu untersuchenden Unternehmung
keine solchen speziellen Fachkräfte vorhanden sind und somit notgedrungen
externe herangezogen werden müssen. Anders verhält es sich bei dem Teamleiter und den Organisatoren, bei denen sehr oft eine Wahlmöglichkeit zwischen internem und externem Personal besteht.

21. Teamleiter

Ob man als Teamleiter eine interne oder externe Kraft einsetzen sollte, läßt
sich nicht generell entscheiden. Das hängt vielmehr von der ganz spezifischen
Situation ab.

Grundsätzlich wird man eher dazu neigen, einen Mitarbeiter aus den eigenen Reihen als Teamleiter zu bestellen. Dies gilt vor allem für aus externen Kräften zusammengesetzte Teams, die so unter Kontrolle gehalten werden sollen. In diese Richtung weist auch, daß beim Teamleiter weniger die Datenverarbeitungskenntnisse als vielmehr die allgemein-organisatorischen Branchenkenntnisse im Vordergrund stehen. Andererseits setzt dieses Vorgehen natürlich voraus, daß man auch zumindest über eine Kraft im eigenen Haus verfügt, die sowohl den allgemeinen und speziellen Anforderungen genügt als auch für eine solche Arbeit freigestellt werden kann. Im Regelfall dürfte das wiederum aber nur bei größeren Unternehmungen mit eigener Organisationsabteilung und bestehendem automatisierten Datenverarbeitungssystem der Fall sein. Aus diesem Grunde wird es sich in der Praxis auch beim Teamleiter nicht selten um einen externen Fachmann handeln. Im übrigen ist hinsichtlich des Teamleiters nicht allein die Verfügbarkeit ausschlaggebend. Denn da die Ergebnisse der Istaufnahme entscheidend von der Qualifikation des Teamleiters abhängen, ist es u. U. besser, eine versierte externe Kraft als einen nur durchschnittlichen internen Mitarbeiter heranzuziehen.

22. Organisatoren

Im allgemeinen wird man bemüht sein, aus internen und externen Organisatoren gemischte Gruppen zu bilden. Das der Zusammensetzung von solchen gemischten Teams zugrundeliegende Prinzip ist denkbar einfach: Vereinigung der Vorteile beider Arten von Organisatoren unter Ausschluß der jeweiligen Nachteile. In der Praxis sind diese spezifischen Vor- und Nachteile jedoch nicht immer völlig klar. Hinzu kommt, daß das, was in einem Fall ein Vorteil ist, sich in einem anderen genau ins Gegenteil verkehren kann; die Begriffe Vor- und Nachteil sind also relativ zu verstehen. Weiter ist zu bedenken, daß es sowohl bei internen als auch bei externen Organisatoren, wie dargelegt, verschiedene Arten gibt, womit das Problem weiter differenziert wird und die Möglichkeiten zur Zusammensetzung eines Teams noch erheblich vielfältiger werden. So ist es mit Sicherheit nicht optimal, ein Team nach dem Grundsatz aufzubauen, daß möglichst von jedem Typ des Organisators einer enthalten ist. Angesichts der aufgezählten Umstände ist es praktisch nicht möglich, einen allgemeinen Kriterien-Katalog für optimal zusammengesetzte Untersuchungsteams oder eine allgemeine Vorschrift zur Aufstellung solcher Gruppen anzufertigen. So bedauerlich diese Tatsache auch ist, in der Praxis gibt es dafür einige Faktoren, die die besagte Vielfalt der Möglichkeiten zur Team-Zusammenstellung zumeist von vornherein begrenzen, sowie einige Faustregeln dafür, was von der einen oder anderen Kombination erhofft werden kann. Dabei können interne und externe Faktoren unterschieden werden.

Ein ganz maßgeblicher, intern bedingter Faktor ist die Wirtschaftlichkeit. Dabei wird der Begriff der Wirtschaftlichkeit in der Praxis verschieden aufgefaßt. Im ersten Fall wird mehr oder weniger die Qualität der durchgeführten Untersuchung entweder ignoriert oder von vornherein gleichgesetzt. Nach dieser Auffassung wird man eher zu internen Gruppen (und/oder zu reinen Hersteller-Organisatoren, soweit sie nichts kosten) neigen. Hierbei steht vielfach unbewußt die Überlegung im Hintergrund, den in der Gewinn- und Verlustrechnung der laufenden Periode erscheinenden Aufwand möglichst klein zu halten.

Die zweite Auffassung fragt nach dem günstigsten Preis-/Leistungsverhältnis; sie setzt also Umfang und Qualität der Istaufnahme explizit in den Kalkül mit ein. Unter dieser Voraussetzung kommen die in diesem Abschnitt noch angegebenen weiteren Vorteile der einen oder anderen Art des Organisators zum Tragen. Im Gegensatz zur ersten Auffassung neigt man also hier dazu, das gesamte Datenverarbeitungsprojekt, von dem die Istaufnahme nur ein kleiner Teil ist, als eine Investition anzusehen. Man ist daher bemüht, diese Investition als Ganzes möglichst rentabel zu gestalten.

Für beide der genannten Auffassungen lassen sich Argumente und Gegenargumente finden. Heute hat sich weitgehend die Auffassung durchgesetzt, daß es zweckmäßiger, d. h. im Endeffekt wirtschaftlicher sei, bei Einführung automatisierter Datenverarbeitungsverfahren relativ gründliche und intensive Vorbereitungsarbeiten auszuführen. Dementsprechend wird man (unter der Annahme, daß sie besondere Qualitäten aufweisen) externe Organisatoren verhältnismäßig stark berücksichtigen.

Ein weiterer, intern bedingter Faktor ist in der gegebenen oder mangelnden Verfügbarkeit geeigneter interner Datenverarbeitungs-Organisatoren zu sehen. Wenn entweder überhaupt keine internen Datenverarbeitungs-Organisatoren vorhanden sind bzw. auch bei bestehenden Organisationsabteilungen für die gegebene Aufgabe aus qualitativen oder quantitativen Gründen niemand abgestellt werden kann, bleibt u. U. nichts anderes übrig, als eben externe Organisatoren heranzuziehen.

Als ein wichtiger, extern bedingter Faktor ist die evtl. Abhängigkeit einer Unternehmung von übergeordneten Institutionen anzusehen. Konzerntöchter oder Filialen z. B. haben häufig gar nicht die Freiheit, selbst darüber zu entscheiden, wie sie ein Untersuchungsteam zusammenstellen sollen. Das wird ihnen von der übergeordneten Institution vielmehr eindeutig vorgeschrieben, wobei im Einzelfall auch wieder verschiedene Möglichkeiten der Teamstruktur denkbar sind. Eine solche Abhängigkeit kann auch von anderer, indirekter Art sein, wie etwa im Fall der Verbandszugehörigkeit. Dort ist es z. B. möglich, daß die Hinzuziehung von Verbandsorganisatoren obligatorisch ist bzw. daß die Beanspruchung ganz bestimmter, auch und gerade verbandseigener bzw. -naher Beratungsfirmen bezuschußt wird o. ä.

Alle diese Faktoren überdecken in gewissem Maße das, was eigentlich in reiner Form bei der einen oder anderen Art des Organisators als Vorteil angesehen bzw. erhofft oder als Nachteil betrachtet bzw. befürchtet wird.

Im folgenden wird eine kurze Zusammenfassung dieser Vor- und Nachteile der verschiedenen Erscheinungsformen (intern — extern) vorgenommen. Unter Beachtung der bisherigen Ausführungen sollten diese Charakteristiken jedoch mit dem nötigen Vorbehalt zur Kenntnis genommen werden.

— Vorteilhaft dürfte sich bei den internen Organisatoren die Kenntnis der Betriebs- und Branchenbesonderheiten auswirken. Auch dürften sich psychologische Schwierigkeiten bei der Durchführung von Istaufnahmen im allgemeinen leichter überwinden lassen, sofern die eigene Organisationsabteilung oder die des Konzerns in der Unternehmung anerkannt wird. Das ist allgemein der Fall bei gut funktionierenden ADV-Systemen. Als nachteilig sind die Betriebsblindheit und u. U. mangelndes Durchsetzungsvermögen gegenüber den Kollegen anzusehen.

— Bei den externen Organisatoren wird man durchweg Unabhängigkeit und damit gutes Durchsetzungsvermögen voraussetzen können, sofern die Unterstützung durch die Geschäftsleitung gegeben ist. An vorderster Stelle wird allerdings die fachliche Qualität und die Kenntnis organisatorischer Verfahren und maschineller Möglichkeiten stehen, verbunden mit Erfahrungen im praktischen Einsatz von automatischen Datenverarbeitungsanlagen bei anderen, gleichartigen oder nicht gleichartigen Unternehmungen. Ferner werden externe Organisatoren eher dazu neigen, nach neuen Wegen zu suchen, als interne Fachleute. Nachteilig kann sich dagegen bemerkbar machen, daß die externen Organisatoren die Organisationsform der entsprechenden Unternehmung noch nicht kennen. Dadurch kann leicht die Gefahr entstehen, etwas zu übersehen oder falsch zu beurteilen. Ferner kann dann eine Istaufnahme länger dauern und damit u. U. mehr kosten. Außerdem können psychologische Schwierigkeiten dadurch entstehen, daß man in einer bestimmten Unternehmung von außen kommenden Personen ablehnend gegenübersteht.

— Verbands-Organisatoren nehmen insofern eine Sonderstellung ein, als ihre Wahl der betreffenden Unternehmung nicht immer völlig freisteht. Auch wird man häufig beobachten können, daß solche Verbands-Organisatoren nicht das individuelle Optimum in bezug auf automatisierte Datenverarbeitungsverfahren in der untersuchten Unternehmung anstreben, sondern die Verwirklichung einer vorgegebenen organisatorisch-maschinellen Konzeption.

— Hersteller-Organisatoren zeichnen sich vielfach dadurch aus, daß sie hervorragende Kenntnisse der allgemein-organisatorischen und maschinellen Möglichkeiten ihrer Fabrikate und oft auch spezielle Branchenerfahrungen aufweisen. Für den Benutzer besonders erfreulich ist natürlich, daß ihre Dienste in einem gewissen Umfang unentgeltlich zur Verfügung gestellt werden. Natürlich ist zu berücksichtigen, daß es sich dabei um eine systemgebundene und nicht um eine neutrale Tätigkeit handelt.

— Neutralität, Objektivität, gute allgemein-organisatorische, anlagen- sowie branchenspezielle Kenntnisse setzt man oft bei den Organisatoren der Beratungsunternehmungen voraus. Im Idealfall sind diese Eigenschaften vorhanden. Dann wird man sicherlich die mit dem Einsatz dieser Spezialisten verbundenen, nicht unerheblichen Kosten in Kauf nehmen. Der Idealfall bzw. eine ausreichende Näherungsform ist jedoch nicht ohne weiteres gegeben, so daß es für einen möglichen Kunden angebracht ist, sich über den Ruf und die Qualifikation der betreffenden Beratungsfirma vorher eingehend zu informieren[7]).

Dabei wiederum sollte man sich nicht auf eine einzige bzw. auf eine einseitige Informationsquelle verlassen. Denn es liegt auf der Hand, daß solche Beratungsunternehmungen, gerade wenn sie objektiv und neutral sind, nicht von allen Seiten empfohlen werden. Was die Branchenerfahrung angeht (die niemals überbewertet werden sollte), so ist es u. U. angebracht, nicht nur allgemein die Beratungsunternehmung, sondern auch speziell die betreffenden Organisatoren daraufhin zu überprüfen.

[7]) Vgl. Wittreich, Warren J.: How to Buy/Sell Professional Services. In: Harvard Business Review, Vol. 44, 1966, S. 127 ff.

E. Schlußfolgerung aus der Studie und Ausblick

In drei Hauptkapiteln hat der Studienkreis Mittel und Wege für eine systematische und automationsgerechte Erfassung der betrieblichen Datenverarbeitungsaufgaben aufgezeigt. Die Problematik einer Istaufnahme wurde dabei unter dem Aspekt des Untersuchungsobjekts, der Verfahrensweise und des Menschen als Aufgabenträger dargestellt. Dies darf nicht darüber hinwegtäuschen, daß für die praktische Durchführung primär die Darstellung geeigneter Verfahrensweisen von überragendem Interesse ist. Es wurde jedoch als sinnvoll erachtet, vorab in einem Kapitel über den Gegenstand der Istaufnahme alle die Faktoren zu analysieren und einander gegenüberzustellen, die in die Untersuchungen zum organisatorischen Istzustand eingeschlossen werden müssen. Die Möglichkeiten des Vorgehens bei einer Istaufnahme werden daneben immer stark geprägt von dem Personal, das für diese Aufgabe abgestellt werden kann. Daher wurde der Bedeutung eines richtigen Personaleinsatzes für die Istaufnahme ebenfalls in einem gesonderten Kapitel Rechnung getragen.

Von dem in der Studie auf diese Weise dargebotenen Instrumentarium zur systematischen Durchführung einer Istaufnahme ist entsprechend den individuellen innerbetrieblichen Verhältnissen Gebrauch zu machen. Entscheidend ist in diesem Zusammenhang die von der Geschäftsleitung zugrundegelegte Aufgabenstellung (Entscheidungsfindung, Verfahrensentwicklung, Verfahrensübernahme) und die Größe des abgesteckten Untersuchungsgebiets. Daneben ist immer auch entscheidend, welches Ausgangsniveau in der Unternehmung vorhanden ist. Es ist in diesem Zusammenhang auf die spezielle Problematik hinzuweisen, die besteht, wenn von einer Generation von ADV-Anlagen auf die nächste oder auf die Anlagen einer anderen Größenklasse oder eines anderen Herstellers übergewechselt werden soll. Hier ergeben sich Istaufnahme-Probleme, die im Rahmen dieser Studie nur knapp berührt werden konnten und einer gesonderten Untersuchung vorbehalten bleiben.

In den Ausführungen des Studienkreises wurde wiederholt hervorgehoben, daß die Istaufnahme nur als ein Teil der organisatorischen Vorarbeiten anzusehen ist, die vor Einführung oder Umstellung von automatisierten Datenverarbeitungsverfahren auszuführen sind. Wenn auch die Istaufnahme im Sinne der Ausführungen des Studienkreises mehr ist als eine reine Bestandsaufnahme, so beginnt doch der eigentliche Gestaltungsakt, die Überführung der alten Organisation in ein neues, automatisiertes System, erst nach Vorliegen der Istaufnahme-Ergebnisse. Die Ergebnisse stellen die dokumentierten Erhebungen des erweiterten Istzustands[2]) des Untersuchungsgebiets dar,

---

[1]) Vgl. Kapitel B. I.

die entsprechend den Vorstellungen des Studienkreises unterschiedlich aufbereitet sein müssen, je nachdem, welche Aufgabenstellung der Istaufnahme zugrundegelegt wurde.

Der Prozeß, aus den Ergebnissen der Istaufnahme zweckgerichtete Schlüsse im Hinblick auf die weitere Vorgehensweise zu ziehen, kann dabei als Istanalyse bezeichnet werden. Dazu ist die derzeitige Abwicklung der Datenverarbeitungsaufgaben so weit gedanklich von organisatorischen Mängeln zu befreien, bis die vorhandenen Sachmittel und das Personal bei rationellen Arbeitsmethoden optimal zusammenwirken. Daneben muß der Einsatz von ADV-Anlagen als eine weitere organisatorische Lösungsmöglichkeit vom Organisator in Betracht gezogen werden, falls bisher noch konventionelle Verfahren angewendet wurden.

Es wird anhand der Istaufnahme-Ergebnisse zu prüfen sein, wo und inwieweit die Voraussetzungen zum Einsatz von ADV-Anlagen, nämlich die Programmierbarkeit, von der Struktur der Datenverarbeitungsaufgaben her gegeben sind. In der Praxis wird man sich dabei an Kriterien wie

— Datenstruktur (Kunden, Artikel, Lagerpositionen),

— Fertigungsstruktur (Einzel-, Serien-, Massenfertigung),

— Datenanfall,

— Art des Lohnsystems (z. B. Zeitlohn, Akkordlohn) u. a.

orientieren.

Schließlich gehören zur Istanalyse nicht nur die Beurteilung der Automationsfähigkeit von Aufgaben, sondern auch Überlegungen hinsichtlich der Wirtschaftlichkeit der in Aussicht genommenen Datenverarbeitungsverfahren.

In vielen Fällen wird man sich im Rahmen der Istanalyse aufgrund der Ergebnisse der Istaufnahme für die Planung eines ADV-Systems entscheiden, doch ist dies keineswegs die einzige Folgerung, die gezogen werden kann. Die Istaufnahme-Ergebnisse können die Grundlage auch für andersartige Entscheidungen sein. Es besteht die Möglichkeit:

— den derzeitigen Istzustand (d. h. das derzeitige Datenverarbeitungsverfahren) beizubehalten, falls er einer kritischen Prüfung standhält. Arbeitsablauf, Sachmitteleinsatz und der Einsatz menschlicher Arbeitskraft bleiben unverändert. Dieser Idealzustand, daß die derzeitige Organisation keinerlei Verbesserungen bedarf, dürfte in der Praxis kaum anzutreffen sein und ist daher mehr theoretischer Natur;

— daß die derzeitige Ausstattung der Organisation mit Personal und Sachmitteln ausreicht, um einen zweckmäßigen Arbeitsablauf zu erzielen. Jedoch könnte eine Änderung der Arbeitsmethoden oder/und eine andere

Kombination des z. Z. eingesetzten Personals mit den Sachmitteln Verbesserungen bringen;

— daß nach kritischer Prüfung der Istaufnahme-Ergebnisse der Einsatz von Personal und/oder Sachmitteln vermehrt werden muß, um einen optimalen Arbeitsablauf bei den wachsenden Datenverarbeitungsaufgaben zu erzielen. Personal- und Sachmitteleinsatz können vermehrt werden, indem den bisher eingesetzten Einheiten weitere gleichartige hinzugefügt werden (z. B. die Anschaffung zusätzlicher Schreibmaschinen) oder indem bisher eingesetzte Einheiten durch qualitativ höherstehende oder zumindest andersartige Einheiten substituiert werden.

Erst wenn aufgrund einer kritischen Analyse der Istaufnahme-Ergebnisse sich diese letzte Alternative als am zweckmäßigsten erweist, kann mit der Planung eines ADV-Systems begonnen werden. Ein ADV-System verlangt grundsätzlich andersartige Organisationsformen als ein konventionelles DV-System, daher ist fast ausnahmslos eine völlige Neukonzeption für die organisatorischen Zusammenhänge erforderlich. Das Entwerfen einer solchen Konzeption soll mit dem Begriff Systemplanung[2]) belegt werden. Es wird nunmehr der Vorteil deutlich, daß die in dieser Studie enthaltene automationsgerechte Erfassung und Darstellung des Istzustands auf diese Systemplanung zugeschnitten ist und so das für den Planungsakt notwendige Informationsmaterial in der richtigen Ordnung und Gewichtung vorliegt.

Zur Systemplanung gehören einmal Überlegungen hinsichtlich der zukünftigen Sachmittelstruktur; primär geht es dabei darum, Größenordnung und Ausstattung der erforderlichen ADV-Anlagen zu klären.

Das Schwergewicht bei der Systemplanung liegt jedoch in der organisatorischen Neugestaltung der Arbeitsabläufe, die entsprechend den Erkenntnissen aus der Istaufnahme den neuesten Informationsbedürfnissen der Unternehmung Rechnung tragen soll, bei der bisherige Mängel ausgeschaltet und die technischen Möglichkeiten automatisierter Datenverarbeitung berücksichtigt werden müssen. Hinzu treten weitere Aufgaben, die ebenfalls Planungscharakter haben, wie die Personal- und Raumplanung für das neue Datenverarbeitungssystem.

Istaufnahme und Systemplanung sind zusammen in ein umfassendes Gesamtprogramm zur Einführung oder Umstellung automatisierter Datenverarbeitungsverfahren einzubeziehen und insbesondere personell und zeitlich eng aufeinander abzustimmen.

Es wird Aufgabe einer weiteren Studie sein, die dabei in der Praxis auftretenden Schwierigkeiten darzustellen und allgemeingültige Vorgehensweisen aufzuzeigen.

---

[2]) Systemplanung ist die Entwicklung der Soll-Abläufe unter Berücksichtigung der organisatorischen Erfordernisse und der maschinellen Möglichkeiten.
Vgl. Blau, Helmut; Hofmann, Klaus P.: Planung, Auswahl, Einsatzvorbereitung einer EDV-Anlage. Teil 1. Nürnberg 1966, 02—4.

Anhang

Anhang

Im März 1969 führte der Studienkreis in Ergänzung zu seinem Arbeitsbericht eine Fragebogenaktion im Kreise der Mitgliedsfirmen des Förd.erervereins des Betriebswirtschaftlichen Instituts für Organisation und Automation an der Universität zu Köln (BIFOA) durch.

Aufgabe dieser Fragebogenaktion war es, einen Überblick über die Erfahrungen bei der Istaufnahme aus einem Kreis von Unternehmungen zu erhalten, der zu den Benutzern von automatischen Datenverarbeitungsanlagen gehört.

Nach Abschluß der Fragebogenaktion standen für eine Auswertung 40 ausgefüllte Fragebogen von 40 Firmen zur Verfügung. Diese kleine empirische Basis erlaubt selbstverständlich nicht die Schlußfolgerung, daß die nachstehend aufgeführten Befragungsergebnisse für alle Benutzer von Datenverarbeitungsanlagen bzw. für die Bundesrepublik repräsentativ sein könnten. Es handelt sich lediglich um eine Zusammenstellung der Erfahrungen einer größeren Anzahl von Unternehmungen und die Interpretation dieser Ergebnisse aus der Fragebogenaktion in Verbindung mit den Auffassungen, die der Studienkreis in seinem Arbeitsbericht dargelegt hat.

Der Fragebogen zur Erhebung über die Istaufnahme wurde so aufgebaut, daß den Detailfragen zur Istaufnahme selbst Fragen zur Kennzeichnung der Unternehmung und zum Umstellungsprozeß beim Einsatz von ADV-Anlagen allgemein vorangestellt wurden, um eine bessere Einordnung der Antworten zur Istaufnahme zu ermöglichen.

Die Auswertung der eingegangenen Fragen wurde maschinell mit Hilfe des Programms PRODASTE der Mathematischen Beratungs- und Programmierungsdienst GmbH, Dortmund, vorgenommen.

Bei einigen Antworten wurde auf eine maschinelle Auswertung verzichtet, insbesondere dann, wenn auf eine verbale Erläuterung der Antwort von seiten des Befragten nicht verzichtet werden konnte. In einigen Fällen vermittelten die Antworten keine befriedigenden Aussagen über bestimmte Vorgehensweisen in der Praxis, so daß aus diesem Grund eine Darstellung derartiger Ergebnisse unterblieben ist.

**Betriebswirtschaftliches Institut
für Organisation und Automation
an der Universität zu Köln**

Erhebungsbogen zum Arbeitsbericht des Studienkreises „Die Istaufnahme eines Datenverarbeitungsproblems als Teil der organisatorischen Vorarbeiten im Hinblick auf die Verwendung automatisierter Datenverarbeitungsverfahren".

---

(1)   Kenndaten der befragten Unternehmung

1   a) Welcher Branche gehört Ihre
        Unternehmung an? (Hauptbeteiligung)

2   b) Bruttoumsatz im zurückliegenden
        Geschäftsjahr?
        Mio. DM

3   c) Beschäftigte insgesamt am 31.10.1968

4   d) Welche Rechtsform hat Ihre Firma?

e) Anzahl der Zweigbetriebe?

5

f) Von der Anzahl der eingesetzten ADV-
Anlagen sind wieviele

6 ─Mietanlagen

7 ─Kaufanlagen

8 ▷fa) Falls Mietanlagen: wie hoch ist
die monatl. Miete?

DM

9 ▷fb) Falls Kaufanlagen: wie hoch ist
der Kaufpreis?

DM

(2) Umstellung auf automatisierte Datenverarbeitung (ADV)

a) Welcher Art war die organisatorische Umstellung? (Mehrfachnennungen zulässig)

10   manuell   ──   LK-Organisation

11   manuell   ──   EDV

12   LK-
Organisation   ──   EDV

13   EDV-Karte   ──   EDV Band/Platte

14 b) Wieviele Etappen führten zu dem derzeitigen
        Stand der Anwendung der ADV in Ihrer Unter-
        nehmung?

15 c) Welches Arbeitsgebiet (siehe Arbeits-
        gebiete-Katalog S. 14) wurde in Ihrer
        Unternehmung als erstes auf ADV umgestellt?
        (ggf. entspr. Schlüssel-Nr. des Kataloges
        einsetzen)

        ----

16 d) Welche weiteren waren am 31.10.1968 umge-
        stellt? (ggf. entspr. Schlüssel-Nr. des
        Kataloges einsetzen)

            ----

17 e) Welche Gründe waren für die gewählte
        Reihenfolge maßgebend?

        ----

18 f) Welche Arbeitsgebiete sind zur Zeit noch
        nicht umgestellt? (ggf. entspr. Schlüssel-
        Nr. des Kataloges einsetzen)

<table>
<tr><td>19</td><td>g)</td><td>Welche Reihenfolge würden Sie bei der
Umstellung der Arbeitsgebiete auf ADV
nach Ihren Erfahrungen heute empfehlen?
(ggf. Schlüssel-Nr. angeben)</td></tr>
</table>

<table>
<tr><td>20</td><td>h)</td><td>Mit welchen Aufgaben sollte Ihrer Meinung
nach generell begonnen werden?
(alternativ)</td></tr>
</table>

Wo im Augenblick Engpässe bestehen		1
mit bisher noch nicht gelösten Aufgaben		2
wo schnelle Erfolge möglich sind		3

(3) Istaufnahme

21   a) Wurde in Ihrer Unternehmung bereits eine systematische Istaufnahme zur Vorbereitung des Einsatzes von ADV-Anlagen durchgeführt?

1 Ja	nein 2

Falls Ja:

▷ aa) Wurde die Istaufnahme (ADV) als Grundlage zur

22	Entscheidungsfindung (ob Umstellung oder nicht)	1
23	Systemplanung	1
24	Verfahrensübernahme verwendet?	1

Falls Ja:

▷ ab) Welche Arbeitsgebiete der Unternehmung wurden in die Istaufnahme einbezogen? (Mehrfachnennungen)

25
26
27

- -
- -
- -

Falls Ja:

▷ ac) Welcher Zeitraum wurde für die Istaufnahme benötigt?

28   aca) absolut in Mann/Monaten

29   acb) im Verhältnis zu den gesamten Umstellungsarbeiten in Prozenten

Falls Ja:

30 ▷ ad) Von wem kam der Auftrag zur Untersuchung

von der Geschäftsleitung	1
vom Leiter der Organisations-Abteilung	2
kein Auftrag (z.B. eigene Initiative einer Fach-Abtlg.)	3

| 31 | b) Wurden in Ihrem Unternehmen schon mehrere Istaufnahmen (auch zu sonstigen Zwecken außer ADV) durchgeführt? | |

| 1 | Ja | | | nein | 2 |

| 32 | Falls Ja: ba) Zu welchen sonstigen Zwecken (außer ADV) wurden in Ihrer Unternehmung bisher Istaufnahmen durchgeführt? |

Zur Planung von Büro-großräumen	1
zur Personalplanung	2
zu sonstigen Zwecken	3

(4) Vorgehensweise

| 33 | a) Wie wurde das zu untersuchende Arbeitsgebiet für die Erhebungen der Istaufnahme aufgeteilt? |

Nach Abteilungen	1
nach Datenverarbeitungs-komplexen (z.B. Lohnab-rechnung usw.)	2
nach sonstigen Gesichtspunkten	3

| 34 | b) Wie wurden die zu untersuchenden Arbeitsgebiete analysiert? |

parallel	1
teilweise parallel	2
nacheinander	3

<table>
<tr><td>35</td><td colspan="3">c) Welches Vorgehen halten Sie für eine Ist-
aufnahme als Grundlage zur Verfahrensent-
wicklung (Systemplanung) angemessen, wenn
die Reihenfolge für die Umstellung der
Arbeitsgebiete bereits festliegt?</td><td>☐</td></tr>
<tr><td></td><td>Die Istaufnahme sollte in
gleicher Reihenfolge erfolgen</td><td></td><td>1</td><td></td></tr>
<tr><td></td><td>die Istaufnahme sollte gleich-
zeitig im Zusammenhang erfolgen</td><td></td><td>2</td><td></td></tr>
<tr><td></td><td>anderes Vorgehen</td><td></td><td>3</td><td></td></tr>
</table>

(6) Zukunftserwartungen

36	a) Wurden Zukunftserwartungen bei den Er- hebungen zum Istzustand mit erfaßt?	☐
	1 ja nein 2	

37	b) Über welchen Zeitraum erstreckten sich längstens die Prognosen für die einzelnen Aufgabengebiete?	☐☐
	Monate ☐	

<u>(6)   Potentielle Aufgabengebiete der Daten-</u>
<u>verarbeitung</u>

[38]   a) Wurden im Hinblick auf den Einsatz von
          ADV-Anlagen zusätzliche Datenverarbei-
          tungsaufgaben bei der Istaufnahme
          erkannt und dokumentiert?

          [1] Ja [ ]   [ ] nein [2]

[39]   aa) Welche zusätzlichen Aufgabengebiete
            wurden erschlossen? (ggf. Angabe der
            Schlüssel-Nr.)

<u>(7)   Strukturanalyse</u>

        a) Welche der nachstehenden Faktoren haben
           Sie quantitativ und qualitativ mit erfaßt
           bei einer Istaufnahme als Grundlage zur

           aa) Entscheidungsfindung (Mehrfachnennungen)

40	Kapitalverhältnisse	
41	Standortbedingungen	
42	hierarchische Struktur	
43	Personal	
44	Raumverhältnisse	
45	Sachmittel	
46	Kostensituation	

ab) Systemplanung (Mehrfachnennungen)

47		Kapitalverhältnisse		
48		Standortbedingungen		
49		hierarchische Struktur		
50		Personal		
51		Raumverhältnisse		
52		Sachmittel		
53		Kostensituation		

ac) Verfahrensübernahme (Mehrfachnennungen)

54		Kapitalverhältnisse		
55'		Standortbedingungen		
56		hierarchische Struktur		
57		Personal		
58		Raumverhältnisse		
59		Sachmittel		
60		Kostensituation		

(8) Untersuchungsform

61 a) Wurden bei der Istaufnahme der Verarbeitungsprozesse

alle Vorgänge untersucht		1
Zufallsstichproben ermittelt		2
aus typischen Fällen auf die Gesamtheit geschlossen		3
sonstige Formen gewählt?		4

---

(9) Erhebungsmethoden

---

62 a) Welche der nachstehenden Erhebungs-
        methoden wurden überwiegend angewandt?

Dokumentenanalyse		1
Beobachtung		2
Interviews		3
Fragebogen		4
Berichte		5

---

63 b) Weshalb wurde vorwiegend oder ausschließ-
        lich eine bestimmte Erhebungsmethode
        bevorzugt?

---

(10) Dokumentation

---

64 a) Wurden aus der Literatur entnommene
        Dokumentationstechniken angewandt?

        | 1 | Ja | | | | nein | 2 |

---

65 b) Wurden Dokumentationsrichtlinien der
        Hersteller von ADV-Anlagen verwendet?

        | 1 | Ja | | | | nein | 2 |

66 c) Wurden eigene Dokumentationsrichtlinien
       entwickelt?

| 1 | ja | | | | nein | 2 |

---

(11)   Kontrolle

67 a) Wer kontrollierte die Istaufnahme-
       Tätigkeit?

Mitglied der Geschäftsleitung		1
Leiter der Org.-Abteilung		2
Leiter des Istaufnahme-Teams		3
anderes Team-Mitglied		4
Angehöriger einer Fachabteilung		5

68 b) Wer kontrollierte die Istaufnahme-
       Ergebnisse?

Mitglied der Geschäftsleitung		1
Leiter der Org.-Abteilung		2
Leiter des Istaufnahme-Teams		3
anderes Team-Mitglied		4
Angehöriger einer Fachabteilung		5

69 c) Welche Kontrolltechniken erwiesen
       sich als besonders geeignet?

_______________   _______________   _______________
_______________   _______________   _______________
_______________   _______________   _______________
_______________   _______________   _______________

(12)   Istaufnahme-Team

70

a) Wie groß war die Zahl der Angehörigen
   des Teams? (Falls mehrere Istaufnahmen
   durchgeführt wurden, sind die Angaben
   für die umfangreichste Untersuchung
   unter Angabe des Arbeitsgebietes erwünscht)

71

b) Dauer der Untersuchung für obiges Istaufnahme-Team?

   Monate

c) Welche Fachrichtungen waren im Team
   vertreten? (z.B. Ingenieure, Buchhalter,
   Einkäufer, usw.)

72
73
74
75

76

d) Wer wurde als Leiter des Teams
   eingesetzt?

Leiter der Organisations-Abtlg.		1
Leiter der Lochkarten-Abtlg.		2
Leiter der DV-Abteilung		3
Leiter einer Fachabteilung		4
sonstiger interner Fachmann		5
externer Fachmann		6

77   e) Welcher Instanz wurde der Team-Leiter unterstellt?

Der Geschäftsleitung	1
der Organisations-Abtlg.	2
der DV-Abteilung	3
einer Fachabteilung	4

78   f) Wie setzte sich das Team zusammen?

Nur aus internen Fachleuten	1
nur aus externen Fachleuten	2
aus int. und ext. Fachleuten	3

g) Gehörten externe Berater dem Team an?

     1 | Ja   nein | 2

▷ Falls ja:

ga) War(en) der (die) externe(n) Berater

79   Angehörige(r) einer Herstellerfirma   1

80   Angehörige(r) einer Beratungsfirma   1

81   Angehörige(r) eines Verbandes?   1

82   h) Wurde die Planung der neuen organisatorischen Konzeption vorgenommen

vom Istaufnahme-Team	1
von einem anderen Team unter Beteilig. von Angehörigen des Istaufnahme-Teams	2
ohne Beteilig. von Istaufnehmern	3

83   i) War der Leiter der Planungsgruppe gleichzeitig Leiter des Istaufnahme-Teams?

     1 | Ja   nein | 2

Arbeitsgebiete-Katalog

Anmerkung:

Es werden die in den Bereichen Beschaffung, Produktion, Absatz und Finanzierung insbesondere im Hinblick auf eine automatisierte Abwicklung als typisch angesehenen Arbeitsgebiete aufgeführt. Der nachstehende Katalog erhebt jedoch keinen Anspruch auf Vollständigkeit; ggf. wird die Angabe im Katalog nicht enthaltener Arbeitsgebiete im Erhebungsbogen erbeten. Der Katalog ist begrifflich an den Verhältnissen in der Industrie orientiert, berücksichtigt jedoch inhaltlich auch die Arbeitsgebiete anderer Wirtschaftszweige.

01 Bedarfs-(Beschaffungs-)planung

02 Bestellabwicklung

03 Bestandsführung
     (z. B. Waren, Effekten, Vers.-Verträge)

04 Marktforschung

05 Absatzmengenplanung

06 Absatzwertplanung

07 Absatzwegplanung

08 Werbeplanung

09 Auftragsabwicklung

10 Umsatz-Statistik

11 Anfragenbearbeitung

12 Investitionsplanung

13 Produktionsprogrammplanung

14 Kapazitätsplanung

15 • Anlagen

16 • Material

17 • Personal

18 Fertigungsplanung

19 Fertigungssteuerung

20 Leistungserfassung

21 • Anlagen

22 • Material

23 • Personal

24 Finanzplanung

25 Kostenplanung

26 Bestandsführung

27 Kreditoren

28 Debitoren

29 Anlagen

30 Personalabrechnung

31 Kostenrechnung

32 Kostenarten

33 Kostenträger

34 Kostenstellen

35 Bruttoerfolgsrechnung

Erhebungsergebnisse

Gliederung

01 Kenndaten der befragten Unternehmungen

Zur Charakterisierung des untersuchten Kreises von Unternehmungen und zur besseren Beurteilung der Befragungsergebnisse wurden die Unternehmungen nach Branchen geordnet. Außerdem waren Angaben über den im letzten Geschäftsjahr erzielten Umsatz, die Anzahl der Beschäftigten, die Anzahl der Zweigbetriebe sowie die Rechtsform verlangt.

Tabelle 01—1

Aufgliederung der gemeldeten Firmen

Branche	absolut	%
Maschinen-, Fahrzeugbau, Stahl, Eisen	11	27,50
Nahrungsmittel	9	22,50
Chemie	7	17,50
Handel	5	12,50
Banken, Versicherungen, Beratung	3	7,50
Energie und Bergbau	2	5,00
Verkehr	2	5,00
Keramik	1	2,50
insgesamt:	40	100,00

Tabelle 01—2

Bruttoumsätze (1968) je Branche

Branche	Umsätze (in Mill. DM)	Zahl der Antworten
Maschinen-, Fahrzeugbau, Stahl, Eisen	4 106	9
Handel	3 597	4
Nahrungsmittel	3 573	9
Chemie	2 748	6
Energie und Bergbau	1 548	2
Keramik	1 165	2
Banken, Versicherungen, Beratung	1 000	3
Verkehr	400	1
insgesamt:	18 137	36

Tabelle 01—3

Durchschnittlicher Umsatz (1968) je Branche (36 Firmen)

Branche	$\emptyset$ Umsätze (in Mill. DM)
Handel	899,25
Energie und Bergbau	774,00
Verkehr	582,50
Chemie	458,00
Maschinen-, Fahrzeugbau, Stahl, Eisen	456,22
Keramik	400,00
Nahrungsmittel	397,00
Banken, Versicherungen, Beratung	333,33
insgesamt:	503,81

Tabelle 01—4

Bei Klassifizierung der Bruttoumsätze ergab sich folgende Verteilung der Firmen auf die einzelnen Umsatzklassen:

Klassengrenzen (Umsätze in Mill. DM)	absolute Anzahl der gemeldeten Firmen	relative Anzahl
0 bis 50	1	2,81
51 bis 100	4	11,12
101 bis 200	8	22,20
201 bis 400	5	13,89
401 bis 600	4	11,12
601 bis 999	5	13,89
1 Mrd. bis 3 Mrd.	9	24,97
insgesamt:	36	100,00

Tabelle 01—5

Bei Klassifizierung der Beschäftigtenzahl ergab sich nachstehende Verteilung
der Firmen auf die einzelnen Beschäftigtenklassen:

Klassengrenzen Beschäftigtenzahl	absolute Anzahl der gemeldeten Firmen	relative Anzahl
o. A.	1	2,50
0 bis 1 000	6	15,00
1 001 bis 2 000	7	17,50
2 001 bis 3 000	6	15,00
3 001 bis 6 000	7	17,50
6 001 bis 12 000	3	7,50
12 001 bis 20 000	5	12,50
über 20 000	5	12,50
insgesamt:	40	100,00

Tabelle 01—6

Zahl der Beschäftigten je Branche (nach Anzahl gegliedert)

Branche	Beschäftigte	Zahl der Antworten
Maschinen-, Fahrzeugbau, Stahl, Eisen	116 592	11
Handel	79 351	5
Chemie	53 489	6
Nahrungsmittel	29 363	9
Energie und Bergbau	25 533	2
Verkehr	23 561	2
Banken, Versicherungen, Beratung	6 138	3
Keramik	6 000	1
insgesamt:	340 027	39

Tabelle 01—7

Durchschnittliche Beschäftigtenzahl je Branche
(gerundet)

Branche	∅ Beschäftigtenzahl
Handel	15 870
Energie und Bergbau	12 766
Verkehr	11 780
Maschinen-, Fahrzeugbau, Stahl, Eisen	10 599
Chemie	8 915
Keramik	6 000
Nahrungsmittel	**3 262**
Banken, Versicherungen, Beratung	2 046
Durchschnitt aller Branchen:	8 719

Tabelle 01—8

Rechtsform	absolute Anzahl der gemeldeten Firmen	relative Anzahl
AG	23	57,50
GmbH	8	20,00
KG	4	10,00
GmbH & Co. KG	1	2,50
eGmbH	1	2,50
OHG	1	2,50
(Versicherungs-) Verein auf Gegenseitigkeit	1	2,50
o. A.	1	2,50
	40	100,00

Tabelle 01—9

Zahl der Zweigbetriebe	absolute Anzahl der gemeldeten Firmen	relative Anzahl
0	8	20,00
1	2	5,00
2	2	5,00
3	10	25,00
4	3	7,50
5	2	5,00
6	1	2,50
7	1	2,50
8	1	2,50
10	1	2,50
11	1	2,50
12	1	2,50
13	1	2,50
14	1	2,50
18	1	2,50
30	1	2,50
33	1	2,50
59	1	2,50
68	1	2,50
	40	100,00

Zusammenfassung

Die Aufgliederung zeigt im einzelnen, welches Potential aus der Wirtschaft in die Untersuchung einbezogen war. Die befragten Unternehmungen weisen insgesamt ca. 340 000 Beschäftigte auf, und der durchschnittliche Jahresumsatz aller Branchen liegt bei ca. 503 Millionen DM. Das Befragungsergebnis zeigt, daß sich überwiegend Großunternehmungen an der Untersuchung beteiligten. Die Aufgliederung nach der Rechtsform zeigt entsprechend, daß sich zu fast 60 % Aktiengesellschaften beteiligt haben. In größerer Anzahl waren auch Firmen mit der Rechtsform der GmbH (20 %) und der KG (10 %) von der Untersuchung erfaßt. Diese Aufteilung ist jedoch nicht im Zusammenhang mit dem Einsatz von ADV-Anlagen zu interpretieren. Vielmehr bildet sie weitgehend die Zusammensetzung des Kreises der Mitgliedsfirmen ab. Die Zahl der Zweigbetriebe je Firma streut sehr breit von 0 bis 68. Allerdings wiesen 67,5 % der befragten Unternehmungen nur zwischen 0 und 5 Zweigbetriebe (-niederlassungen) auf.

02 Ausstattung der befragten Unternehmungen mit ADV-Anlagen

Dieser Teil der Befragungsaktion sollte Aufschlüsse darüber geben, wie viele Anlagen in den einzelnen Unternehmungen installiert sind, ob es sich um Miet- oder Kaufanlagen handelt und welchen Wert (somit welche Größenordnung) sie repräsentieren.

Tabelle 02—1

Anzahl der eingesetzten Mietanlagen je Firma

Anzahl der An- lagen je Firma	absolute Anzahl der gemeldeten Firmen	relative Anzahl
0	3	7,50
1	18	45,00
2	9	22,50
3	2	5,00
5	2	5,00
6	1	2,50
7	3	7,50
14	1	2,50
15	1	2,50
insgesamt:	40	100,00

Tabelle 02—2

Anzahl der eingesetzten Kaufanlagen

Anzahl der An- lagen je Firma	absolute Anzahl der gemeldeten Firmen	relative Anzahl
0	30	75,00
1	3	7,50
2	4	10,00
3	1	2,50
5	1	2,50
8	1	2,50
insgesamt:	40	100,00

Tabelle 02—3

Anzahl der Anlagen je Unternehmung	Anzahl der Unternehmungen	%	Gesamtzahl der Anlagen	%	davon Mietanlagen	%	davon Kaufanlagen	%
0	1	2,50	0	0,00	0	0,00	0	0,00
1	15	37,50	15	12,10	14	93,33	1	6,67
2	12	30,00	24	19,35	22	91,67	2	8,33
3	4	10,00	12	9,68	8	66,67	4	33,33
4	1	2,50	4	3,23	2	50,00	2	50,00
5	1	2,50	5	4,03	5	100,00	0	0,00
7	2	5,00	14	11,29	14	100,00	0	0,00
9	2	5,00	18	14,52	13	72,22	5	27,78
13	1	2,50	13	10,48	5	38,46	8	61,54
19	1	2,50	19	15,32	14	73,68	5	26,32
insgesamt:	4	(100,00)	124	(100,00)	97	(78,22)	27	(21,78)

Tabelle 02—4

Anzahl der Mietanlagen je Firma	Höhe der monatlichen Miete in T.-DM	Zahl der gemeldeten Firmen	(arith. Mittel) $\emptyset$ Höhe der monatl. Miete je Fa. in T.-DM
0	90	1	90,00
1	691	17	40,65
2	690	8	86,25
3	1 147	2	573,50
5	229	2	114,50
6	260	1	260,00
7	927	2	463,50
14	600	1	600,00
15	700	1	700,00
	5 334	35	152,40

Tabelle 02—5

Kaufanlagen	Zahl der Firmen*)	Kaufpreis in Mill. DM	$\emptyset$ Kaufpreis in Mill. DM
1	2	2	1
2	4	12	3
3	1	19	19
5	1	60	60
8	1	14	14
	9	107	11,9

*) Von einigen Firmen wurde zwar die Frage nach der Installation einer Miet- oder Kaufanlage beantwortet, aber keine Angabe über den Kaufpreis gemacht.

Tabelle 02—6

Höhe der monatlichen Miete in Abhängigkeit von der Beschäftigtenzahl (ohne Firma mit Datenverarbeitung außer Haus)

Beschäftigten-klassen	Höhe der monatl. Miete in T.-DM	Zahl der Antworten	$\emptyset$ Höhe der monatl. Miete in T.-DM
bis 1 000	882	5	176,40
1 001 bis 2 000	272	7	38,86
2 001 bis 3 000	230	3	76,67
3 001 bis 6 000	483	7	69,00
6 001 bis 12 000	173	3	57,67
12 001 bis 20 000	1 754	5	350,80
über 20 000	1 529	4	382,25
		34	

Zusammenfassung

Die Anzahl der in einzelnen Firmen eingesetzten Anlagen streute zwischen 0 und 19. Bis auf eine Unternehmung, die ihre Datenverarbeitung außer Haus durchführen ließ, verfügten alle Unternehmungen über ADV-Anlagen innerhalb des eigenen Hauses.

Insgesamt wurden 124 Anlagen eingesetzt, wobei es sich um 97 Miet- (d. s. 78,22 %) und 27 Kaufanlagen (d. s. 21,78 %) handelte.

29 Unternehmungen (d. s. 72,5 %) verfügten nur über Mietanlagen, 9 (d. s. 22,5 %) über Miet- und Kaufanlagen und lediglich eine Unternehmung (d. i. 2,5 %) wies nur Kaufanlagen auf. Am häufigsten wurden eine (d. s. 37,5 %) d. Unt.) bzw. zwei Anlagen (30 % d. Unt.) benutzt, maximal 19 Anlagen (2,5 % d. Unt.).

Die Firmen, die Mietanlagen eingesetzt haben, müssen im Durchschnitt 152 400,— DM je Monat dafür aufwenden. Der entsprechende Wert für die Firmen (17), die nur eine Anlage eingesetzt haben, liegt bei 40 650,— DM.

Die Besitzer der gemeldeten Kaufanlagen mußten im Durchschnitt 11,9 Mill. DM für ihr Anlagenpotential entrichten.

Bei annähernd gleicher Verteilung der Firmen innerhalb der einzelnen Beschäftigtenklassen zeigt Tabelle 02—7, daß der Mietaufwand in der Klasse von 1—1000 sowie in den Klassen über 12 000 am höchsten ist. Der überproportionale Aufwand für ADV-Anlagen bei kleineren Firmen dürfte strukturell bedingt sein: Dieser Firmengruppe gehören insbesondere Banken und Versicherungen an, die keine Beschäftigten in der Produktion im Sinne der industriellen Fertigung haben. Der Anstieg der Aufwendungen in den Beschäftigtenklassen über 12 000 ist durch die Situation von Großbetrieben bedingt, in denen eine komplexe Verwaltung mit vielfältigen Massenarbeiten besteht.

03 Umstellung auf automatisierte Datenverarbeitung

Für die Ausgestaltung der Istaufnahme als Teil der Umstellungsarbeiten ist
von Bedeutung, in welchen Etappen ein bestimmter Automatisierungsgrad in
den Unternehmungen erreicht wurde und welche Arbeitsgebiete in welcher
Reihenfolge umgestellt wurden. Die nachstehenden Übersichten geben wichtige Aufschlüsse über die Vorgehensweisen der befragten Unternehmungen.

Tabelle 03—1

Art der Umstellung	Firmenzahl	
	absolut	%
manuell → LK-Org. *und* LK-Org. → ADV *und* ADV-Karte → ADV Band/Platte	7	17,50
manuell → LK-Org. *und* manuell → ADV *und* LK-Org. → ADV *und* ADV-Karte → ADV Band/Platte	6	15,00
manuell → ADV *und* LK-Org. → ADV	5	12,50
nur manuell → ADV	4	10,00
manuell → LK-Org. *und* LK-Org. → ADV	4	10,00
LK-Org. → ADV *und* ADV-Karte → ADV Band/Platte	4	10,00
nur LK-Org. → ADV	3	7,50
nur ADV-Karte → ADV Band/Platte	2	5,00
manuell → ADV *und* LK-Org. → ADV *und* ADV-Karte → ADV Band/Platte	2	5,00
keine Umstellung	1	2,50
manuell → ADV *und* ADV-Karte → ADV Band/Platte	1	2,50
manuell → LK-Org. *und* manuell → ADV *und* LK-Org. → ADV	1	2,50
nur manuell → LK-Org.	0	0,00
	40	100,00

Tabelle 03—2

Art der Umstellung	Ja		Nein	
			Zahl der Firmen	
	absolut	%	absolut	%
manuell → Lochkarte	18	45,00	22	55,00
manuell → ADV	19	47,50	21	52,50
Lochkarte → ADV	32	80,00	8	20,00
ADV-Karte → ADV Band/Platte	22	55,00	18	45,00

Tabelle 03—3

Zahl der Umstellungsetappen

Zahl je Firma	Zahl der Firmen	
	absolut	%
0	1	2,50
1	6	15,00
2	11	27,50
3	16	40,00
4	4	10,00
5	1	2,50
6	1	2,50
insgesamt:	40	100,00

Tabelle 03—4

Erstes Arbeitsgebiet, das auf ADV umgestellt wurde
(Mehrfachnennungen)

Kat.-Nr.	Arbeitsgebiet	Häufigkeit der Nennung	%
30	Personalabrechnung	11	13,0
09	Auftragsabwicklung	11	13,0
10	Umsatz-Statistik	10	11,6
27	Bestandsführung (Kreditoren)	6	7,2
03	Bestandsführung (Waren, Effekten, Vers.-Verträge)	6	7,2
28	Bestandsführung (Debitoren)	6	7,2
31	Kostenrechnung	6	7,2
26	Bestandsführung (Kreditoren, Debitoren, Anlagen)	5	6,0
22	Leistungserfassung (Material)	3	3,6
05	Absatzmengenplanung	2	2,4
02	Bestellabwicklung	2	2,4
23	Leistungserfassung (Personal)	2	2,4
25	Kostenplanung	2	2,4
12	Investitionsplanung	1	1,2
17	Kapazitätsplanung (Personal)	1	1,2
18	Fertigungsplanung	1	1,2
20	Leistungserfassung (Personal, Material, Anlagen)	1	1,2
21	Leistungserfassung (Anlagen)	1	1,2
29	Anlagen	1	1,2
35	Bruttoerfolgsrechnung	1	1,2
06	Absatzwertplanung	1	1,2
07	Absatzwegplanung	1	1,2
32	Kostenartenrechnung	1	1,2
34	Kostenstellenrechnung	1	1,2
		84	100,00

Tabelle 03—5

Umgestellte Arbeitsgebiete (Stichtag 31. 10. 1968)
(Mehrfachnennungen)

Kat.-Nr.	Arbeitsgebiete	Häufigkeit der Nennung
32	Kostenartenrechnung	25
34	Kostenstellenrechnung	25
10	Umsatz-Statistik	24
03	Bestandsführung (Waren, Effekten, Vers.-Verträge)	23
30	Personalabrechnung	22
28	Bestandsführung (Debitoren)	21
26	Bestandsführung (Kreditoren, Debitoren, Anlagen)	20
27	Bestandsführung (Kreditoren)	20
31	Kostenrechnung	20
09	Auftragsabwicklung	19
33	Kostenträgerrechnung	18
29	Bestandsführung (Anlagen)	16
35	Brutto-Erfolgsrechnung	14
02	Bestellabwicklung	13
22	Leistungserfassung (Material)	13
20	Leistungserfassung (Anlagen, Material, Personal)	11
21	Leistungserfassung (Anlagen)	11
25	Kostenplanung	11
23	Leistungserfassung (Personal)	10
01	Bedarfs-(Beschaffungs-)planung	9
16	Kapazitätsplanung (Material)	6
19	Fertigungssteuerung	6
18	Fertigungsplanung	5
14	Kapazitätsplanung (Anlagen, Material, Personal)	4
24	Finanzplanung	4
04	Marktforschung	3
05	Absatzmengenplanung	3
08	Werbeplanung	3

Tabelle 03—5

(Fortsetzung)

Kat.-Nr.	Arbeitsgebiet	Häufigkeit der Nennung
11	Anfragenbearbeitung	3
12	Investitionsplanung	3
17	Kapazitätsplanung (Personal)	3
06	Absatzwertplanung	2
07	Absatzwegplanung	2
13	Produktionsprogrammplanung	2
15	Kapazitätsplanung (Anlagen)	2
	Werkstattabrechnung*)	1
	Pensionskassenabrechnung*)	1
	Reparaturabrechnung*)	1

*) Zusätzliche Nennungen außerhalb des vorgesehenen Katalogs.

Tabelle 03—6

Summen der Umstellungen am 31. 10. 1968 je Branche

Branche	Gesamtumstellungen	Firmen	Umstellungen je Firma (Mittelwert)
Maschinen-, Fahrzeugbau, Stahl, Eisen	154	11	14,00
Nahrungsmittel	58	8	7,25
Chemie	88	6	14,67
Handel	50	4	12,50
Banken, Versicherungen, Beratung	113	1	13,00
Energie und Bergbau	16	2	8,00
Verkehr	16	2	8,00
Keramik	4	1	4,00
insgesamt:	399	35	11,40

Tabelle 03—7

Noch nicht umgestellte Arbeitsgebiete (Stichtag 31. 10. 1968)

Kat.-Nr.	Arbeitsgebiet	Firmenzahl		Branche*) mit höchster/niedrigst. Firmenzahl		Firmen-zahl**) je Branche höchste/	niedrigste
		abso-lut	%				
01	Bedarfs-(Beschaffungs-)planung	13	32,50	1	4/7/8	5	0
02	Bestellabwicklung	10	25,00	1	7/8	4	0
03	Bestandsführung (Waren, Effekten, Vers.-Verträge)	6	15,00	5	3/4/6/7/8	3	0
04	Marktforschung	12	30,00	1	3/4/7/8	8	0
05	Absatzmengenplanung	16	40,00	1	3/4/7/8	7	0
06	Absatzwertplanung	14	35,00	1	3/4/7/8	7	0
07	Absatzwegplanung	11	27,50	1	3/4/7/8	6	0
08	Werbeplanung	8	20,00	1	2/3/4/7/8	6	0
09	Auftragsabwicklung	6	15,00	1	3/4/6/8	3	0
10	Umsatz-Statistik	6	15,00	1	2/3/4/6/7/8	4	0
11	Anfragenbearbeitung	13	32,50	1	3/4/7/8	9	0
12	Produktionsprogrammplanung	13	32,50	1	3/4/7/8	7	0
13	Investitionsplanung	14	35,00	1	3/7/8	8	0
14	Kapazitätsplanung (Anlagen, Material, Personal)	10	25,00	1	3/4/7/8	6	0
15	Kapazitätsplanung (Anlagen)	11	27,50	1	3/4/7/8	8	0
16	Kapazitätsplanung (Material)	10	25,00	1	3/4/7/8	7	0
17	Kapazitätsplanung (Personal)	11	27,50	1	3/4/7/8	8	0
18	Fertigungsplanung	13	32,50	1	3/4/8	5	0
19	Fertigungssteuerung	13	32,50	1	3/4/8	6	0
20	Leistungserfassung (Anlagen, Material, Personal)	7	17,50	1	3/4/8	3	0
21	Leistungserfassung (Anlagen)	6	15,00	1	3/4/7/8	3	0
22	Leistungserfassung (Material)	6	15,00	1	3/4/7/8	3	0
23	Leistungserfassung (Personal)	7	17,50	1	3/4/7/8	4	0
24	Finanzplanung	21	52,50	1	3/7	9	0
25	Kostenplanung	12	30,00	1/5	2/3/7/8	5	0
26	Bestandsführung (Kreditoren, Debitoren, Anlagen)	5	12,50	1	2/3/4/8	2	0

Tabelle 03—7

(Fortsetzung)

Kat.-Nr.	Arbeitsgebiet	Firmenzahl		Branche*) mit höchster/niedrigst. Firmenzahl		Firmenzahl**) je Branche höchste/niedrigste	
		abso-lut	%			höchste	niedrigste
27	Bestandsführung (Kreditoren)	8	20,00	1/5	2/3/4/6/7/8	4	0
28	Bestandsführung (Debitoren)	4	10,00	1	2/3/4/7/8	2	0
29	Bestandsführung (Anlagen)	11	27,50	1/5	4/7/8	4	0
30	Personalabrechnung	9	22,50	5	2/3/4/7/8	4	0
31	Kostenrechnung	8	20,00	1/5	2/3/4/8	3	0
32	Kostenartenrechnung	3	7,50	1/5/6	2/3/4/7/8	1	0
33	Kostenträgerrechnung	8	20,00	1	3/4/7/8	4	0
34	Kostenstellenrechnung	3	7,50	1/5/6	2/3/4/7/8	1	0
35	Brutto-Erfolgsrechnung	7	17,50	1	2/3/4/7/8	4	0

Branchenschlüssel:

1 Maschinen-, Fahrzeugbau, Stahl, Eisen

2 Nahrungsmittel

3 Chemie

4 Handel

5 Banken, Versicherungen, Beratung

6 Energie und Bergbau

7 Verkehr

8 Keramik

*) Zusammengestellt sind jeweils die Branchen (verschlüsselt), in denen die meisten/wenigsten Firmen das betreffende Arbeitsgebiet noch nicht umgestellt haben.

**) In diesen Spalten ist die höchste bzw. niedrigste Firmenzahl der in der gleichen Zeile stehenden Branchen genannt, die in einer dieser Branchen das betreffende Arbeitsgebiet noch nicht umgestellt hat. Die Null-Werte in der letzten Spalte zeigen, daß mindestens in einer Firma der genannten Branchen das betreffende Arbeitsgebiet schon umgestellt war.

Tabelle 03—8

Noch nicht umgestellte Arbeitsgebiete je Branche

Branche	Gesamtzahl noch nicht umgestellter Arbeitsgebiete*)	Firmen	⌀ Anzahl der noch nicht umgestellten Arbeitsgebiete je Firma
1	170	10	17
2	74	9	8
3	39	5	8
4	41	5	8
5	4	1	4
6	3	2	1
7	1	1	1
8	6	1	6
	338	34	ca. 10

*) **Betr.** Arbeitsgebiete-Katalog des Erhebungsbogens.

Tabelle 03—9

Mit welchen Aufgaben sollte Ihrer Meinung nach generell begonnen werden (alternativ)?

(Frage 20)

Antwort	Zahl der Antworten		%	
	Ja	Nein	Ja	Nein
wo Engpässe vorliegen	14	26	35,00	65,00
mit noch nicht gelösten Aufgaben	8	32	20,00	80,00
wo schnelle Erfolge möglich sind	25	15	62,50	37,50

Tabelle 03—10

Gründe für die gewählte Reihenfolge bei der Umstellung der Arbeitsgebiete
(freie Nennungen)

(Frage 17)

Gründe	Häufigkeit der Nennung
Engpässe	7
Einsparungsgründe	6
Massenarbeiten	6
vorher mit LK bearbeitete Gebiete	6
keine Eintragung	4
zeitliche Gründe	4
organisatorische Gründe	2
personelle Gründe	2
interne Gründe	2
Wirtschaftlichkeitsgründe	2
Integrationseffekt	2
Unternehmensentwicklung	1
Arbeitsablaufgründe	1
mehr und bessere Information	1
Rationalisierungsgründe	1
Sammlung von Erfahrungen	1
Umstellung auf bessere Maschinen	1
Sicherheitsgründe	1

Zusammenfassung

Keine der befragten Firmen stellte ausschließlich auf Lochkarten um, so daß alle Unternehmungen, die über Datenverarbeitung verfügen — das sind 97,5 % — mit ADV-Anlagen ausgerüstet sind.

17 Unternehmungen (d. s. 22,5 %) stellten insgesamt auf ADV um und verfügen somit über ADV-Kartenanlagen.

22 Firmen — das sind 55 % der Untersuchungsgesamtheit — stellten insgesamt auf ADV-Band/Platte um und verfügen also über ADV-Anlagen mit Band- und/oder Platteneinheiten.

67,5 % der befragten Unternehmungen weisen bereits Erfahrungen aus 2 bzw. 3 Umstellungsetappen auf. Der Wert dieser Aussage muß allerdings dadurch eingeschränkt werden, daß nicht erkennbar ist, ob es sich bei den Etappen um Maschinenwechsel oder um die Einbeziehung weiterer Arbeitsgebiete in die ADV handelt. Ebenso fehlt eine Orientierung über den Zeitraum, in dem die Umstellungen vorgenommen wurden. Personalabrechnung, Auftragsabwicklung und Umsatzstatistik waren die Arbeitsgebiete, mit deren Umstellung am häufigsten begonnen wurde. Zum Stichtag 31. 10. 1968 waren am häufigsten die Gebiete der Kostenrechnung sowie der Auftrags- und Leistungserfassung umgestellt, wie Tabelle 03—5 zeigt. Interessant sind die Gründe, die für die Wahl einer bestimmten Reihenfolge bei der Umstellung von Arbeitsgebieten genannt wurden. Es überwiegen: Engpässe, Einsparungsgründe, Massenarbeiten, vorher mit Lochkartenanlagen bzw. Tabelliermaschinen bearbeitete Gebiete.

04 Istaufnahme

Die in diesem Abschnitt zusammengefaßten Fragen sollten zeigen, inwieweit in den Unternehmungen überhaupt eine systematische Istaufnahme durchgeführt wurde. Diese Frage war insbesondere deshalb von Interesse, weil abweichend von der Meinung des Studienkreises auch die Auffassung vertreten wird, daß auf eine systematische Istaufnahme verzichtet werden könnte. Zur Vertiefung wurde noch zusätzlich nach Istaufnahmen für andere Zwecke außer ADV gefragt.

Weiterhin waren Auskünfte über die von der Istaufnahme bisher erfaßten Arbeitsgebiete sowie über die Vorgehensweise bei der Istaufnahme (Reihenfolge) verlangt.

Tabelle 04—1

Wurde in Ihrer Unternehmung bereits eine systematische Istaufnahme zur Vorbereitung des Einsatzes von ADV-Anlagen durchgeführt?

(Frage 21)

Antwort	Firmenzahl	%
Ja	39	97,50
Nein	1	2,50
	40	100,00

Tabelle 04—2

Wurde die Istaufnahme (ADV) als Grundlage zur Entscheidungsfindung (ob Umstellung oder nicht), Systemplanung oder Verfahrensübernahme verwendet? (Mehrfachnennungen)

(Frage 22—24)

	Firmen		%	
	Ja	Nein	Ja	Nein
Systemplanung	26	13	66,67	33,33
Entscheidungsfindung	25	14	64,10	35,90
Verfahrensübernahme	21	18	53,85	46,15

Tabelle 04—3

Welche Arbeitsgebiete der Unternehmung wurden in die Istaufnahme einbezogen? (Mehrfachnennungen)

(Fragen 25—27)

Kat.-Nr.	Arbeitsgebiet	Häufigkeit der Nennung
09	Auftragsabwicklung	14
30	**Personalabrechnung**	14
33	Kostenträgerrechnung	14
34	Kostenstellenrechnung	14
32	Kostenartenrechnung	13
31	Kostenrechnung	12
03	Bestandsführung (Waren, Effekten, Vers.-Verträge)	11
10	Umsatz-Statistik	10
28	Bestandsführung (Debitoren)	10
27	Bestandsführung (Kreditoren)	8
02	Bestellabwicklung	7
26	Bestandsführung (Kreditoren, Debitoren, Anlagen)	7
22	Leistungserfassung (Material)	6
21	Leistungserfassung (Anlagen)	5
29	Bestandsführung (Anlagen)	5
	alle kaufmännischen Gebiete*)	5
01	Bedarfs-(Beschaffungs-)planung	4
20	Leistungserfassung (Anlagen, Material, Personal)	4
23	Leistungserfassung (Personal)	4
25	Kostenplanung	4
35	Brutto-Erfolgsrechnung	4
18	Fertigungsplanung	3
19	Fertigungssteuerung	3
24	Finanzplanung	3
11	Anfragenbearbeitung	2
12	Investitionsplanung	2
04	Marktforschung	1
05	Absatzmengenplanung	1
08	Werbeplanung	1
13	Produktionsprogrammplanung	1
14	Kapazitätsplanung (Anlagen, Material, Personal)	1
15	Kapazitätsplanung (Anlagen)	1
16	Kapazitätsplanung (Material)	1
17	Kapazitätsplanung (Personal)	1
	Betriebsabrechnung*)	1
	technischer Bereich*)	1
	Lagerbuchhaltung*)	1
	vollst. geschl. System*)	1

*) Zusätzliche Nennungen außerhalb des vorgegebenen Katalogs.

Tabelle 04—4

Wurden in Ihrem Unternehmen schon mehrere Istaufnahmen (auch zu sonstigen Zwecken außer ADV) durchgeführt?

(Frage 31)

Firmenzahl		%	
Ja	Nein	Ja	Nein
36	4	90,0	10,0

Tabelle 04—5

Zu welchen sonstigen Zwecken (außer ADV) wurden bisher Istaufnahmen durchgeführt?

(Frage 32) (Mehrfachnennungen)

	Firmenzahl	%
Großraumbüro	17	28,40
Personalplanung	14	23,40
sonstige Zwecke	29	48,20
		100,00
nur Großraumbüro	3	8,33
nur Personalplanung	2	5,56
nur sonstige Zwecke	14	38,89
Großraumbüro und Personalplanung	2	5,56
Großraumbüro und sonstige Zwecke	5	13,89
Personalplanung und sonstige Zwecke	3	8,33
Großraumbüro und Personalplanung und sonstige Zwecke	7	19,44
		100,00

14*

Tabelle 04—6

Wie wurde das zu untersuchende Arbeitsgebiet für die Erhebungen der Istaufnahme aufgeteilt? (Mehrfachnennungen)

(Frage 33)

Aufteilung	Antworten	
	absolut	%
DV-Komplexe	34	70,90
Abteilungen	11	22,90
Sonstige	3	6,20
	48	100,00

Tabelle 04—7

Wie wurden die zu untersuchenden Arbeitsgebiete analysiert?

(Frage 34)

Art	Firmenzahl	
	absolut	%
(2) teilweise parallel	25	62,50
(1) parallel	8	20,00
(3) nacheinander	7	17,50
	40	100,00

Tabelle 04—8

Welches Vorgehen halten Sie für eine Istaufnahme als Grundlage zur Verfahrensentwicklung (Systemplanung) angemessen, wenn die Reihenfolge für
die Umstellung der Arbeitsgebiete bereits festliegt?

(Frage 35)

Antwort	Firmenzahl	
	absolut	%
gleichzeitig	31	77,50
gleiche Reihenfolge	6	15,00
anderes Vorgehen	2	5,00
o. A.	1	2,50
	40	100,00

Zusammenfassung

Von 40 Firmen führte nur eine einzige (2,5 %) keine systematische Istaufnahme durch, so daß die Auffassung des Studienkreises von der Zweckmäßigkeit einer systematischen Istaufnahme durch die Praxis eindeutig bestätigt wird.

Die Firmen, die eine Istaufnahme durchführten, benutzten deren Ergebnisse etwa im gleichen Verhältnis als Grundlage für eine Systemplanung (66 %), für die Entscheidung für oder gegen ein bestimmtes Datenverarbeitungsverfahren (54 %) und zur Vorbereitung der Übernahme einer bereits in einer anderen Unternehmung realisierten ADV-Konzeption (53,8 %).

Entsprechend den bereits in Abschnitt 03 gezeigten Ergebnissen über die bereits umgestellten Arbeitsgebiete, wurden auch bei der Frage nach den in die Istaufnahme einbezogenen Arbeitsgebieten am häufigsten die Gebiete der Kostenrechnung sowie der Auftragsabwicklung und der Personalabrechnung genannt. Am seltensten wurden Gebiete aus der Unternehmensplanung einbezogen. Eine Unternehmung erfaßte den Gesamtbetrieb als vollständiges geschlossenes System mit allen Bereichen bei der Istaufnahme.

In der Praxis erwies es sich als zweckmäßig oder nicht zu umgehen, die einzelnen Arbeitsgebiete teilweise parallel zu untersuchen. Damit im Zusammenhang steht das Ergebnis, wonach 77,5 % der Befragten eine Einbeziehung auch solcher Arbeitsgebiete in die Istaufnahme für sinnvoll halten, die erst zu einem wesentlich späteren Zeitpunkt für eine Umstellung in Frage kommen. Hier kommt die integrative Verflechtung zwischen den Aufgaben zum Ausdruck, die eine „Simultanerfassung" aller Vorgänge wertvoll erscheinen läßt, auf die jedoch aus Zeit- oder Personalmangel teilweise verzichtet werden muß.

70,9 % der Unternehmungen gliederten das Erhebungsfeld bei der Istaufnahme in Datenverarbeitungskomplexe, unabhängig vom bestehenden Abteilungsaufbau, was zeigt, daß für die Umstellung auf ADV allein der sachlogische Ablauf des Arbeitsprozesses von Bedeutung war, dem die herkömmlichen Abteilungsgrenzen häufig noch nicht entsprachen.

05 Zukunftserwartungen und potentielle Aufgabengebiete der automatisierten Datenverarbeitung

Nach Auffassung des Studienkreises hängt der Wert der Istaufnahme wesentlich davon ab, inwieweit realistische Annahmen über zukünftige Veränderungen in der Aufgabenstellung und bezüglich des Datenvolumens von der Unternehmung getroffen werden können. Daneben sollte durch die Erhebung die Auffassung überprüft werden, ob im Zusammenhang mit den Umstellungsarbeiten zum Einsatz von ADV-Anlagen zusätzliche Datenverarbeitungsaufgaben erschlossen werden, die für die verschiedensten Stellen in der Unternehmung eine bessere Information ermöglichen. Die nachstehenden Ergebnisse bestätigen weitgehend die genannten Annahmen.

Tabelle 05—1

Wurden Zukunftserwartungen bei den Erhebungen zum Istzustand mit erfaßt?
(Frage 36)

	Firmen	%
Ja	37	92,50
Nein	3	7,50
	40	100,00

Tabelle 05—2

Über welchen Zeitraum erstreckten sich längstens die Prognosen für die einzelnen Aufgabengebiete?
(Frage 37)

Zeit in Monaten	Firmen	%
0	3	8,11
12	8	21,62
24	7	89,92
36	6	16,22
40	1	2,70
48	1	2,70
60	8	21,62
72	1	2,70
84	2	5,41
	37	100,00

Tabelle 05—3

Wurden im Hinblick auf den Einsatz von ADV-Anlagen zusätzliche Datenverarbeitungsaufgaben bei der Istaufnahme erkannt und dokumentiert?

(Frage 38)

Antwort	Firmenzahl	
	absolut	%
Nein	20	50,00
Ja	18	45,00
o. A.	2	5,00
	40	100,00

Tabelle 05—4

Welche zusätzlichen Aufgabengebiete wurden erschlossen?

(Frage 39)

Kat.-Nr.	Arbeitsgebiet	Häufigkeit der Nennung
05	Absatzmengenplanung	4
06	Absatzwertplanung	3
10	Umsatz-Statistik	3
24	Finanzplanung	3
25	Kostenplanung	3
01	Bedarfs-(Beschaffungs-)planung	2
04	Marktforschung	2
08	Werbeplanung	2
11	Anfragenbearbeitung	2
29	Bestandsführung (Anlagen)	2
02	Bestellabwicklung	1
07	Absatzwegplanung	1
09	Auftragsabwicklung	1
12	Investitionsplanung	1
13	Produktionsprogrammplanung	1
20	Leistungserfassung (Anlagen, Material, Personal)	1
21	Leistungserfassung (Anlagen)	1
26	Bestandsführung (Kreditoren, Debitoren, Anlagen)	1
27	Bestandsführung (Kreditoren)	1
30	Personalabrechnung	1
32	Kostenartenrechnung	1
33	Kostenträgerrechnung	1
35	Brutto-Erfolgsrechnung	1
	Personalstatistik*)	1
	Mietabrechnung*)	1
	jeweils nur Teilgebiete der obigen Aufgaben*)	1

*) Zusätzliche Nennungen.

Zusammenfassung

92,5 % der befragten Unternehmungen bezogen Zukunftserwartungen mit in die Istaufnahme ein und orientierten sich nicht nur am augenblicklichen Zustand. Dadurch bleiben die Istaufnahme-Ergebnisse länger aktuell, wenngleich bei umfangreicheren Istaufnahmen auch der Änderungsdienst im Verlauf der Istaufnahme zunimmt.

Die Prognosen über Veränderungen bei einzelnen Arbeitsgebieten streuten von 0—84 Monaten, am häufigsten wurde ein Prognosezeitraum von 1, 2, 3 und 5 Jahren genannt.

Zusätzliche Datenverarbeitungsaufgaben wurden von 45 % der Unternehmungen erkannt. In über 20 Fällen wurden neue Aufgaben mit Planungscharakter (siehe Tabelle 05—4) erschlossen.

06 Strukturanalyse

Der Bericht des Studienkreises stellt eine Reihe von strukturellen Faktoren in den Vordergrund, die zusammen den Istzustand der Organisation in der Unternehmung bestimmen bzw. ihn beeinflussen. Diese Faktoren wurden in der Befragung vorgegeben mit der Absicht, ihre tatsächliche Bedeutung und ihr relatives Gewicht in der Praxis festzustellen. Dabei sollten die Antworten getrennt nach dem Zweck der Istaufnahme (Entscheidungsfindung, Systemplanung und Verfahrensübernahme) vorgenommen werden.

Tabelle 06—1

Welche der nachstehenden Faktoren haben Sie quantitativ und qualitativ erfaßt: bei einer Istaufnahme als Grundlage zur Entscheidungsfindung (I),

Systemplanung (II) oder

Verfahrensübernahme (III)? (Mehrfachnennungen)
(Fragen 40—60)

zu I (von 25 Firmen)		
erfaßte Faktoren	Firmenzahl	%
Kostensituation	22	88,00
Personal	19	76,00
Sachmittel	18	72,00
hierarchische Struktur	10	40,00
Standort	7	28,00
Raumverhältnisse	6	24,00
Kapitalverhältnisse	4	16,00
zu II (von 26 Firmen)		
erfaßte Faktoren	Firmenzahl	%
Kostensituation	21	80,77
Personal	19	73,08
Sachmittel	17	65,38
hierarchische Struktur	11	42,31
Raumverhältnisse	9	34,62
Standort	7	26,92
Kapitalverhältnisse	3	11,54
zu III (von 21 Firmen)		
erfaßte Faktoren	Firmenzahl	%
Personal	19	90,48
Kostensituation	16	76,19
Sachmittel	15	71,43
hierarchische Struktur	7	33,33
Standort	6	28,57
Raumverhältnisse	5	23,81
Kapitalverhältnisse	1	4,76

Zusammenfassung

Es zeigt sich, daß die vom Studienkreis untersuchten Faktoren auch in der Praxis alle eine Rolle spielen. Unabhängig vom Zweck der Istaufnahme (ADV), der ohne größeren Einfluß zu sein scheint, stehen die Kostensituation, das Personal sowie die vorhandenen Sachmittel an erster Stelle für eine Erfassung im Rahmen der Istaufnahme. Von nur geringer Bedeutung sind die Kapitalverhältnisse sowie Raumverhältnisse und Standortgegebenheiten.

07 Erhebungsmethoden

Unter diesem Fragenkomplex sollte ermittelt werden, zugunsten welcher der im Bericht des Studienkreises genannten Untersuchungsformen in welchem Umfang in der Praxis entschieden wird. Gleiches gilt für die Erhebungsmethoden, bei denen darüber hinaus noch nach den Gründen für die Bevorzugung einer bestimmten Methode gefragt wurde. Damit sollten insbesondere die im Bericht aufgezeigten Vor- und Nachteile aufgrund von Erfahrungen einer größeren Zahl von Unternehmungen überprüft werden.

Tabelle 07—1

Wahl der Untersuchungsform (Frage 61)

	Firmen	%
alle Vorgänge	25	62,50
typische Fälle	14	35,00
sonstige	1	2,50
Zufallsstichproben	0	0,00
	40	100,00

Tabelle 07—2

Welche der nachstehenden Erhebungsmethoden wurden überwiegend angewandt? (Mehrfachnennungen)

(Frage 62)

Erhebungsmethode	Firmen	%
Interviews	31	77,50
Dokumentenanalyse	25	62,50
Beobachtung	13	32,50
Fragebogen	10	25,00
Berichte	10	25,00

Tabelle 07—3

Gründe für die Bevorzugung einer bestimmten Erhebungsmethode
(Frage 63)

Antworten	Firmenzahl	
	absolut	%
keine Eintragung	12	30,00
keine bestimmten Gründe	8	20,00
Genauigkeit, Vollständigkeit	8	20,00
Zeitgründe	5	12,50
praktische Gründe	3	7,50
Sicherheit	2	5,00
geringster Aufwand	1	2,50
psychologische Gründe	1	2,50
	40	100,00

Zusammenfassung

Die Zusammenstellung der Ergebnisse in den Tabellen 1—3 läßt folgende
Schlüsse zu: Bei den durchgeführten Istaufnahmen handelte es sich überwiegend um Vollerhebungen (62,5 %). Repräsentativerhebungen wurden
nicht in Form von Stichproben vorgenommen, sondern es wurde ein bestimmter Typ eines Untersuchungsbereichs (z. B. Filiale) ausgewählt und auf
Vollerhebungen ähnlich strukturierter Bereiche verzichtet. Von den Erhebungsmethoden wurden Interviews sowie die Dokumentenanalyse bevorzugt. Beobachtung, Fragebogen, Berichte wurden jedoch ebenfalls von einer
beachtlichen Anzahl von Firmen (33) als favorisierte Erhebungsmethode genannt. Die relativ gleichmäßige Verteilung zwischen den verschiedenen Erhebungsmethoden läßt die Folgerung zu, daß die Methoden meist in einer
Kombination während einer Istaufnahme zur Anwendung gelangen. Dies
wird insbesondere durch die hohe Zahl von Mehrfachnennungen untermauert, sowie durch die Tatsache, daß von 50 % der befragten Unternehmungen keine Gründe für die Festlegung auf eine bestimmte Erhebungsmethode genannt wurden. Am häufigsten wurden noch die Genauigkeit und
Vollständigkeit sowie der Zeitbedarf als ausschlaggebende Gründe für die
Bevorzugung einer bestimmten Erhebungsmethode aufgeführt.

08 Dokumentation und Kontrolle

Dokumentation und Kontrolle im Rahmen der Istaufnahme stellten sich bei den Diskussionen im Studienkreis als unbedingt notwendige, jedoch häufig in der Praxis vernachlässigte Tätigkeiten dar. Es war daher durch die Befragung festzustellen, inwieweit nach Dokumentationsrichtlinien gearbeitet wurde und ob diese Richtlinien selbst erarbeitet oder übernommen wurden.

Von Interesse war auch, welche Kontrolltechniken bei der Istaufnahme angewandt wurden und wem in den befragten Unternehmungen die Kontrollfunktion übertragen wurde.

Tabelle 08—1

Wurden eigene Dokumentationsrichtlinien entwickelt?

Wurden Dokumentationsrichtlinien der Hersteller von ADV-Anlagen verwendet?

Wurden aus der Literatur entnommene Dokumentationstechniken angewandt?

(Mehrfachnennungen)

(Fragen 64—66)

Frage	Antworten	%
eigene	33	82,50
Hersteller (ADVA)	17	42,50
Literatur	9	22,50

Tabelle 08—2

Welche Kontrolltechniken erwiesen sich im Rahmen der Istaufnahme als besonders geeignet?
(Frage 69)

Antworten (gruppiert)	Häufigkeit	%
keine Eintragung	17	42,50
Stichproben	7	17,50
Interviews	6	15,00
Überprüfung durch Fachabteilung	5	12,50
regelmäßige Berichte	3	7,50
Parallel-Arbeitsablauf	1	2,50
graphische Darstellung	1	2,50
	40	100,00

Tabelle 08—3

Kontrolle der Istaufnahmetätigkeit (Mehrfachnennungen)
(Frage 67)

Wer kontrollierte?	Firmenzahl	%
Leiter des Istaufnahme-Teams	23	57,50
Leiter der Organisationsabteilung	16	40,00
Geschäftsleitung	7	17,50
Fachabteilung	5	12,50
anderes Team-Mitglied	1	2,50

Tabelle 08—4

Kontrolle der Istaufnahme-Ergebnisse (Mehrfachnennungen)
(Frage 68)

Wer kontrollierte?	Firmenzahl	%
Leiter der Organisationsabteilung	18	45,00
Fachabteilung	16	40,00
Leiter des Istaufnahme-Teams	13	32,50
Geschäftsleitung	9	22,50
anderes Team-Mitglied	2	5,00

Zusammenfassung

Von der überwiegenden Zahl der befragten Firmen wurde nach Dokumentationsrichtlinien gearbeitet. Dabei dokumentierte die Mehrheit der Unternehmungen (33 Antworten) nach selbst entwickelten Dokumentationsrichtlinien. 9 Unternehmungen arbeiteten nach aus der Literatur entnommenen Dokumentationstechniken. Dokumentationsrichtlinien der Hersteller von ADVA wurden von 42,5 % der Unternehmungen verwandt. Die hohe Zahl von Mehrfachnennungen läßt den Schluß zu, daß vielfach Dokumentationstechniken und Richlinien aus der Literatur und der Hersteller entsprechend den betriebsindividuellen Bedürfnissen abgewandelt werden.

Die Frage nach besonders geeigneten Kontrolltechniken wurde von 42,5 % der Befragten nicht beantwortet. Stichproben, Interviews, Überprüfung durch die Fachabteilung wurden von 6 verschiedenen, überhaupt von den Befragten aufgeführten Techniken am häufigsten genannt. Die Auswertungen zeigen, daß sich keine eindeutige Tendenz in der Praxis für eine bestimmte Kontrolltechnik herausgebildet hat und daß auf diesem Gebiet noch stark experimentiert wird.

Mit der Kontrolle bzw. Überwachung der Istaufnahmetätigkeit war bei 97,5 % der Unternehmungen der Leiter des Istaufnahme-Teams oder der Leiter der Organisationsabteilung betraut. Bei 7 Unternehmungen (17,5 %) wurde die Istaufnahmetätigkeit unmittelbar von der Geschäftsleitung überwacht. Mehrfachnennungen zeigen jedoch auch hier, daß bei den verschiedenen Umstellungen nicht immer die gleiche Stelle die Kontrollfunktion innehatte, sondern daß hier ebenfalls experimentiert wurde oder die Kontrollstelle z. B. aus personellen Gründen wechselte. Die Tabellen 3 und 4 zeigen, daß die Überwachung der Istaufnahmetätigkeit und die Kontrolle der Istaufnahme-Ergebnisse meist in verschiedenen Händen lag. Die Vermutung, daß sich der für die Durchführung der Istaufnahme verantwortliche Leiter zu stark mit dem Arbeitsergebnis seines Teams identifiziert und somit eine Kontrolle durch einen neutralen Dritten sinnvoll erscheinen läßt, wird durch die Handhabung in der Praxis bestätigt. Der Leiter des Istaufnahme-Teams steht bei der Kontrolle der Istaufnahme-Ergebnisse erst an dritter Stelle (32,5 %), während 85 % der Nennungen auf den Leiter der Organisationsabteilung sowie auf die Fachabteilung entfielen.

09 Istaufnahme-Team

Der Studienkreis hat sich in einem Kapitel seines Berichts ausführlich mit Fragen der Zusammensetzung und Arbeitsweise von Istaufnahme-Teams auseinandergesetzt, da die Qualität des Istaufnahme-Teams letztlich über den Erfolg oder Mißerfolg einer Istaufnahme entscheidet. Mit dem letzten Fragenkomplex des Erhebungsbogens sollte daher festgestellt werden, inwieweit den Empfehlungen des Studienkreises zu diesem Problemkreis in der Praxis bereits entsprochen wird.

Zur Auswertung kamen Fragen nach der Teamgröße, der Dauer der Untersuchung, der fachlichen Zusammensetzung sowie des Leistungs- und Kompetenzverhältnisses.

Tabelle 09—1

Teamgröße

(Frage 70)

Zahl der Team-Angehörigen	Firmenzahl	%
4	11	27,50
3	7	17,50
5	7	17,50
2	5	12,50
6	4	10,00
0	1	2,50
1	1	2,50
7	1	2,50
8	1	2,50
11	1	2,50
15	1	2,50
	40	100,00

Tabelle 09—2

Dauer der Untersuchung

(Frage 71)

Zeit in Monaten	Firmenzahl	%
3	8	20,00
6	7	17,50
2	5	12,50
12	5	12,50
0	3	7,50
4	3	7,50
5	2	5,00
18	2	5,00
1	1	2,50
7	1	2,50
9	1	2,50
20	1	2,50
36	1	2,50
	40	100,00

Tabelle 09—3

Welche Fachrichtungen waren im Team vertreten?

(Fragen 72—75) (freie Nennungen)

Fachrichtung	Häufigkeit	%
Organisationsfachmann	18	23,40
Ingenieur	10	13,00
Buchhalter	9	11,70
Betriebswirt	9	11,70
Programmierer	8	10,20
Systemanalytiker	7	9,10
kfm. Sachbearbeiter	7	9,10
Verkäufer	2	2,60
Techniker	2	2,60
Personalsachbearbeiter	1	1,30
Arbeitsplatzbewerter	1	1,30
techn. Sachbearbeiter	1	1,30
Einkäufer	1	1,30
Mathematiker	1	1,30
	77	100,00

Tabelle 09—4

Herkunft der Team-Mitglieder

(Frage 78)

Art	Firmenzahl	%
in- und externe Fachleute	21	52,50
nur interne Fachleute	17	42,50
nur externe Fachleute	1	2,50
o. A.	1	2,50
	40	100,00

Von 36 Firmen, die Istaufnahmen — außer der zur ADV — durchführten:

Art	Firmenzahl	%
in- und externe Fachleute	19	52,78
nur interne Fachleute	16	44,44
nur externe Fachleute	1	2,78
	36	100,00

Tabelle 09—5

Herkunft der externen Berater (Mehrfachnennungen)

(Fragen 77—80)

Herkunft	Firmenzahl	%
Beratungsfirma	17	65,38
Herstellerfirma	15	57,69
Verband	0	0,00

Tabelle 09—6

Wer wurde als Leiter des Teams eingesetzt?

(Frage 76) (Mehrfachnennungen)

Team-Leiter	Firmenzahl	%
sonst. int. Fachmann	14	35,90
Leiter Organisations-Abteilung	10	25,64
Leiter DV-Abteilung	9	23,08
externer Fachmann	8	20,51
Leiter Fachabteilung	4	10,26

Tabelle 09—7

Welcher Instanz wurde der Team-Leiter unterstellt?

(Frage 77)

Instanz	Firmenzahl	%
Geschäftsleitung	22	55,00
Organisations-Abteilung	10	25,00
ADV-Abteilung	5	12,50
Fachabteilung	2	5,00
	39	97,50
ohne Angabe	1	2,50
	40	100,00

Tabelle 09—8

Wer plante die neue organisatorische Konzeption?

(Frage 82)

Antwort	Firmenzahl	%
Istaufnahme-Team	28	70,00
anderes Team mit Istaufnahme-Team	10	25,00
ohne Istaufnahme-Team-Mitglied	2	5,00
	40	100,00

Tabelle 09—9

War der Leiter der Planungsgruppe gleichzeitig Leiter des Istaufnahme-Teams?

(Frage 83)

Antwort	Firmenzahl	%
Ja	31	77,50
Nein	9	22,50
	40	100,00

15*

Zusammenfassung

Für die Istaufnahme waren bei den befragten Unternehmungen am häufigsten zwischen 2 und 6 Mitglieder je Team eingesetzt. Maximal arbeiteten bei einer Unternehmung 15 Personen für die Istaufnahme als Team zusammen. Ca. 90 % der Unternehmungen benötigten für die Istaufnahme zwischen 0 und 12 Monaten, davon wiederum schlossen ²/₃ die Istaufnahme in einem Zeitraum zwischen 0 und 6 Monaten ab. Die Untersuchungsdauer wies allerdings eine starke Streuung zwischen 0 und 36 Monaten auf.

Bezüglich der Zusammensetzung des Istaufnahme-Teams ist hervorzuheben, daß 14 verschiedene Fachrichtungen genannt wurden. Davon läßt sich die Mehrzahl der Nennungen unter die Bezeichnung Kaufleute (37,7 %), Organisationsfachleute (23,4 %), ADV-Fachleute (19,3 %) und Ingenieure (16,9 %) subsumieren.

Bei den in den befragten Unternehmungen eingesetzten Istaufnahme-Teams dominieren solche, die sich aus internen und externen Fachleuten (sog. gemischte Teams) zusammensetzten (52,5 %). Allerdings werden auch noch in größerem Umfang (42,5 %) Teams, bestehend nur aus internen Fachleuten, eingesetzt.

Wie die Befragung ergab, ist es ohne Einfluß auf diese Relation (Tabelle 09—4), ob die Istaufnahme zur Vorbereitung der ADV oder zu sonstigen Zwecken durchgeführt wird.

Unter den herangezogenen externen Beratern sind Angehörige von Beratungsfirmen mit ca. 65 % und solche von Herstellerfirmen mit ca. 58 % vertreten. Dieses Ergebnis überrascht insofern, als die Hersteller ihre Dienste bis dahin im wesentlichen ohne zusätzliche Berechnung anboten und sich der Unternehmung über ihr Anlagenangebot am augenfälligsten als Berater empfahlen.

Aus den Antworten zur Frage nach dem Leiter des Istaufnahme-Teams läßt sich keine eindeutige Tendenz zu einer bestimmten Stelle oder zu einem bestimmten Fachmann ableiten. Die Angaben „sonstiger interner Fachmann" liegen mit 35,9 % der Nennungen weitaus an der Spitze. Hinsichtlich der in den Unternehmungen praktizierten Unterstellung des Teamleiters wird die Auffassung des Studienkreises unterstützt, diesen möglichst der Geschäftsleitung zu unterstellen (55 %). In 70 % der gemeldeten Unternehmungen wurde das Istaufnahme-Team ebenfalls mit der Planung der neuen organisatorischen Konzeption betraut. Gleiches gilt auch für den Leiter des Istaufnahme-Teams, dem von 77,5 % der Unternehmungen ebenfalls die Leitung der Planungsgruppe übertragen wurde. Dies zeigt, daß vornehmlich auf eine personelle Kontinuität bei den Umstellungsarbeiten Wert gelegt wird und die bei der Analyse des Istzustands erarbeiteten Kenntnisse für die Konzeption des neuen Verfahrens genutzt werden sollen. Der Einwand, daß für die Aufgaben der Istaufnahme einerseits und für die organisatorische Gestaltung andererseits unterschiedliche Qualifikationen und Begabungen sowie eine gewisse Loslösung vom Istzustand erforderlich sind, wird aus der Praxis durch diese Untersuchung nicht bestätigt.

Literaturverzeichnis

I. Selbständige Bücher

Acker, Heinrich B.: Organisationsanalyse. Verfahren und Techniken praktischer Organisationsarbeit. Baden-Baden 1963.

Ausschuß für wirtschaftliche Verwaltung (Hrsg.): Organisatorischer Aufbau und Führung des Mittelbetriebes. AWV-Schriftenreihe Nr. 117. Frankfurt/M. 1967.

Ausschuß für wirtschaftliche Verwaltung (Hrsg.): Grundlagen der elektronischen Datenverarbeitung. AWV-Schriftenreihe Nr. 242. Frankfurt/M. 1964.

Behlert, Karl: Vom Organisieren. Grundlagen der praktischen Organisationsarbeit. 3. Aufl., Stuttgart 1960.

Billeter, Ernst P.: Der praktische Einsatz elektronischer Rechenautomaten. Einführung in die Programmierung und den betriebswirtschaftlichen Einsatz elektronischer Rechenautomaten. Wien 1964.

Blau, Helmut; Hofmann, Klaus P.: Planung, Auswahl, Einsatzvorbereitung einer EDV-Anlage. Nürnberg 1966.

Böhrs, Hermann: Grundfragen und Methoden der Bürorationalisierung. Bern 1958.

Böhrs, Hermann: Organisation und Gestaltung der Büroarbeit. Bern 1960.

Canning, Richard G.: Electronic Data Processing for Business and Industry. 3. Aufl., New York - London 1957.

Chamberlain, Neil W.: The Firm: Micro-Economic Planning and Action. New York - San Francisco - London - Toronto 1962.

Chapin, Ned: Einführung in die elektronische Datenverarbeitung. Aus dem Amerikanischen übersetzt von R. Leitner, Wien - München 1962.

Datenübertragung über Fernmeldewege der Deutschen Bundespost. Probleme und Möglichkeiten. Hrsg. vom Fernmeldetechnischen Zentralamt Darmstadt, Stand Juli 1967.

Deutscher Normenausschuß: Deutsche Normen, DIN 66 001. Berlin, September 1966.

Diemer, Andreas: Das Wesen der automatisierten elektronischen Datenverarbeitung. Berlin 1962.

Establishing an Integrated Data Processing System. Blueprint for a Company Programm. Hrsg. von der American Management Association, Special Report No. 11, New York 1956.

Fackelmeyer, A.: Materialfluß, Planung und Gestaltung. Düsseldorf 1966.

Fairbanks, Ralph W.: Succesful Office Automation. Englewood Cliffs 1956.

Flaskämper, Paul: Allgemeine Statistik. Teil I. Hamburg 1949.

Frese, Erich: Kontrolle und Unternehmungsführung. Entscheidungs- und organisationstheoretische Grundfragen. In: Schriftenreihe Betriebswirtschaftliche Beiträge zur Organisation und Automation, hrsg. von Erwin Grochla, Band 4, Wiesbaden 1968.

Gregory, Robert H.; van Horn, Richard L.: Automatic Data-Processing Systems. Belmont 1962.

Grochla, Erwin: Automation und Organisation. Die technische Entwicklung und ihre betriebswirtschaftlich-organisatorischen Konsequenzen. In: Schriftenreihe Betriebswirtschaftliche Beiträge zur Organisation und Automation, hrsg. von Erwin Grochla, Band 1, Wiesbaden 1966.

Gutenberg, Erich: Grundlagen der Betriebswirtschaftslehre. 2. Band: Der Absatz, 6. Aufl., Berlin - Göttingen - Heidelberg 1963.

Hartmann, Bernhard: Betriebswirtschaftliche Grundlagen der automatisierten Datenverarbeitung. Freiburg 1961.

Heilmann, H. u. W.; Reblin, E.: Einsatzplanung für eine Datenverarbeitungsanlage. Stuttgart 1968.

Hellfors, Sven: Management — Datenverarbeitung — Operations Research. München - Wien 1967.

Hoffmann, Friedrich: Die Einsatzplanung elektronischer Rechenanlagen in der Industrie. München 1961.

Jordt, Andreas; Gscheidle, Kurt: Fernkurs für Organisation. Lehrbriefe I—VI. Wiesbaden o. J.

Kalscheuer, Hans D.: Integrierte Datenverarbeitungssysteme für die Unternehmensführung. Berlin 1967.

Kaufmann, Felix: Electronic Data Processing and Auditing. New York 1961.

Kosiol, Erich: Organisation der Unternehmung. In: Die Wirtschaftswissenschaften, hrsg. von Erich Gutenberg, Wiesbaden (1962).

Kozmetsky, George; Kirscher, Paus: Electronic Computers and Management Control. New York - Toronto - London (1956).

Laden, H. N.; Gildersleeve, T. R.: System Design for Computer Application. New York - London 1963.

Löwinger, H., u. a.: Methodik der Einsatzvorbereitung von elektronischen Datenverarbeitungsanlagen in Industriebetrieben. In: Schriftenreihe Datenverarbeitung, hrsg. vom Institut für Datenverarbeitung, Dresden 1965.

McCracken - Weiss - Lee: Programming Business Computers. New York 1959.

Nutzhorn, Horst: Leitfaden der Arbeitsanalyse. Frankfurt/M. 1964.

Das REFA-Buch. Band I: Arbeitsgestaltung. München 1951.

Schweiker, Konrad F.: Grundlagen einer Theorie betrieblicher Datenverarbeitung. In: Schriftenreihe Betriebswirtschaftliche Beiträge zur Organisation und Automation, hrsg. von Erwin Grochla, Band 2, Wiesbaden 1966.

Studienkreis Dr. Meller: Die Gliederung der Datenverarbeitungsstelle und ihre Einordnung in die Organisation der Unternehmung. In: Schriftenreihe Betriebswirtschaftliche Beiträge zur Organisation und Automation, hrsg. von Erwin Grochla, Band 3, Wiesbaden 1967.

Vieweg, Rolf: Lochkartentechnik und elektronische Datenverarbeitung. Eine Einführung in Arbeitsweise und Organisation. Frankfurt/M. - Berlin 1967.

Vollberg, Johannes: Praxis der elektronischen Datenverarbeitung. II. Teil. Oberursel 1967.

Weber, Ludwig: Das Multimomentverfahren und seine praktische Anwendung. (ÖKW-Veröffentlichung Nr. 41). Wien o. J.

Weide, Egon: Automatische Datenverarbeitung im Betrieb, Baden-Baden 1964.

Wittmann, Waldemar: Unternehmung und unvollkommene Information. Köln und Opladen 1959.

II. Beiträge in Sammelwerken

Dietzsch, Harald: Organisation und automatische Datenverarbeitung. In: Organisation, TFB-Handbuchreihe, Band 1, hrsg. von Schnaufer-Agthe. Berlin - Baden-Baden 1961.

Grabbe - Ramon - Woolrigde (Hrsg.): Computer and Data Processing. In: Handbook of Automation, Computation, and Control, Band 2, New York 1959.

Grochla, Erwin: Planung — betriebliche. In: Handwörterbuch der Sozialwissenschaften, hrsg. von Erwin von Becherath, Hermann Bente u. a., Band 8, Stuttgart - Tübingen - Göttingen 1964, S. 314—325.

Grochla, Erwin: Möglichkeiten einer Steigerung der Wirtschaftlichkeit im Büro. In: Bürowirtschaftliche Forschung, hrsg. von Erich Kosiol, Berlin 1961.

Grochla, Erwin: Technische Entwicklung und Unternehmungsorganisation. In: Organisation und Rechnungswesen. Festschrift für Erich Kosiol zu seinem 65. Geburtstag, hrsg. von Erwin Grochla, Berlin 1964, S. 53—80.

Grochla, Erwin: Das Problem der optimalen Unternehmungsplanung. In: Gegenwartsfragen der Unternehmung, Offene Fragen der Betriebswirtschaftslehre, hrsg. von Bernhard Bellinger, Wiesbaden 1961, S. 65—74.

Grochla, Erwin: Die Bedeutung der automatisierten Datenverarbeitung für die Unternehmungsführung und -organisation. In: Die Bedeutung der automatisierten Datenverarbeitung für die Unternehmensführung und -organisation. Arbeitsgemeinschaft für Rationalisierung des Landes Nordrhein-Westfalen, Heft 85 (Dortmund 1966), S. 7—20.

Grochla, Erwin: Grundprobleme der Wirtschaftlichkeit in automatisierten Datenverarbeitungssystemen. In: Die Wirtschaftlichkeit automatisierter Datenverarbeitungssysteme, hrsg. von Erwin Grochla, Wiesbaden 1970.

Haberstroh, Chadwick J.: Organization Design and Systems Analysis. In: Handbook of Organizations. Chicago 1965, S. II 71 ff.

Kosiol, Erich: Das Büro im Blickpunkt von Forschung und Unterricht. In: Bürowirtschaftliche Forschung, hrsg. von Erich Kosiol, Berlin 1961.

Kosiol, Erich, und Mitarbeiter: Kollegien als Organisationsform der Entscheidung, Beratung und Information. In: Organisation des Entscheidungsprozesses, Berlin 1959.

Kramer, Rolf: Grundlagen einer systematischen Planung der Büroarbeit. In: Bürowirtschaftliche Forschung, hrsg. von Erich Kosiol, Berlin 1961.

Schuff, Hans K.: Probleme der kommerziellen Datenverarbeitung. In: Digitale Informationswandler, Probleme der Informationsverarbeitung in ausgewählten Beiträgen, hrsg. von Walter Hoffmann, Braunschweig 1962.

Szyperski, Norbert: Analyse der Merkmale und Formen der Büroarbeit. In: Bürowirtschaftliche Forschung, hrsg. von Erich Kosiol, Berlin 1961.

III. Beiträge in Zeitschriften

Bauvin, G.: Ce qu'il convient de faire avant de commander un ensemble électronique. In: Hommes et technique, Nr. 232 (1964), S. 319—330.

Bayer, S.: Methoden zur Erfassung des Istzustandes mit Hilfe der SOP-Formulare. In: IBM-Nachrichten, Heft 184, 17. Jg. 1967.

Blau, Helmut: Die Planung von EDV-Anlagen. 1. Teil: Die Istzustandsaufnahme. In: Bürotechnik und Automation, Heft 11, 1964.

Boum, C. J.: The Analysis of Organizational Problems. In: O & M Bulletin, Nr. 1, (London 1966), S. 40—48.

Canning, Richard G.: New Ways for EDP Systems Studies. In: EDP Analyzer, Band 1, Nr. 8, September 1963, S. 1—11.

Charleux, A.: Pour une méthodologie dans la mise en oevre des ensembles électroniques. In: Revue de la mécanographie, 18, Nr. 198, (1964), S. 325—328.

Futh, Horst: Die organisatorische Planung und Vorbereitung der elektronischen Datenverarbeitung. In: Datenträger, Juli 1964.

Grad, Burton; Canning, Richard G.: Information Process Analysis. In: Journal of Industrial Engineering, Nov./Dez. 1959, S. 470—476.

Greenwood, James W., Jr.: EDP. The Feasibility Study — Anlysis and Improvement of Data Processing. In: Systems Education Monograph Nr. 4, 1962, S. 70 ff.

Grochla, Erwin: Voraussetzung einer optimalen Unternehmungsplanung. Management International. Internationale Zeitschrift für Betriebswirtschaft und Unternehmungsführung, 2. Jg. 1962, S. 59—66.

Grochla, Erwin: Zur Organisation des betrieblichen Planungsablaufs. Zeitschrift für Betriebswirtschaft, 32. Jg., 1962, S. 702—715.

Grochla, Erwin: Zum Wesen der Automation. In: Zeitschrift für Betriebswirtschaft, 34. Jg. 1964, S. 660—666.

Grochla, Erwin: Organisierte Planung als Voraussetzung der Anpassung an Datenänderungen bei Betriebsumstellungen. Bedriftökonom, Bergen (Norwegen), Nr. 16, 1964, S. 27—35.

Grochla, Erwin: Der Einfluß der Automatisierung auf die Unternehmungsorganisation. Zeitschrift für Betriebswirtschaft. 36. Jg. 1966, S. 271—288.

Grochla, Erwin: Anwendungssysteme für die automatisierte Datenverarbeitung. Zeitschrift für Organisation, 37. Jg. 1968, S. 242—248.

Grochla, Erwin: Zur Diskussion über die Zentralisationswirkung automatischer Datenverarbeitungsanlagen. Zeitschrift für Organisation. 38. Jg. 1969, S. 47—53.

Homer, E. D.: A Generalized Model for Analyzing Management Information Systems. In: Management Science, Juli 1962, S. 500—515.

Joplin, H. B.: Plan Better for Electronic Data Processing. In: NAA-Bulletin, Nr. 44 (New York 1963), S. 35—39.

Kostamo, E.: The Contents of ADP-Systems Work in Administrative ADP-Applications. In: Nordish tidskrift for informations-behandling, Nr. 1 (Copenhagen) 1965, S. 17—24.

Masimore, H.: A Forms Control Primer. In: Data Processing, Nr. 2 (Detroit 1963), S. 41—44.

Müller, Heinrich: Die elektronische digitale Rechenmaschine und Grundlagen ihrer Anwendbarkeit unter besonderer Berücksichtigung betriebswirtschaftlicher Aufgabenstellungen. In: Betriebswirtschaftliche Forschungen, Band 12, Berlin 1959.

Nimz, Wolfgang: Zum Aufbau von Nummernsystemen im Rahmen der Einsatzvorbereitung von elektronischen Datenverarbeitungsanlagen. In: Rechentechnik Datenverarbeitung, 4. Jg., Heft 4, Berlin 1967, S. 12.

Peinze, K.; Niederhausen, H. P.: Informationsverarbeitung im integrierten Datenverarbeitungssystem — Identifikation von Informationen. In: elektronische datenverarbeitung, Heft 3, 1968.

Phelps, G. E.: System Analysis and Design — the Key to Successful Organization. In: Management Accounting, Nr. 3, 45. Jg. 1967.

Pietsch, E.: Grundfragen der Dokumentation. Publikationswesen, Definition, Organisation. In: Dokumentation in Technik und Wirtschaft, hrsg. von der Arbeitsgemeinschaft für Rationalisierung des Landes Nordrhein-Westfalen, Heft 14, Dortmund 1964, S. 33.

Rauh, Helmut: Wissen was wird: Die Datenbank. In: Plus, Zeitschrift für Unternehmensführung, Nr. 6, Dezember 1967.

Rossa, Manfred: Netzwerktechnik als praktisches Kontrollinstrument für die Planung und Einordnung von EDV-Großsystemen. In: Führungspraxis, Heft 8, 1966, S. 52—55.

Runge, G.: Erfahrungen aus der Istzustandsuntersuchung zur Vorbereitung des Einsatzes einer elektronischen Datenverarbeitungsanlage in Industriebetrieben. In: Rechentechnik Datenverarbeitung, 4. Jg., Heft 2, Berlin 1967.

Russel, D. G.: The Real Problem of Integration. In: Data and Control, Nr. 4, (London 1964), S. 24—26.

Sack, Kurt; Winkelmann, Joachim: Grenzen und Möglichkeiten von Ist-Untersuchungen bei der Einsatzvorbereitung von EDVA. In: Rechentechnik Datenverarbeitung, 5. Jg., Heft 5, Berlin 1968, S. 16—25.

Sawatzky, J. J.: Some Characteristics of System Analysis. In: System and Procedures Journal, No. 6, (New York 1962), S. 22—23.

Schlosser, R. E.: Accounting System Review Techniques. In: Journal of Accountancy, No. 6, (New York), Dezember 1962, S. 45—48.

Scholz, H.; Harrmann, A.: Die Aufnahme des organisatorischen Ist-Zustandes vor der Einführung der automatisierten Datenverarbeitung. Erleichterungen durch die Numerierung der Werkstellen und der Vordrucke. In: elektronische datenverarbeitung, Heft 1, 1968, S. 1—13.

Scholz, H.; Steinbock, R.: Die Auswertung der Feststellungen zum organisatorischen Ist-Zustand. In: elektronische datenverarbeitung, Heft 2, 1968, S. 83 bis 95.

Schuff, Hans K.: Fehler in informationsverarbeitenden Systemen und ihre Bedeutung. In: elektronische datenverarbeitung, 1964, Heft 1, S. 14—22, Heft 2, S. 67—75.

Springer, Klaus: Organisatorische Voraussetzungen für den Einsatz von Sachmitteln in der Verwaltung. In: Bürotechnik und Organisation, Heft 2, 15. Jg. 1967.

Trail, J. R.: Analysing the Desirability of Acquiring an Electronic Computer. In: The Internal Auditor, No. 1, (New York) 1963, S. 37—49.

Wittreich, Warren J.: How to Buy/Sell Professional Services. In: Harvard Business Review, Vol. 44, 1966, S. 127—138.

IV. Dissertationen

Lindelaub, Horst: Die Bedeutung der Sachmittel bei der Erfüllung von Verwaltungsaufgaben. Diss. Berlin 1958.

Teilnehmer des Studienkreises*)

A m m a n , Amtsrat Herbert
Bundespostministerium, Bonn

B e h r e n s , Dipl.-Kfm. Cord
Bull General Electric GmbH, München

B u b e n h e i m , Dipl.-Kfm. Heinz
Anker-Werke AG, Bielefeld

D a u b e r , Direktor Gisbert
Siemens AG, Düsseldorf

E i c k e n , Dipl.-Volksw. Wolf
Mathematischer Beratungs- und Programmierungsdienst GmbH,
Dortmund

E i s f e l d e r , Dipl.-Kfm. Harro
IBM Deutschland, München

G a u g e r , Dipl.-Kfm. Hanno
Siemens AG, Düsseldorf (bis August 1967)

K l a u s , Dipl.-Volksw. Hans G.
Betriebswirtschaftliches Institut für Organisation und Automation
an der Universität zu Köln, Köln

M e l z e r , Dipl.-Kfm. Karlheinz
Dortmunder Actien-Brauerei, Dortmund

M i n s k e , Direktor Jürgen
Dresdner Bank AG, Düsseldorf

P ä r l i , Dr. Hans
Mathematischer Beratungs- und Programmierungsdienst GmbH,
Dortmund

R i e c k h o f f , Dipl.-Volksw. Hans W.
Helmut Horten GmbH, Düsseldorf

S c h o t t e n , Dipl.-Kfm. Claus
Farbenfabriken Bayer AG, Leverkusen

S t r ü b i n g , Dipl.-Kfm. Adalbert
SIEMAG Feinmechanische Werke GmbH, Eiserfeld

V o l z , Dipl.-Kfm. Winfried
Honeywell GmbH, Frankfurt

---

*) Firmen- bzw. Amtszugehörigkeit zum Zeitpunkt des Abschlusses der Studienkreisarbeit
(1969)